신을 옹호하다

REASON, FAITH, AND REVOLUTION: REFLECTIONS ON THE GOD DEBATE
Copyright ⓒ 2009 by Terry Eagleton
All rights reserved.

Korean Translation Copyright ⓒ 2009 by Momento
Korean Translation rights arranged with YALE UNIVERSITY PRESS
through EYA(Eric Yang Agency).

이 책의 한국어판 저작권은 EYA(Eric Yang Agency)를 통한
YALE UNIVERSITY PRESS 사와의 독점계약으로 한국어 판권을
모멘토가 소유합니다.
저작권법에 의하여 한국 내에서 보호를 받는 저작물이므로
무단전재와 복제를 금합니다.

신을 옹호하다
―마르크스주의자의 무신론 비판

테리 이글턴

모멘토

⟨일러두기⟩

1. 지은이 주(註)는 책 뒤쪽에 후주(後註)로, 옮긴이 주는 본문의 각주(脚註)로 편집했다.
2. 본문에서 거론되는 사람들에 대한 간단한 설명은 책 뒤쪽의 ⟨인명 해설⟩에 가나다순으로 모았다.

리오 파일의 영전에 바친다

■ 리오 파일은 1960년대에 이글턴이 케임브리지 대학교에서 『슬랜트 *Slant*』라는 잡지의 발간을 주도할 때 함께했던 동지다. 이 잡지는 가톨릭 신앙과 좌파 정치를 결합하려 했다. 파일은 레딩 대학교의 생명공학 교수로 재직하다 2008년 사망했다.

서문

종교는 인간사에서 많은 불행의 원인이었다. 대부분의 경우에 종교는 편협한 생각과 미신, 부질없는 기대와 억압적인 이데올로기로 뒤범벅된 비열한 거짓말이었다. 따라서 나는 합리주의와 인본주의의 관점에서 종교를 비판하는 사람들에게 공감하는 바 크다. 그러나 이 책에서 주장하듯이, 그런 비판자의 대부분이 신중치 못하게 종교를 거부하는 것 또한 사실이다. 적어도 신약성경과 관련해서 그들의 비판은 성경의 진정한 내용보다는 하잘것없는 희화화에 근거를 두고 있기가 십상이다. 종교 자체에 못잖은 무지와 편견에 사로잡힌 희화화 말이다. 마치 페미니즘에 대한 클린트 이스트우드의 생각을 근거로 페미니즘을 무시해버리는 것과 다를 바 없다.

이 책은 그 같은 무지와 편견을 집중적으로 다루고 있다. 좌파

불가지론자(不可知論者)❋들이 신구약 성경과 관련하여 지적으로 게으름을 피울 수 없는 이유는 상대의 주장 중 가장 설득력 있는 부분을 피하지 않는 것이 의롭고 정직한 태도여서일 뿐 아니라, 거기에서 인간 해방을 위한 소중한 통찰을 발견할 수도 있기 때문이다. 정치적 좌파에게 좋은 발상이 절실히 필요한 시대 아닌가. 그렇다고 내가 독자들에게 가브리엘 대천사의 존재나 교황의 무오류성,❋ 예수가 물 위를 걸었으며 제자들이 보는 앞에서 하늘로 올라갔다는 등의 이야기를 믿으라고 하는 것은 아니다. 나 자신도 믿지 않는다. 그러니 기독교 복음(福音) 중 급진주의자와 인본주의자에게도 필요하다고 생각되는 것을 이 책에서 넌지시 말하더라도 나를 기독교의 앞잡이로 오해하지 않기 바란다. 좌파가 대체로 거북스러워하며 침묵으로 일관해 온 중요한 문제들, 예컨대 죽음과 고통, 사랑, 자기 비우기 즉 자기포기 등의 주제들이 구약성경과 신약성경에서 폭넓게 다루어지는 게 사실이다. 이제 정치적으로 머뭇거리며 꽁무니를 빼던 태도를 버릴 때가 됐다.

이 책은 내가 2008년 4월 예일대학교에서 했던 드와이트 해링턴 테리 특강❋을 다시 정리한 것이다. 처음에는 강연의 대화식 말투

■ **불가지론**(agnosticism) 이성과 경험의 범위를 넘어서는 어떤 것의 존재도 분명히 파악할 수 없다고 하는 인식론을 말한다. 종교적 불가지론에서는 인간은 신을 인식할 수 없다면서 유신론과 무신론 모두를 비판한다.
■ **무오류성**(無誤謬性, infallibility) 신앙과 도덕에 관하여 교황이 내린 공식 결정은 하느님의 특별한 은총으로 말미암아 오류가 있을 수 없다고 하는 주장.

를 유지했지만 금세 논증 형식으로 변해버렸다. 내가 뉴헤이번에서 체류하는 동안 나를 따뜻하게 맞아주고 지적인 보람까지 느끼게 해준 드와이트 해링턴 테리 재단의 이사들, 특히 로럴리 필드에게 깊은 감사의 뜻을 전한다. 강연에 참석한 많은 학생과 학자들에게도 감사드린다.

■ **드와이트 해링턴 테리 특강** 이글턴의 강연 제목은 '믿음과 근본주의: 구원을 받으려면 리처드 도킨스를 믿어야 하나?' 다. 테리 특강은 과학과 철학의 관점에서 본 종교를 기본 주제로 하고 있다.

차 례

서문 · 6

1장 인간 쓰레기 · 11

2장 배신당한 혁명 · 69

3장 믿음과 이성 · 145

4장 문화와 야만 · 183

옮긴이의 글/ 종교는 사랑인 것을 · 219

추천의 글/ 더욱 종교적인 더욱 급진적인/ 김규항 · 223

주 · 227

인명 해설 · 232

찾아보기 · 252

1
인간 쓰레기

　예일대학교에서 '테리 특강'을 해달라는 초청을 받았을 때 나는 유쾌하게 격식을 파괴하는 미국 사회의 특징을 보는 듯했다. 안면을 트자마자 이름을 부르는 미국 문화에 오래전부터 익숙해져 있기는 하지만, 먼 거리를 날아온 초청장에 담긴 그 친밀감에는 놀라지 않을 수 없었다. 그래서 나는 카를 융이 연사였을 때는 이 강연을 '척 특강'이라 했고, 마거릿 미드의 강연 때는 '매기 특강'으로 이름을 바꾸지 않았을까 생각해보았다.■ 여하튼 이런 과분한 친절

■ '척 특강' '매기 특강' Chuck은 독일어 이름 Carl에 해당하는 영어 이름 Charles의 애칭이며, Maggie는 Margaret의 애칭. 필자인 테리 이글턴은 '드와이트 해링턴 테리 재단 특강'의 약칭이 '테리 특강'이라는 점을 가지고 농담을 하고 있다.

에 나도 뭔가 보답을 해야 한다는 부담감을 느낀다. 따라서 나는 여기 예일에 머무는 동안 이글턴 교수가 아니라 이글턴 박사로 불리기를 바란다. 영국인도 긴장을 풀고 느긋해질 수 있다는 걸 보여주고 싶다.

그러나 테리 특강이 전통적으로 두 가지 주제, 내가 난처할 정도로 아는 게 거의 없는 과학과 종교를 집중적으로 다룬다는 걸 알고는 다정한 초대장을 받은 즐거움도 곧 식어버렸다. 테리 특강이 주된 관심사로 삼는 '과학과 종교의 관계'에 대해 나는 경험이 별로 없기도 하지만, 그 적은 경험마저도 어린 시절 언제나 무섭고 밉기만 했던 교장 선생 콜룸바 수사(修士)의 모습으로 시작됐다. 화학자이며 성직자였던 콜룸바 선생의 종교는 과학 법칙만큼이나 몰인정했고, 권위적인 로마 가톨릭 수사답게 그는 인간보다 실험관을 훨씬 더 편하게 여기는 사람이었다.[1]

하지만 나는 잘 모른다고 해서 일을 그냥 포기한 적이 없다. 그래서 지금 여러분 앞에 서 있는 것이다. 솔직히 말하면, 나는 1960년대에 아마추어 신학자로 학문의 길을 시작했다. 제2차 바티칸 공의회가 끝난 이후, 에드바르트 스힐레벡스라는 이름의 철자를 말할 수 있는 사람이면 누구라도 네덜란드의 네이메헨에 본부를 둔 난삽한 신학 잡지들 중 하나의 편집위원회에 곧바로 이름을 올릴 수 있었던 시절의 얘기다. 이런 점에서, 리처드 도킨스나 크리스토퍼 히친스 같은 사람들—이후로는 편의상 두 사람을 '디치킨스(Ditchkins)'로 줄여 부르기로 하자.—이 실없는 소리를 해댈 때 뭐가 잘못됐는지 알아차릴 만큼의 신학적 지식은 내게 있다고 생각한다. 히친스와 도킨스를 너무 성급하게 하나로 뭉뚱그리기 전에, 히친스의 『신은 위대하지 않다 God Is Not Great』와 도킨스의 『만들어진 신 The God Delusion』은 크게 다르다는 점을 먼저 지적해두어야겠다. 히친스의 책은 멋스럽고 재미있으며 몸을 데일 정도로 열정적이고, 읽지 않고는 견딜 수 없게 잘 쓰였지만, 도킨스의 책에는 그런 수식어가 하나도 어울리지 않는다. 도킨스의 교조적인 맹렬함이 문체에도 파고든 것이다. 한편 크리스토퍼 히친스는 저토록 날리기 전에는 내가 속한 극좌파 정치조직에서 동료로 활동했다. 그러나 히친스가 더 높은 곳을 향해 꾸준히 매진하고 그 과정에서 바빌론의 시민으로 귀화■하는 정치적 발전을 이루어 낸 데 비해 나는 예전의 낡은 정치적 틀에서 벗어나지 못했다. 발달장애의 전형적 사례라고나 할까.

또 하나 솔직히 말하면, 내가 그나마 조금이라도 아는 것은 기독교 신학일 뿐 다른 종교의 신학에 대해서는 전혀 모른다. 따라서 주제넘게 얘기의 범위를 넓히지 않고 기독교 교리에 국한하여 좁게라도 제대로 분석해 보려 한다. 과학의 경우에도 크게 다르지 않다. 내가 과학에 대해 아는 것이라곤 대부분의 포스트모더니스트가 과학을 의심쩍게 받아들인다■는 사실 정도라 해도 과언이 아닌

■ **바빌론의 시민으로 귀화** 히친스의 '전향' 즉 우선회와 미국 귀화를 말한다.
■ **포스트모더니스트가 과학을 의심쩍게 받아들인다.** 이글턴은 『포스트모더니즘의 환상』이라는 저서에서 포스트모더니즘의 문제점들을 낱낱이 지적했다.

데, 그 사실만으로도 나는 과학이 말하는 거의 모든 것을 열렬히 지지할 준비가 돼 있다. 나는 이 강연에서 과학과 종교만이 아니라 정치에 대해서도 언급할 생각이다. 그러니 내가 선택한 세 주제 중 두 가지가 영국의 술집에서 예부터 금지돼 온 토론 주제인 셈이다. 정치와 종교 말이다.

  나는 개인사를 말하는 것을 별로 좋아하지 않지만,[2] 이번 강연에서는 그걸 피할 수 없을 듯하다. 나는 영국의 노동자계급 집안에서 전통적인 아일랜드계 로마 가톨릭 신자로 자라면서 어린 시절에 복잡하고 난해한 교리를 주입받았다. 그런 교리들이 인간 실존과 어떤 관계를 지니는 것으로 상정된다는 점을 나중에야 깨닫고 나는 상당히 놀랐다. 다시 말하면, 엄격한 마르크스주의자 부모의 슬하에서 부정의 부정, 양질 전화(量質 轉化) 따위의 변증법 공식들을 배우면서도 그 모든 게 인간의 자유와 정의라는 문제와 관계있음을 전혀 모른 채 자란 것과 다를 바 없었다. 혼자 생각할 수 있는 나이가 됐을 즈음 나는 그때까지 배운 종교적 교리의 인간 실존 설명 능력이 개구리 울음소리의 그것보다도 나을 바 없다고 여기게 됐기 때문에, 대학에 입학한 뒤 종교를 더 이상 들먹이지 않고 보다 사안에 적절하며 인간적인 시각과 어법을 택한 것은 당연해 보였다.

  1960년대 초 케임브리지에서 그건 주로 실존주의였다. 실존주의란 쉽게 말해, 우리가 열아홉 살이고 집에서 멀리 떠나 약간의 우울에 젖어 있으며, 유아원에 간 아이처럼 뭐가 뭔지 갈피를 잡지 못하고 있다는 사실을 존재론적으로 그럴듯하게 말하는 방식이었다. 이삼십 년 지난 뒤에도 십대 후반 아이들의 조건은 마찬가지였지만, 그걸 대변하는 어법은 후기구조주의라고 불렸다. 그 외에 사회주의도 있었는데, 나는 자라면서 이것을 아일랜드 공화주의▪와 더불어 알게 되었다. 냉전과 대량살상무기의 시대이자 반(反)식민주의 혁명의 시대에 사회주의는 림보(카리브 해 지역의 유명한 춤 림보와 혼동하면 안 될 영적 상태를 가리키는 말)에 관한 가톨릭의 교의,▪ 또는 이른바 성인(聖人)이라고 하는 따분하게 관료적인 사람들을 공경하는 방식의 정확한 라틴어 용어들을 기억해내는 일 따위보다 조금은 더 인류에게 의미 있어 보였다.

하지만 세상은 그렇게 단순치가 않았다. 케임브리지에 입학한 직후, 다시 말해 웬만큼 민감하며 분별력을 지닌 편인 내가 이전에 학교에서 익힌 교의들을 터무니없다며 퇴짜 놓았을 법한 시점에 제2차 바티칸 공의회가 시작됐다. 그리고 내가 보기엔 세상의 인간적이고 정치적인 요구에 긴급히 부응하는 복음 해석이 제시됐다. 말할 필요도 없이 여기에는 상당한 난관이 따랐다. 공의회에

▪ **아일랜드 공화주의** 아일랜드 통일 공화국을 추구하는 움직임으로, IRA(아일랜드 공화군) 등의 단체들이 내거는 정치 이념이다.
▪ **림보에 관한 가톨릭의 교의** 가톨릭 신학에서 림보(limbo)란, 비록 벌을 받지는 않아도 하느님과 함께 영원히 천국에 사는 기쁨을 누리지 못하는 영혼이 머무는 천국과 지옥 사이의 경계지대를 이른다. 구약의 조상들이 그리스도가 강생하여 세상을 구할 때까지 기다리는 곳(조상들의 림보), 영세받지 못하고 죽은 유아 등과 같이 원죄 상태로 죽었으나 죄를 지은 적은 없는 사람들이 영원히 머무는 곳(어린이의 림보) 등 두 가지로 나눌 수 있다. 고성소(古聖所)라고도 한다.

서 시작된 새로운 사고가 일반화되기 위해서는, P. G. 우드하우스의 소설에서 한 등장인물이 '돼지'라는 말을 이해 못하는 듯하자 상대방이 내뱉은 말처럼 "지루한 기초작업이 많이 필요해" 보였다.

　잘 알다시피 어떤 신념체계를 가볍게 무시해버리기는 상대적으로 쉽다. 예컨대 기독교라 하면 아주 이상한 사람들, 그 일부는 수치심 때문에 타인들 앞에 당당히 나서지 못하고 어둠 속에 소심하게 숨어 사는 사람들이나 믿게 되는 종교로 멋대로 규정하고는 의기양양하게 일축하는 식이다. 이는 종교에만 적용되는 현상이 아니다. 니체가 푸코의 선구자였다고 제대로 이해하는 것보다 그가 풋내기 나치였다고 믿는 편이 더 쉽다. 마르크스주의를 깊이 파고드는 수고를 피하고 싶다면, 남자건 여자건 모두 정신적으로 똑같이 불쌍하고 물질적으로도 똑같이 가난한 평등의 세계를 꿈꾼다는 이유로 마르크스주의를 내팽개칠 수 있다.

　내가 열여덟 살쯤에 몇몇 반체제적인 도미니크회 수도자들과 함께 비터*를 마시면서 우연히 알게 된 이른바 신(新)신학은 사실 전혀 새로운 게 아니었다. 나 같은 애송이 가톨릭 신도에게나 새로웠을 따름이다. 리처드 도킨스류의 19세기식 자유주의적 합리주의자들이 흔히 상상하는 바와는 달리 신신학은 창조주 하느님을 최고의 제작자, 우주의 최고 경영자로 해석하지 않았다. 신학자 허버트 매케이브는 그런 해석을 "하느님을 지극히 크고 막강한 피

■ **비터**(bitter) 맥주의 일종으로 맛이 쓰다.

조물로 생각하는 우상숭배적 견해"라고 비판했다.[3] 도킨스는 기독교가 과학과 대립되는 우주관을 제시한다고 잘못 생각한다. 철학자 대니얼 데닛이 저서 『주문을 깨다 Breaking the Spell』에서 그랬듯이 도킨스도 기독교 신앙이 세상을 그럴듯하게 설명하는 야바위 이론이라고 여긴다. 이런 점에서 도킨스는, 소설을 서툴게 짜깁기한 사회학이라고 생각하는 탓에 소설이라는 형식의 취지를 이해 못하는 사람과 비슷하다. 막스 베버의 사회학 책을 읽으면 그만인데 로베르트 무질의 소설과 힘들게 씨름할 이유가 뭐냐는 식이다.

그와 달리 토마스 아퀴나스에게 창조주 하느님은 세상의 기원을 밝히기 위한 전제가 아니다. 요컨대 아퀴나스의 신학에서 하느님은 우주가 양자 진공 내에서 일어난 불규칙한 요동의 결과물이라는 이론과 경쟁하지 않는다. 사실 아퀴나스는 세상에는 어떤 기원도 없을지 모른다고 생각하기도 했다. 도킨스는 기독교 신앙이 어떤 것인지에 대해 일종의 범주오류를 범하고 있다. 도킨스는 기독교가 일종의 사이비 과학이거나, 그게 아니라면 증거의 필요성을 몽땅 제거해 버리는 편리한 길을 택했다고 생각한다. 그는 또 증거의 개념에 대해서도 과거의 과학적 기준을 벗어나지 못했다. 도킨스는 한 점의 의혹도 없이 증명할 수 있는 것과 맹목적인 믿음을 칼로 자르듯이 구분할 수 있다고 생각하는 듯하다. 정말로 흥미로운 사안들 대부분은 둘 중 어느 쪽에도 속하지 않는다는 사실을 파악하지 못한 셈이다. 크리스토퍼 히친스도 마찬가지로 어리석은 실수를 저지르면서 『신은 위대하지 않다』에서 "망원경과 현미경

덕분에 〔종교는〕 이제 어떤 중요한 것도 설명하지 못한다."라고 주장했다.4) 그러나 기독교는 애초부터 뭔가에 대한 '설명'이 아니었다. 따라서 히친스의 말은 전기 토스터가 나왔으니 체호프는 잊어도 좋다고 말하는 것과 다를 바 없다.

신약성경은 창조주 하느님을 거의 거론하지 않는다. 내가 생각하기에 기독교도의 입장에서 과학과 종교가 가장 근접하는 것은 세상에 대한 이야기들에서가 아니라 양자에 공통되는 창조적 상상력의 행위에서다. 기독교인은 그런 창조적 상상력의 근원을 성령에서 찾는다. 하이젠베르크나 슈뢰딩거 같은 과학자는 뛰어난 상상력을 지닌 예술가라 할 수 있다. 우주와 관련해서는 추악하고 흉한 것보다 우아하고 아름다운 게 진실에 더 가까우리라는 걸 알고 있었기 때문이다. 과학적인 관점에서, 우주적 진리란 가장 깊은 의미에서 표현 양식의 문제다. 플라톤이나 섀프츠베리 백작, 존 키츠가 의식했듯이 말이다. 적어도 이런 점에서 과학은 가치함축적이다.

기독교 신학에서 하느님은 초월적인 제작자가 아니다. 하느님은 사랑으로 만물을 지탱해 주는 존재이며, 세계에 처음이 없었더라도 이런 역할을 했을 존재다. 창조란 그저 사물이 시작되도록 하는 일이 아니다. 하느님은 이 세상에 아무것도 없지 않고 뭔가가 존재하는 이유 자체이며, 모든 실체의 가능성의 조건■이다. 하지만 하느님 자신은 어떤 종류의 실체도 아니므로, 세상에 존재하는 실체들에 견주어 설명될 수 없다. 나의 질투심과 내 왼발이 하나의 짝을 이룰 수 없는 것과 같은 논리다. 하느님과 우주를 합한다고 둘이 되지는 않는다. 유대교에서는 하느님을 형상화하는 일을 금지한다. 하느님이 비실체일 뿐 아니라 하느님의 유일한 형상은 인간이기 때문이다. 조직화된 종교를 무산시키기 위해 하느님이 끊임없이 애썼음을 기록한 문헌이 있다. 바로 성경이다. 창조자 하느님은 연구지원금을 주는 기관을 깊이 감명시키기 위해 지극히 합리적인 설계에 따라 일하는 하늘의 공학자가 아니다. 어떤 의도가 담긴 기능적 목적에서가 아니라 창조하는 일 자체를 좋아하고 즐거워하기 때문에 세상을 만들어낸 예술가이자 탐미주의자다.

이를 좀더 신학적으로 표현한다면 'for the hell of it(별다른 이유 없이, 순전히 재미로, 혹은 어찌 되나 보려고)'■이라고나 할까. 따라서 창조된 세상은 선물이고 잉여물이며, 굳이 필요하지 않았던 행위의 산물이다. 불가피해서가 아니라 아무런 이유 없이 만든 것이다. 실제로 기독교 신학에서 세상은 전혀 필연적인 게 아니다. 어쩌면 하느님은 애초에 세상을 만들어야겠다는 감상적 충동을 이겨내지 못한 걸 처절하게 후회했을지도 모른다. 세상을 창조한 이유는 사랑이었지 필요가 아니었다. 하느님에게는 아무런 이득이 없었다. 천지창조는 최초의 '동기 없는 행위, 무상(無償)의 행

■ **가능성의 조건**(condition of possibility) 어떤 것이 존재하는 데 꼭 필요한 조건 혹은 배경적 틀을 이른다.
■ **for the hell of it** 이 숙어에 '지옥'이란 단어가 들어가기 때문에 신학적 표현이라고 농담하는 것이다.

위'였다. 세상이 무(無)에서 만들어졌다는 교리는 우리에게 우주의 아찔한 우연성에 유의하라는 뜻으로 해석된다. 모더니스트의 예술작품이 흔히 그러하듯이 ■ 우주도 자칫 창조되지 않았을 수 있으며, 생각 깊은 사람들이 대개 그러하듯이 우주 또한 존재하지 않았을 가능성의 그림자 속에 언제나 놓여 있다는 얘기다. '무(無)로부터의' 창조는 하느님이 지독히 영리해서 기본적인 원자재 없이도 뭐든 만들어내는 존재라는 증거가 아니라, 세상이 어떤 앞선 과정의 필연적 결과, 피할 수 없는 인과(因果) 사슬의 결말이 아니라는 사실의 증거다. 어떤 형태로든 앞선 인과관계가 있었다면 그것은 세상의 일부여야만 할 터이므로, 어떤 인과관계도 세상의 기원으로 여겨질 수 없다. 세상 곧 우주가 필연적인 게 아니기에 우리는 세상을 지배하는 규칙을 선험적인 원칙으로부터 추론해낼 수 없다. 그 대신, 세상이 실제로 어떻게 돌아가는지를 정확히 관찰해야 한다. 그것이 바로 과학의 역할이다. 따라서 무로부터 창조했다는 교리와 리처드 도킨스의 과학자라는 직업 사이에는 흥미로운 관계가 있다. 하느님이 존재하지 않는다면 도킨스도 할 일이 없었으리라는 얘기다. 그러니 도킨스가 자신에게 일거리를 준 이를 의심한다는 건 참으로 무례한 일이 아닐 수 없다.

세상이 존재한다는 사실은 그러므로 엄격한 인과관계에 대한 비판이자, 디치킨스(도킨스와 히친스)가 개인적으로건 정치적으로건

| ■ **모더니스트의 예술작품이 흔히 그러하듯이** 모더니스트들은 항용 우연성을 강조한다. |

그토록 소중히 여겨 빼앗기지 않으려고 노력하는 자유의 증거다. 세상은 어떤 실리적인 목적도 없이 오직 그 자체만을 위하여—예컨대 오스카 와일드가 아주 좋아했을 방식■으로— 존재하는 무척 희귀한 부류에 속한다. 이 범주에는 하느님 외에 예술과 악(惡)과 인류가 포함된다. 세상의 이러한 특성은 그것이 하느님 자신의 자유를 함께 누리고 있는 데서 연유한다. 조지 부시와 달리 하느님은 간섭주의적인 지배자가 아니다. 과학이 존재하고 리처드 도킨스라는 인물이 가능해지는 것도 세상이 지닌 이 자율성 덕분이다. 디치킨스는 과학 연구에서 하느님을 고려할 필요가 없다고 주장하는데, 흥미롭게도 역사상 가장 위대한 신학자이며 내가 앞에서 언급한 아퀴나스의 생각 역시 똑같았다. 과학은 원래 무신론적이다. 과학과 신학은 대부분의 경우에 같은 종류의 대상을 다루지 않는다. 치과 교정학과 문학비평의 대상이 다르듯이 말이다. 이는 과학과 신학 간에 어처구니없는 오해들이 생기는 이유 중 하나다.

요컨대 하느님은 디치킨스가 비판하는 것만큼이나 철저하게 요령부득이다.■ 하느님은 이를테면 도구적 이성(instrumental reason)■에 대한 끝없는 비판자이다. 존 레녹스는 저서『하느님의 장

■ **오스카 와일드가 아주 좋아했을 방식** 작가 와일드는 '예술을 위한 예술'을 주장했다.
■ **하느님은 …… 철저하게 요령부득이다.** 세속적인 이성의 차원에서 보면 존재해야 할 목적이나 이유가 없다는 의미다.
■ **도구적 이성** 도구적 합리성(instrumental rationality)이라고도 하며 어떤 목적의 존재 이유나 가치보다는 그 목적을 이루는 데 가장 효율적인 수단이 무엇인지에 초점을 맞추는 유형의 이성·합리성을 말한다.

의사: 과학은 신을 묻었는가 God's Undertaker: Has Science Buried God?』에서, 우주에는 존재 이유가 없으니 그 질문을 제기하지도 말아야 한다고 주장하는 일부 과학자와 철학자들을 언급한다.[5] 이 점에서 그들은 부지불식간에 신학자와 하나가 되는 셈이다. 우리가 하느님의 피조물이라면 그것은 무엇보다도 우리가 하느님과 마찬가지로 순전히 존재 자체의 즐거움을 위해 존재하기(또는 그래야 하기) 때문이다. 급진적 낭만주의자들이—이 맥락에선 카를 마르크스까지 포함하여—제기하는 의문은 그 같은 존재 방식을 현실화하려면 어떤 정치적 변혁이 필요하냐는 것이다.

대부분의 책임 있는 미국 시민과 달리 예수는 일을 하지 않는 듯하다. 그래서 먹고 마시는 데만 열중한 사람이라는 비난도 받는다. 예수는 집도 재산도 없으며, 독신이자 방랑자처럼 떠도는 사회적 주변인으로서 일가친척을 무시했고, 직업이 없었으며, 부랑자와 버림받은 자들의 친구이고, 물질적 소유를 싫어하고 자신의 안위를 걱정하지 않으며, 정결에 관한 율법에도 무관심했던 것으로 그려진다. 게다가 전통적인 권위를 비판해서 기성세력에게는 눈엣가시이고 부자와 권력자에게는 골칫덩이인 존재로 제시된다. 예수가 요즘 뜻에서 혁명가는 아니었지만 혁명가와 비슷한 삶을 살았음은 확실하다. 이를테면 히피와 게릴라 전사를 뒤섞어 놓은 듯한 인물로 보인다. 예수가 안식일을 지킨 까닭은 교회를 가는 날이어서가 아니라 안식일이 일시적이나마 노동에서의 탈출을 뜻하기 때문이었다. 안식일은 휴식의 날이지 종교의 날이 아니다. 사회주의자의 경우와 마찬가지로 기독교인이 되는 최상의 이유 중 하나는 의무화된 노동을 싫어하고 미국 같은 나라들에 팽배한 노동의 맹신(盲信)을 거부한다는 것일 터이다. 진정으로 문명화된 사회라면 해도 뜨기 전에 잘난 사람들이 조찬 모임을 갖는 따위의 일이 벌어지겠는가.

따라서 과학과 신학의 다툼은 우주가 어떻게 탄생했는지, 혹은 어느 쪽의 '설명'이 더 나은지를 놓고 벌어지는 게 아니다. 쟁점은 우주의 기원을 말할 때 어디까지 거슬러 올라가야 하느냐다. 그렇다고 연대(年代)에 관한 대립은 아니다. 신학의 입장에서 보면 과학은 충분하게 멀리 올라가지 않는다. 과학이 창조주를 가정하지 않아서가 아니라 왜 애초에 무언가가 존재하게 되었는지, 그렇게 생겨난 사물이 우리에게 이해 가능한 것은 어째서인지 같은 의문을 제기하지 않는다는 점에서 그렇다.

이런 것들은 진정한 의문점이 아닐 수도 있다. 사실 일부 철학자들은 그렇게 생각한다. 하지만 캔터베리 대주교인 로윈 윌리엄스가 말했듯이, 신학자는 우리가 설명을 원하는 이유가 대체 무엇인지, 우주가 설명 가능할 정도로 앞뒤가 들어맞는 것이라고 우리가 가정하는 이유는 또 무엇인지 따위의 문제에 관심을 갖는다.[6] 설명과 규칙성과 가지성(可知性)■의 개념은 어디에서 올까? 합리성과 가지성을 어떻게 설명해야 할까? 이런 질문 자체가 쓸데없거나

■ **가지성**(intelligibility) 맥락에 따라 '이해 가능성, 명료성'이라고도 번역한다.

대답하기에 너무 어려운 것은 아닐까? 합리성을 설명하려면 우선 합리성을 전제해야 하므로 합리성의 설명이란 불가능한 걸까? 이런 의문들을 우리가 어떻게 생각하든 간에, 세상이 어느 정도 내적인 질서와 일관성을 보여주기 때문에 우리가 아는 바의 과학이 가능하다. 즉, 거칠게 말해 미적(美的)이라 할 이유 때문에 과학이 가능하다는 얘기다. 그 질서와 일관성에 내재된 법칙들이 어디에서 오는지를 추적하는 일은 적절한 건가? 과학이 언젠가 그 답을 찾아낼까, 아니면 이런 질문은 과학의 한계를 벗어난 것일까?

우리가 우주의 심층구조에 대해 그토록 많이 이해할 수 있다는 사실은, 그게 인간의 생존과 진화에 뚜렷이 도움이 되는 것도 아님을 감안할 때, 경이로운 일이라 해야 하나, 아니면 그저 운 좋게 그리 된 것인가? 아인슈타인이 "우주와 관련해서 가장 이해할 수 없는 점은 우주가 이해될 수 있다는 것"이라고 하면서 세계가 그처럼 고도의 질서를 지녔으리라고는 아무도 선험적으로 예상치 못했으리라고 덧붙였을 때 그는 뭔가 대단한 실마리를 잡아낸 걸까, 아니면 단지 시적인 표현을 구사했을 따름인가?[7] 과학이 거둔 놀라운 업적들로 인해 종교가 무용지물이 되었다고 생각하는 사람들이 있는가 하면, 그런 업적도 결국은 우리 정신이 세상을 구성하는 근원적 요소에 어떤 식으로든 맞추어져 있다는 기본적인 사실에서 연유하며, 이러한 사실 자체가 형이상학적 사색의 동기가 된다고 생각하는 사람들도 있다.

우주의 물리적 구조에 대한 이해를 하필이면 수학으로 풀어내는 이유는 무엇인가? 과학자들이 이를 물리 법칙의 한결같음과 더불어 종교적 신조처럼 받아들이는 것은 합리적인가? 수학의 무모순성은 입증되지 않는다는 점이 괴델의 제2정리에 의해 드러났는데도 여전히 그 무모순성을 믿는 과학의 태도는 또 합리적인가? 우리가 이성적 추론을 시작조차 하기 전에 세상이 우리 앞에 주어졌다는 원초적 사실을 우리는 너무나 당연하게 받아들이는 것은 아닐까? 과학은 이유나 설명만을 추구하지 말고, 이러한 주어짐에 개재되었을 그 모든 복잡성에 먼저 매료되어야 하는 게 아닐까?

이런 근원적 의문들의 타당성에 대해서는 의혹을 품을 수도 있으며, 설사 타당하다 해도 그 답이 반드시 '하느님 때문에'는 아니다. 영미 철학계에는 마르틴 하이데거의 생각이 지나치게 심원해서 무의미할 지경이라고 생각하는 철학자들도 있지만, 여하튼 하이데거는 이런 유의 근원적 질문을 제기했으면서도 종교를 믿는 사람은 아니었다. 교회를 다녀야만 이 같은 의문들을 품고 고민하게 되는 것이 아니라는 얘기다. 그러나 보다 중요한 점은 그러기 위해 과학자여야 할 필요 또한 없다는 사실이다. 우리는 공중 곡예사가 이런 유의 의문을 제기하리라고 기대하지 않는데, 사실 과학자에 대해서도 마찬가지다. 이런 점에서도 신학(혹은 형이상학)과 과학은 추구하는 바가 다른 학문이다.

하느님을 현실적인 목적이나 이유가 철저히 결여된 존재로 보고, 도덕적인 삶도 그와 마찬가지로 생각한다고 해서 도구적 이성의 필요성을 부인하는 것은 아니다. 도구적 이성이 없다면 예컨대 제도적 불평등과 억압에 저항하는 '해방의 정치'도 없고 과학이나 기술도 없지 않겠는가. 미학자가 사물의 아름다움과 감각적인 개성에 사로잡힌다면, 신학자는 사물의 존재가 아찔하리만큼 우연적이라는 사실에 관심을 기울인다. 반면에 과학자와 기술자는 그런 사물들의 속성을 파악하여 인류를 위해 활용해야 하기 때문에 사물 자체에 대해 즐거움을 느끼거나 감탄하는 데 한가로이 시간을 보내지 못한다. 그렇다 해도 여기서 제시한 신학적 관점에서 보면 방금 말했듯이 도덕성은 우주 자체만큼이나 목적도 이유도 없다. 어떻게 하면 자신에게 주어진 힘과 역량을 순전히 그 자체로 음미하면서 값지고 즐겁게 살아갈 수 있느냐가 문제이기 때문이다. 이처럼 가외의 어떠한 목적도 기능도 없는 자족적 기쁨의 에너지는 역사라든가 의무, 세계정신, 생산, 효용성, 혹은 목적론 따위의 엄혹한 법정에 서서 스스로를 정당화할 필요가 없다.

 윤리에 관한 이런 관점은 칸트의 시각과 뚜렷이 대조된다. 즐거움을 주는 행위는 고결한 행위가 아니기 쉽다고 그는 말하지 않는가(눈치챘을지 모르지만, 나는 여기서 『순수이성비판』을 살짝 단순화하고 있다). 여하튼 예수가 가르치는 도덕은 무모하고 비현실적이며 장래에 대비하지 않는, 상식을 벗어난 것이다. 따라서 보험설계사의 적이며 부동산 중개사의 장애물이다. 예수는 우리에게 원수를 용서하라, 겉옷만이 아니라 속옷까지 벗어 주라 하고, 왼뺨을 맞으면 오른뺨까지 내주어라, 너를 욕하는 사람을 사랑하라, 네 몫 이상으로 노력하고 내일 일을 미리 염려하지 말라고 가르치지 않는가.

　크리스토퍼 히친스는 이런 창조적 무모함에 대해 소시민적인 혐오감을 보인다. 마치 분노한 은행 지점장처럼 "인간을 백합꽃에 비유한 부분은 다른 많은 가르침과 마찬가지로 절약, 혁신, 가정생활 따위가 순전히 시간 낭비라는 암시를 담고 있다."라고 소리 높인다. 사실 신약성경에서 가족이 대체로 시간 낭비로 여겨진다는 증거를 찾기는 어렵지 않다. 이 점은 뒤에서 다시 살펴보기로 하자. 히친스는 또 오른손이 하는 일을 왼손이 모르게 하라는 성경의 가르침에 담긴 뜻을 제대로 파악하지 못한다. 말할 필요도 없이 그것은 우리의 선행을 세상 사람들에게 으스대며 떠벌리지 말라는 교훈이다. 히친스가 근년에 쓴 글들에서 자기자랑이 면면히 이어지고 있음을 고려하면 이 같은 맹점은 조금도 놀랍지 않다. 히친스와 도킨스에게서 겸양의 미덕을 찾기는 힘들다. 히친스는 성경에서 이르는 '팔복(八福)'■을 "온유한 자와 평화의 중재자들에 관한 비현실적인 소망"이라고 일축한다. 미국 국방성에 있는 히친스의 친구들이 평화와 가난한 사람들을 위한 이 음흉한 선전 책자를 금서화하려고 노력하지 않은 이유가 궁금할 지경이다. 여하튼 불쌍하게도 신약성경에서 예수는 오성장군처럼 발언하지 못한다.

　예수는 세상의 종말이 곧 닥치리라고 생각했기 때문에 그런 식

■ **팔복** 「마태복음」에서 제시한 여덟 가지 행복으로, 가난한 사람, 슬퍼하는 사람, 온유한 사람, 옳은 일에 굶주리고 목마른 사람, 자비를 베푸는 사람, 마음이 깨끗한 사람, 평화를 위하여 일하는 사람, 옳은 일을 하다가 박해를 받는 사람들의 행복을 말한다.

의 윤리를 가르쳤겠지만, 그 예상은 심각한 오판으로 드러났다. 예수의 역사 감각이 약간 빗나갔던 듯하다. 사실 지금 우리가 말하는 바의 세속적 역사 감각이라는 것이 예수에게는 전혀 없었을 터이다. 그러나 예수의 윤리는 공인회계사나 석유회사 경영진에게 기대할 수 있는 윤리가 아니다. 하느님은 초월적인 존재이기 때문에, 다시 말하면 우리는 순전히 재미삼아 만들어졌을 뿐 하느님에게 반드시 필요한 존재가 아니기에, 하느님은 우리를 기필코 소유하려 들지 않는다. 하느님에게 우리가 지니는 의미는 우리에게 문신이나 애완용 몽구스가 지니는 의미와 다를 바 없다. 따라서 하느님은 우리를 그냥 방치해 둘 수 있다. 이런 상태를 가리키는 단어가 바로 자유다. 기독교 신학에서는 우리가 이처럼 자유로울 때 하느님에게 가장 깊이 속하게 된다고 말한다.

니체가 빈정대며 지적했듯이, 초월적인 신(神) 즉 하느님을 전능한 인류로 대체한다 해도 어떤 의미에선 달라지는 게 거의 없다. 여전히 세상에는 고정된 형이상학적 중심이 존재하며, 그 중심이 이제는 신이 아니라 우리 인간이라는 점만이 다르다. 우리는 스스로 부과한 제약 외에는 어떤 구속도 받지 않는 주권자이기 때문에, 새로이 찾아낸 신적 권리를 행사하는 가운데 황홀할 정도로 창조적인 희열을 주는 파괴에 탐닉하기도 한다. 니체의 관점에서 볼 때, 절대적인 힘이 신에게서 인간에게 그대로 옮겨지지 않으면 신의 죽음은 필연적으로 인간의 죽음을 불러온다. 다시 말해 주인처럼 뻐기면서 우쭐대던 유형의 인본주의까지 종언을 고하리라는 것이다. 아니면 인본주의는 은밀한 신학으로 남고 신은 교외 거주자들의 점잖은 도덕으로 형태만을 바꾸어 새로운 세월을 조용히 보내게 될 것이다. 요즘의 하느님이 바로 그런 모습이다. 인간의 무한성이 결국 하느님의 영원성을 지탱해주는 셈이다. 파우스트 식으로 인간은 무한한 듯해 보이는 자신의 힘과 사랑에 빠진 것이다. 성육신(成肉身, Incarnation)■의 교리에서는 육신을 지닌 연약하고 유한한 인간에 대한 하느님의 사랑이 드러난다는 점을 망각한 채 말이다. 이처럼 자신의 무한함에 어리석게 도취한 인간은 너무나 빨리 앞으로 나아가다 도가 지나쳐 중심을 잃고 결국 무(無)로 떨어지는 위험에 끝없이 빠져든다. '인류의 타락' 신화■와 다를 바 없다.

이런 병폐를 치유하는 전통적인 방법이 있기는 하다. 이른바 비극(悲劇) 예술이라는 것이다. 하지만 항암화학요법이 그렇듯이 비극이라는 치료법도 질병 자체만큼이나 파괴적일 수 있다. 고대 그리스인들은 비극 무대에서 벌어지는 무제한적 투쟁을 지켜보면서 인과응보에 대한 두려움으로 하늘을 우러르며 떨었다. 성 아우구스티누스는 창조된 것들이 감히 창조하려 들어서는 안 된다고 했

■ **성육신** 기독교 교리에서 성육신 혹은 '강생(降生)'이란 무한한 하느님이 유한한 인간 세계에 직접 내려온 것을 뜻하며, 구체적으로는 예수가 성령에 의해 마리아의 태내에서 사람으로 잉태된 일을 이른다.
■ **'인류의 타락' 신화** 아담과 하와(이브)가 원죄를 짓고 낙원에서 추방된 사건과 그것이 상징하는 인간의 조건을 가리킨다.

는데, 이는 예술가에 대한 질책이 아니라 요즘 같으면 자기창출(self-origination)에 대한 부르주아의 위대한 신화라 부를 만한 것을 경계하는 말이다. 스스로를 만들어낸다는 생각은 부르주아적 환상의 전형이다. 보다 근원적인 의존 관계의 맥락 속에서만 우리의 자유가 크고 든든해질 수 있다는 사실을 부인하는 데서 숱한 역사적 재앙이 시작됐다. 이 같은 태도는 오늘날 서구의 신제국주의를 이끄는 원동력 중 하나이기도 하다.

정통 기독교 교리에 따르면 우리가 스스로 결정하는 자율적 존재일 수 있는 것은 바로 우리가 하느님에게 의존하는 존재이기 때문이다. 우리가 언어와 역사와 문화에 의존하는 가운데 하나의 인격으로 서게 되는 것과 마찬가지다. 토마스 아퀴나스가 생각하기에 하느님은 우리를 우리답게 만들어주는 힘이다. 부모의 사랑이 지금의 우리를 가능케 해주었듯이 말이다. 우리는 오이디푸스 콤플렉스를 겪는 자식들처럼 우리에게 생명을 준 부모에게서 벗어나면 더 자유로워지리라고 상상하지만, 그것은 자기기만에 불과하다. 그러니 부모는 필요하다면 자녀를 놓아줄 수도 있는 방식으로 그들을 양육하는 길을 찾아야 한다. 그래야 부모의 사랑이 자녀의 독립성에 장애물이 아니라 토대의 구실을 하게 될 것이다. D. H. 로렌스의 탁월한 소설 『무지개 The Rainbow』는 한 가족 내의 여러 세대를 묘사하면서 바로 이런 역설(逆說)을 파고들었다.

여기서 우리는 하느님이 자신의 형상을 따라, 자신의 모양대로 우리를 창조했다는 말의 의미를 짐작할 수 있다. 하느님 자신이 어디에도 구속받지 않는 자유 아닌가. 그렇다면 우리가 하느님을 거부할 수 있는 근거 또한 하느님 자신이다. 하느님은 그지없이 너그러운 존재여서 믿음의 근원인 동시에 신의 존재에 대한 부인의 근원이기도 하다는 얘기다. 하느님은 우리가 선량한 중산층 자유주의자가 되고 자율적으로 사고하는 것을 금하는 까다로운 방해꾼이 아니다. 그건 필립 풀먼처럼 하느님이 일종의 '우두머리'라는 생각을 떨쳐내지 못하는 사람들의 유치한 견해일 따름이다. 시인 윌리엄 블레이크라면 이런 순진한 오해를 한껏 비웃었을 법하다. 풀먼 같은 논자들이 깨닫지 못하는 것은 자유주의자들이 말하는 자유의 이론적 원천 중 하나가 기독교의 자유의지 개념이라는 점이다. 이는 진보에 대한 자유주의자의 믿음에서 어렴풋하게나마 기독교적 섭리(攝理) 개념의 메아리를 들을 수 있다는 점과도 통한다. 정치철학자 존 그레이의 다음과 같은 말에 주목할 필요가 있다. "관용에 관한 주된 자유주의 이론가로는, 명시적으로 기독교적인 관점에서 종교의 자유를 옹호한 존 로크와 유대인 합리주의자로서 신비주의자이기도 했던 베네딕트 스피노자를 꼽을 수 있다."[8]

자유주의와 유대-기독교 전통 ■ 간의 유사성을 강조한다고 해서 자유주의와 계몽주의의 위대한 유산을 헐뜯는 것은 전혀 아니

■ **유대-기독교 전통**(Judeo-Christianity) 유대교와 기독교에 공통되는 신조·성서·가치관·윤리·역사 따위를 가리킨다. 미국에서는 기독교 자체와 유대-기독교를 같은 의미로 쓰기도 한다.

다.⁹⁾ 일부 인색한 마르크스주의자들은 마르크스가 유대교 전통에 많은 빚을 졌다는 걸 인정하기 싫어한다. 그런 주장이 마르크스가 이뤄낸 업적의 가치를 떨어뜨린다고 생각할 만큼 그들이 저 전통을 낮잡아 볼 이유가 과연 어디 있을까? 디치킨스가 어찌 생각하든 간에 자유주의(혹은 급진주의)와 종교적 믿음이 반드시 충돌하는 것은 아니다. 많은 무슬림 사상가들은 이슬람교와 사회주의가 양립할 수 있다고 주장하지 않는가. 19세기 신교 신학도 많은 부분에서 자유주의의 영향을 깊이 받았다. 프리드리히 니체도 디치킨스 식으로 자유주의와 기독교를 대립시키지는 않았다. 니체는 자유주의와 기독교가 실상은 한가지 아니냐고 생각해서 훗날 나치스와 스탈린주의자들이 그랬듯이 둘을 싸잡아 비난했다. D.H. 로렌스 또한 소설 『사랑하는 여인들 Women in Love』에서 거의 같은 생각을 보여주었다. 세속적 자유주의는 그 근본에서 결코 종교적 믿음의 해독제가 아니다.

 번제(燔祭)■와 독선적 행동을 혐오하는 성경의 하느님답지 않은 하느님, 하느님에 반하는 하느님은 모든 종류의 우상과 물신 및 조각된 형상의 적이다. 다시 말해 온갖 신, 교회, 희생제의, 성조기, 민족, 섹스, 성공, 이데올로기 따위의 적이라는 얘기다. 굶주린 이들을 좋은 것으로 배불리고 부유한 자들을 빈손으로 내치는

■ **번제** 구약 시대 제사의 한 종류로, 짐승을 죽여 태우는 것을 말한다. 제물을 완전히 태워 하늘 높이 연기로 해체시킴으로써 인간과 인간에 속한 모든 것이 하느님의 전권에 종속되어 있음을 상징적으로 보여주는 의미를 지닌다.

것을 볼 때 우리는 그가 어떤 존재인지를 알게 된다. 진부하게도 구원이란 예배와 율법과 의식(儀式)의 문제가 아니며 어떤 도덕적 원칙을 준수하는 문제도, 짐승을 죽여 제물로 바치거나 남달리 고결하게 살아가는 문제도 아닌 것으로 드러난다. 구원은 굶주린 사람의 배를 채워주고, 이민자들을 환영하며, 아픈 이들을 찾아가 돌보고, 부자들의 횡포로부터 가난한 사람과 고아와 미망인을 보호하는 문제다. 놀랍게 들리겠지만 우리는 종교라는 특별한 기구를 통해 구원받는 게 아니라 서로 뒤섞여 살아가는 일상적 관계의 질을 통하여 구원받는다. 일상의 삶이라는 개념을 만들어낸 것은 기독교이지 프랑스 지식인이 아니다.[10]

신약성경에는 영웅적이라 할 이야기가 없다. 예수는 구세주치고는 너무나 구차스럽다. 메시아는 말구유에서 태어나지 않는다. 메시아라면 고귀하게 태어나고 적과의 전투에서 민족을 지휘할 영웅적 전사가 아닌가. 메시아는 살상무기를 거부하지 않고, 나귀를 타고 나라의 수도에 들어가지 않으며, 십자가에 매달리지도 않는다. 유대인의 전통적 관점에서 보면 살해당한 메시아란 말도 안 되게 변칙적인 것, 혹은 형용모순이다. 예컨대 "그러자 디치킨스는 상대편의 주장에도 일리가 있다는 점을 겸손하게 인정했다."■라는 문장만큼이나 말이다. 기독교는 실망스러울 정도로 물질주의적이고 평범하며 무미건조하다. "황제의 것은 황제에게 돌려주고,

---

■ **그러자 디치킨스는 상대편의 주장에도 일리가 있다는 점을 겸손하게 인정했다.** 저자는 도킨스와 히친스의 독선과 일방적 논증을 빈정대고 있다.

하느님의 것은 하느님께 돌려드려라."라는 예수의 말은 난해하기로 유명하다. 하지만 이 명령의 뜻이 무엇이든 간에, 종교와 정치가 별개의 것이란 의미일 리는 없다. 그런 생각은 현 시대에 특이한 편견일 뿐이다. 예수 시대에 산 독실한 유대인이라면 하느님의 것에는 정의를 위해 힘쓰는 일과 이민자를 따뜻이 맞아주는 일, 잘 살고 힘 있는 사람들의 콧대를 꺾는 일 등이 포함된다는 점을 알았을 터이다. 종교에 부수되는 번거로운 제도와 장치들은 다른 형태의 성전, 즉 사형당하여 성변용(聖變容)■된 예수의 몸이라는 성전으로 대체됐다. 열심당원■과 바리새인, 모든 시대 우익 반동 세력의 분노 속에 예수의 몸은 다른 누구보다도 온갖 패배자와 낙오자, 하층민, 그리고 부역자들에게 바쳐지는데, 이들은 의롭기는커녕 대단히 죄 많은 자들로서 모세의 율법을 상습적으로 위반하며 살거나 이교도들처럼 완전히 율법의 영향권 밖에 놓인 사람들이다.

이런 사람들에게 짐승을 제물로 바치라거나, 식습관을 율법대로 바꾸고 남부끄럽지 않게 올바로 처신함으로써 이제부터라도 하느님을 위한 삶을 살라고 종용하지는 않는다. 그들이 도덕적으로 비열하기 짝이 없더라도 하느님은 그들을 사랑한다는 희소식이 전해진다. 그들이 사악한 짓을 저질렀어도 하느님은 그들의 편이라고 예수는 말한다. 무한한 자족적 기쁨의 삶에 근원이 되며 예수가

■ **성변용** 거룩한 변모, 즉 신성(神性)을 드러냄. 신자들의 미래의 영광된 변모를 예시하는 것으로도 간주된다.
■ **열심당원** 1세기경에 활동한 유대교의 한 분파이자 정치세력으로 로마에 저항했다.

'아버지'라고 일컫는 이 존재는 심판자가 아니고 가부장(家父長)도 아니며 비난하는 사람도 아니고, 초자아* 또한 아니다. 그는 사랑하는 자이고 친구이며, 함께 비난받는 피고이고 우리를 비호해주는 변호사다. 성경에서 심판자나 비난자로 등장하는 하느님의 이름은 사탄이다. 그 원뜻은 '적대자'다. 사탄은 이를테면 못되게 구는 힘센 왕초로 해석된 하느님이다. 잠시 후에 다시 얘기하겠지만, 이런 해석도 나름대로 하느님을 비추는 괜찮은 방식의 하나다. 아무튼 남녀를 불문하고 누구든 하느님이 어떤 경우에도 그들의 편이라는 사실을 인정하기만 하면 된다. 신앙이라는 말로 요약되는 이 충심 어린 동의 외에 그들에겐 어떤 것도 요구되지 않는다. 사실 예수는 검열관처럼 까다로운 추종자들과는 달리 죄에 대해 별로 말하지 않는다. 예수의 사명은 인간의 유약함을 인정하는 것이지, 그 때문에 인간을 벌주고 야단치는 게 아니다.

예수 안에서 하느님의 사탄적이고 초자아적인 이미지가 뒤집어지면서, 율법과 욕망 간의 위험한 교착 상태—정신분석학자 자크 라캉이 '실재(the Real)'라 부르는 것—가 풀리기 시작한다. 교착 상태에서 우리는 율법 자체와 병적으로 사랑에 빠지게 된다. 그 때문에 억압받고 불행한 상태로 전락하면서도 그 상태에 집착하며, 죄책감에 사로잡혀 스스로를 벌주고 싶어하고 심지어 죽음까지 생각하게 된다. 이런 연유로 성 바울은 율법을 저주받은 것이라 말한

■ **초자아**(超自我) 프로이트 정신분석 이론에서 이드·자아와 함께 정신구조를 구성하는 기능으로 도덕적 태도, 양심, 죄의식을 나타냄.

다. 우리 자신을 쓰레기라 생각하며 삶을 끝내려는 충동을 프로이트는 '죽음 충동(death drive, Todestrieb)'이라 불렀는데, 이의 정반대가 무조건적으로 받아들이는 사랑이다. 바울이 말하듯이 율법과 거기에서 비롯된 죄나 죄의식이 세상에 죽음을 불러오는 원인이다. 따라서 그런 병적인 교착 상태에서 해방돼 복음서*에서 영생(永生)이라 일컫는 삶을 살 것인가, 아니면 죽음 충동에 시달리며 죽음과 다름없는 거짓된 영생을 살 것인가, 둘 중 하나를 선택해야 한다. 이중 후자는, 우리가 살아 있음을 확인하기 위하여 죽음에서 즐거움을 찾는 병적인 상태에 필사적으로 매달림으로써 진짜로 죽는 것을 모면하고 있는 형국이다. 죽었지만 눕지 않는 유령 같은 실존 상황—예컨대 그레이엄 그린의 소설 『브라이튼 록 *Brighton Rock*』에 등장하는 핑키나 윌리엄 골딩의 『핀처 마틴 *Pincher Martin*』의 동명 주인공이 처한 상황—은 죽음과 다름없는 삶, 즉 지옥을 상징한다.11)

 이것은 배신자의 운명이라든지 악마가 휘두르는 삼지창 따위를 연상시키는 지옥이 아니다. 율법이 주는 마조히즘적 쾌락에 매몰된 채 그 고통에서 벗어나도록 도와주려는 사람들의 얼굴에 침을 뱉는 이들의 지옥을 가리킨다. 우리가 구약성경이라 부르는 것의 하느님이 때때로 가학적인 폭군으로 그려지는 이유 중 하나는, 남녀를 불문하고 사람들은 초자아의 분노를 두려워하면서도 갈망하

■ **복음서**(Gospel) 예수의 삶과 가르침을 기록한 「마태복음」「마가복음」「누가복음」「요한복음」을 총칭하는 말이다.

기 때문이다. 사람들은 자신에 대한 억압에 마치 연인처럼 집착하며, 거기서 얻는 자학적 즐거움을 잃지 않으려고 무슨 짓이든 하는 지경에 이를 수 있다. 그러니 죄책감을 떨쳐낸다는 것은 곧 그들의 삶을 지탱해주는 질병 자체를 빼앗기는 일이 된다. 이 질병이 바로 종교라는 이름으로 알려진 근원적 마조히즘이라 말할 수도 있다. 이런 맥락에서, 우리가 있는 그대로의 우리로서 사랑받는다는 복음은 참을 수 없는 모욕으로 받아들여지게 마련이다. 적어도 우리가 아직 살아 있음을 입증해주는 고통을 우리에게서 빼앗아갈 것 같고, 도덕적 자기수양을 위해 애쓰는 우리의 노력을 무의미하게 만들어버릴 것 같기 때문이다. 우리는 멍에가 가벼워지기를 원하지 않는다. 무거운 사슬에 묶이기를 바란다.

  기독교의 가르침에서 하느님의 사랑과 용서란 우리가 자신을 보호하고 합리화하는 작은 영역에 거세게 파고들어 감상적인 환상들을 풍비박산시키고 우리의 세계를 잔혹하게 뒤엎어버리는 무자비하고 용서를 모르는 힘이다. 예수에게서는 율법이 사랑과 자비의 계율로 드러난다. 여기서 하느님은 윌리엄 블레이크의 '노보대디'■가 아니라 무력하고 쉽게 상처받는 존재다. 골고다에서 심하게 매질당해 피투성이가 된 희생양이 이제는 율법의 진정한 시니피앙■이 됐다. 달리 말하면, 정의와 동정이라는 하느님의 법에 충

■ **노보대디**(Nobodaddy) 하느님을 가리키는 블레이크의 조어. nobody와 daddy의 합성어로 '질투하는 아버지'에 가깝다. nobody라고 한 것은 하느님이 자신의 피조물인 인간 앞에 모습을 드러내지 않는다는 의미에서다.

실한 사람들이 공권력에 의해 제거되리라는 얘기다. 우리가 사랑하지 않으면 영생을 누리지 못하고, 사랑을 하면 공권력이 우리를 죽인다. 이것이 종교가 놓인 자리이니, 그렇게 우리는 유토피아적 기대를 품고, 인민의 아편에 기대며, 부드러운 눈빛의 위안을 찾고, 창백한 얼굴에 경건함을 담는다. 실용적이고 냉철한 세속주의자들은 이를 환상과 현실도피로 규정하고 매우 혐오스러워한다. 프로이트는 종교가 가혹한 인간조건의 완화제라고 보았지만, 거꾸로 우리가 현실이라 부르는 것이 복음서의 가차 없는 요구들을 완화해 준다는 주장도 그에 못잖게 설득력이 있다. 그 요구에는 생면부지인 사람을 위해 목숨을 내놓을 수 있어야 한다는 가르침도 포함되지 않는가. 그런데 현실도피라니. 예수를 본뜬다는 것은 예수의 삶만이 아니라 죽음까지도 모방한다는 뜻이다. 삶과 죽음은 끝내는 구분할 수가 없기 때문이다. 죽음은 삶의 완성이며, 예수의 자기희생에 담긴 궁극적 의미가 드러나는 곳이다.

이처럼 격렬하게 사랑하는 하느님의 진정한 모습을 보여주는 유일한 형상은 고문받고 처형당한 정치범이다. 성경에서 '아나빔(anawim)'■이라 부르는 가난하고 버림받은 사람들과 연대한 까닭에 죽음을 맞는 정치범 말이다. 로마는 정치범만을 십자가에서 처형했다. 바울의 서신에서 아나빔은 세상의 보잘것없는 인간들을

■ **시니피앙**(signifiant) 영어로는 signifier. '기표(記標)'라고도 하며, 소쉬르와 그 이후의 기호이론에서 의미를 전달하는 외적 형식이나 형태를 이른다.
■ **아나빔** 히브리어로 '구원을 위해 하느님을 찾는 가난한 자들'이라는 뜻.

뜻한다. 사회에서 버림받은 인간 쓰레기, 그러나 하느님의 나라로 알려진 새로운 형태의 인간 세계에서는 주춧돌 역할을 할 사람들이다. 예수는 그들을 대표하는 존재로 시종일관 제시된다. 예수의 죽음과 지옥으로의 추락은 광기와 공포, 부조리와 자기 비우기로의 여행이다. 그토록 철저한 혁명만이 현재의 암담한 상황을 해결해줄 수 있기 때문이다.

여기서 필요한 것은 새 술을 헌 부대에 담는 신중한 개량주의적 프로젝트가 아니라 완전히 새로운 무엇을 전위적으로 보여주고 깨우치는 일이다. 과거의 모든 형상과 언설을 뛰어넘는 혁명적인 체제, 오늘의 이 파산하고 완전히 실패한 세계에도 파고들고 있는 것으로 복음서 저자들이 생각했을, 정의와 우애가 살아 숨쉬는 세계 말이다. 이 일에서 중도(中道)는 허락되지 않는다. 정의와 현세의 권력 사이에서 단호하게 절대적으로 하나만을 택해야 한다. 이는 근본적인 충돌과 반정립(反定立)의 문제다. 칼을 휘둘러 해결할 일이지 평화와 합의와 협상으로 풀 일이 아니다. 예수는 어느 면에서도 자유주의자라 할 수 없을 듯하다. 디치킨스가 예수에게 앙심을 품는 이유의 하나가 이것일 터이다. 예수에게서는 훌륭한 협상가의 싹수가 보이지 않는다. 예루살렘 성전에서 환전상들의 좌판을 뒤엎어버린 데서 알 수 있듯이, 월 스트리트에서 인기 있을 인물 또한 아니다.

인간들의 유감스러운 상태를 고려할 때, 이처럼 노골적인 유토피아는 쉽게 이룰 수 없다. 여기서 '유감스러운 상태'란 세상에 들끓는 탐욕과 우상숭배와 미망, 지배와 소유를 향한 저 깊은 본능, 끈질기게 지속되는 불의와 착취를 가리킨다. 또한 증오와 상해와 착취를 낳는 고질적 불안감, 예수가 악과 관련지은 질병과 고통과 절망을 의미한다. 이 모두는 기독교에서 원죄로 치부하는 것들이다. 하느님의 나라는 정부의 교체로 이루어지는 게 아니다. 죽음과 공허(空虛), 광기, 상실, 그리고 헛수고를 폭풍처럼 거쳐야 한다. 기독교 신화에서는 예수가 죽은 후에 지옥으로 추락한 사건이 이 격동적인 과정을 상징한다. 이러한 변화가 원만하게 진행될 가능성은 없다. 엉망진창으로 뒤틀려 있는 세상에서 자기실현은 결국 자기를 버리는 행위를 통해서만 이룰 수 있다.

상황이 이렇다는 사실 자체가 비극이다. 우리가 개인적으로나 정치적으로 이기심과 폭력성, 소유욕, 지배하려는 충동을 버리는, 죽음에 해당하는 과정을 거치지 않고 자연스럽게 정의와 동료애를 성취할 수 있다면 더할 나위 없이 좋을 것이다. 하지만 적어도 이런 포기는 마조히즘적 자기학대가 아니라 더 풍성한 삶을 위한 포기다. 복음서에 따르면 두 종류의 '죽음 속의 삶'이 있다. 하나는 지옥과도 같은 비참한 삶이고, 다른 하나는 자기집착을 버릴 수 있을 때 누리게 되는 풍성한 삶이다. 그런데 두 삶을 구분하기가 항상 쉽지는 않다.

자기부정이 그 자체로 기독교의 목표가 아니라면, 독신의 삶도 마찬가지다. 예수는 하느님 나라가 곧 도래하리라고 믿었기 때문에, 그래서 이를테면 주택융자를 받고 세차를 하며 아이들을 키우는 따위의 한가로운 가정사에 허비할 시간이 없다고 생각했기 때문에 독신으로 산 듯하다. 한데 이런 종류의 독신은 성(性) 그 자체에 적대적인 게 아니다. 그와 반대다. 여기서 성생활의 포기는 희생제물로 간주되는데, 희생이란 소중히 여기는 것을 버린다는 의미 아닌가. 예컨대 표백제를 마시기를 포기하는 일은 희생이 아니다. 사도 바울은 미래에 올 구속(救贖)된 세계의 표적(表蹟)■을 (혹은 표적으로서의 '성사聖事'를) 찾으면서 그 하나로 육체의 성적 결합을 제시한다. 즉 독신이 아니라 혼인이 은총을 낳게 하는 성사다. 충만한 삶이 중요한 것이다. 그러나 모든 면에서 더 풍성한 삶을 위해 노력하다 보면 때로는 풍요로운 존재를 특징짓는 좋은 것들을 유보하거나 포기해야 한다. 이런 점에서 독신은 혁명적인 선택이다. 라틴아메리카의 정글에서 부패한 정권에 맞서 싸우는 사람들도 고향에 돌아가 아이들과 즐기며 정상적으로 살기를 바란다. 한데 문제가 있다. 그처럼 좋은 삶을 누구나 누릴 수 있게 하려면 게릴라 전사 자신은 그 삶을 당분간 멀리해야 한다는 점이다. 그리하여 게릴라 남녀들은 신약성경에서 '하느님의 나라 때문에 스스로 된 고자'라고 칭한 존재가 된다. 이처럼 강제적인 금욕 생활에서 바람직한 삶의 모습을 찾으려 한다면 최악의 잘못일 터

■ **표적** 상징 또는 증거(영어로는 sign이나 miraculous sign)를 말하며, 성사(sacrament)란 여기서는 '감각적 상징을 통해 효율적인 은총을 낳게 하는 것'이다. 구속(redemption)이란 '인류를 죄악으로부터 구제하기 위해 그리스도를 통하여 역사하는 하느님의 구원 행위'를 이른다. 흔히 '구원(salvation)'과 혼용하나 엄밀히는 의미에 차이가 있다.

이다. 혁명가가 이루고자 하는 사회의 바람직한 이미지들에 혁명가와 그의 삶이 포함되기는 어렵다.

 가장 급진적인 형태의 자기부정은 금연이나 금주 따위가 아니라 자신의 몸을 포기하는 일, 전통적으로 '순교'라고 알려진 행위다. 순교자는 자기가 지닌 가장 소중한 것을 버리지만, 가능하다면 그러지 않아도 되기를 바란다. 반면에 자살자는 견디기 힘든 부담이 돼버린 삶을 기꺼이 내던진다. 예수가 만약 죽기를 바랐다면 그는 무수한 자살자 중 하나가 되고, 그의 죽음은 자살폭탄테러범의 흐트러진 종말만큼이나 덧없고 무가치했을 것이다. 자살자와 달리 순교자는 타인들을 위해 죽음을 택하는 사람이다. 그들에겐 죽는 것까지도 사랑의 행위다. 그 죽음은 다른 사람들의 삶에서 열매를 맺는다. 이는 타인을 살리기 위해 죽음을 택하는 사람, 예컨대 나치 독일의 가스실 앞에 남을 대신해 줄을 선 사람뿐 아니라 타인에게 생명이나 살아갈 힘을 줄 수 있는 원칙을 지키려고 죽음을 택한 사람에게도 해당되는 말이다. '순교자(martyr)'라는 단어는 '증인'을 뜻하는 말에서 나왔다. 그들이 증언하는 것은 삶을 살 만한 가치가 있는 것으로 만들어주는 원칙이다. 이런 점에서 순교자의 죽음은 생명의 하찮음이 아니라 생명의 가치를 입증한다. 이슬람의 자살폭탄테러범에 대해서는 이렇게 말할 수 없다.

 예수가 선포한 거룩하고 영광된 변모는 비난받고 더럽던 것이 약자에서 강자가 되고, 죽음이 삶으로, 고뇌가 영광으로 바뀔 때 일어난다. 그 과정을 가리키는 오랜 명칭은 비극이라기보다 희생이다. 이런 식으로 장애물이 주춧돌이 되면서 옛 질서의 자투리와 찌꺼기로부터 새로운 질서가 구축된다. 못쓰게 돼버린 우리 세상을 포기할 각오가 되었을 때, 그제서야 우리는 미래의 참된 삶을 기대하며 살아갈 수 있다. 이런 마음가짐은 비관주의가 아니라 현실주의다. 우리는 그런 삶이 과연 가능한지를 빛의 속도나 양과 가격을 아는 식으로 확실하게 알 수 없기 때문에, 이런 자기 비우기에는 믿음이 필요하다. 모든 증거가 불리해 보임에도 불구하고 힘없는 사람들이 끝내 이기리라는 믿음을 가져야 한다. 패배자를 경멸하는 나라들에서는 말도 안 된다고 여기겠지만, 실패에 대한 충실성이라 부를 만한 믿음의 태도를 견지할 때만 인간의 힘은 창조적이고 지속적이 될 수 있다. 이처럼 믿기 어려울 정도로 냉정한 현실주의를 유지하면서, 인간을 십자가에 못 박는 극악하고 충격적이며 지긋지긋한 실재, 그 메두사의 얼굴을 정면으로 응시할 때에만 어떤 형태로든 부활이 가능해지지 않겠는가. 냉정한 현실주의를 최후의 보루로 받아들이고 다른 모든 것은 감상주의에 사로잡힌 허튼소리거나 이데올로기적 환상, 가짜 유토피아, 거짓된 위안, 혹은 지나치게 낙관적인 이상주의일 뿐임을 알아볼 때, 그제서야 최후의 보루가 결국은 최후의 것이 아니었음이 밝혀질 수 있다.

  신약성경은 인간의 환상을 잔혹할 정도로 깨뜨린다. 예수를 따르는 사람이 죽음을 맞지 않는다면 뭐가 잘못돼서 그런 건지 변명을 해야 할 정도다. 인간 조건의 적나라한 시니피앙은 사랑과 정의를 강력하게 옹호하다가 그 때문에 죽음을 당한 사람이다. 엉망으로 훼손된 시신이 인류 역사의 충격적 진실이다. 죄 없이 고통받은 사람의 그런 끔찍한 형상을 역사의 진실로 받아들이지 않는 사람이라면 인류의 무한정한 진보라는 순진한 꿈을 곧이곧대로 믿을 가능성이 크다. 이런 꿈은 뒤에서 다시 보겠듯이 디치킨스가 열정적으로 옹호하는 것이기도 하다. 그 가운데는 종교적 신화도 있지만 합리주의의 신화도 있다. 사실 많은 세속적 신화가 신성한 신화를 새롭게 해석한 것이다.

예수는 고통에 대한 병적인 숭배를 조장하기는커녕 신체의 질병까지도 명백하게 악의 한 형태로 보며, 그것을 자신이 '복 있는 삶'이라 한 것과 대립시킨다. '복 있는 삶'은 복음서에서 '영생'이라 일컫는 삶, 스스로의 싱싱한 기운과 기쁨을 구가하며 가장 값지고 풍부하게 인간다워진 삶을 이른다. 내가 생각하는 바로는 기독교의 입장에서 볼 때 '무신론적 인본주의(atheistic humanism)'는 오류라기보다 모순어법적인 개념이다. 하느님 없이는 온전한 인간성도 있을 수 없기 때문이다. 예수는 추종자들에게 "죽은 자들로 하여금 저희 죽은 자를 장사하게 하라."고 퉁명스레 말했다. 당시 유대인들은 죽은 사람의 매장을 신성한 의무로 받아들였고 시신을 묻지 않고 내버려두는 것은 있을 수 없는 부끄러운 짓이라 생각했기 때문에 예수의 말은 유대인들의 감정을 심하게 건드렸을 듯싶다. 예수는 코앞에 자신의 죽음이 닥쳤을 때도 이를 태연자약하게 받아들이지 못했다. 겟세마네 동산에서 죽음을 생각하며 그는 심한 공황 상태에 빠져들었다. 예수는 고통 받는 이들에게 그 고통을 감수하라고 가르친 적이 없다. 오히려 그는 사안의 핵심을, 즉 병든 사람과 불구인 사람들이 인간 공동체에서 제 역할을 할 기회조차 부여받지 못한다는 점을 잘 파악한 듯하다. 예수의 목표는 그런 이들에게 사회 구성원의 지위를 되돌려줌으로써 그들을 완전한 인간으로 회복시키는 것이었다.

예수는 성에 대해 유난히 관대하다. 다른 어떤 일보다도 성 문제를 따지는 데 유독 집착하는 요즘의 수백만 기독교도들과는 다르게 말이다. 적어도 성에 대한 편집증적 관심에서 그들은 그들이 몰아내는 포르노 업자들과 닮은꼴이다. 사실 신약성경에는 성에 관한 언급이 거의 없다. 대학 등의 문화연구 과정에서 신약성경을 다루지 않는 까닭이 여기 있음이 분명하다. 언제인가 예수는 발걸음을 멈추고 간음을 많이 저지른 젊은 사마리아 여인과 얘기를 나눈다. 당시 성자로 여겨지던 젊은 예수는 이로써 세 가지 금기를 한꺼번에 어긴 셈이다. 첫째, 혼자서 여자와 말을 나누지 마라. 둘째, 성적으로 문란한 이력을 지닌 여자와 말을 나누지 마라. 셋째는 가장 중요한 금기로, 타락한 인간들인 사마리아 사람과는 절대 말을 섞지 마라. 게다가 예수는 그 여인의 부끄러운 과거를 나무라지도 않는다. 오히려 자신이 '생수(生水)'라고 부르는 것을 주겠다 하고, 여자는 기쁘게 그것을 받아들인다.■ 충동을 이기지 못하고

■ **생수라고 부르는 것을 주겠다 하고, 여자는 기쁘게 그것을 받아들인다.** 이 일화에서 예수는 생수(생명수라고도 함)를 주겠다며 말한다. "내가 주는 물을 먹는 자는 영원히 목마르지 아니하리니 내가 주는 물은 그의 속에서 영생하도록 솟아나는 샘물이 되리라."

이 사람 저 사람과 잠자리를 같이하는 행위는 충만한 삶을 살지 못하는 증거라고 예수는 지적하는 듯하다.

이처럼 성 문제에 비교적 둔한한 태도를 얼마 전 『뉴욕 타임스』에 실린 '콜로라도의 부녀 순결 무도회' 기사와 비교해보자.[12] 긴 드레스를 입고 보석 달린 머리장식까지 한 70명 남짓한 대학생 나이의 아가씨들이 무도회장에서 찬송가 연주에 맞춰 자신의 아버지나 장래의 시아버지와 함께 춤을 추었다. 무도회장의 장식이라곤 2미터 높이의 나무 십자가 하나가 전부였다. 후식까지 끝난 후, 아버지들이 일어서서 "하느님 앞에서 제 딸의 보호자이자 어른으로서 순결 문제에 관해 그녀를 책임지겠습니다."라는 엄숙한 서약을 큰 소리로 읽었다. (이 문장에서는 책임지고 보호한다는 의미로 'cover'라는 말을 썼는데 단어의 선택이 좀 아리송하다.) 들뜬 춤과 엄숙한 기독교 의식 사이를 오가며 진행된 이 행사에는 1만 달러의 비용이 들었다고 한다.

랜디라는 남자의 딸은 아버지에게 바라는 게 있다면 아름답다는 말을 듣는 것이라고 기자들에게 말하면서, "집에서 그걸 얻지 못하는 아이들은 또래들 사이에 가서 얻으면 돼요."라고 덧붙였다. 여기서도 '얻는다'는 말의 정확한 의미가 모호하다.■ 어떤 아버지들은 딸의 순결을 지켜주겠다고 맹세하고 나니 자신도 아내를 속이고 바람 피우는 일은 하지 않게 될 것 같다고 했다. 가족과 국가

■ '얻는다'는 말의 정확한 의미가 모호하다. 원어인 'get it'이 성행위의 의미로도 쓰이기 때문에 하는 말이다.

를 위해 '단호함을 보이는' 거라고 말하는 사람도 있었다. 간혹 그들은 딸을 껴안고 간단한 기도를 중얼거렸다. 30분마다 춤을 중단하고 아버지들에게 딸을 축복하는 시간을 주었다. 행사가 끝나자 "아버지들은 얼굴이 발그레 달구어지고 때로는 꾸벅꾸벅 조는 딸들을 데리고 나갔다. 그러나 한 아버지는 어린 두 딸과 함께 어둠에 잠긴 호텔의 잔잔한 연못 주변을 산책했다." 『뉴욕 타임스』처럼 한때 명망이 높던 신문이 이처럼 근친상간의 욕망을 감추지 못하는 파티에 소중한 지면을 할애하다니 참으로 부끄러운 일이다.

토마스 아퀴나스는 죄가 우리의 정서적 본성을 심하게 뒤틀어놓았기 때문에 우리는 섹스를 당연히 즐겨야 하는 만큼 즐기지 못한다고 주장한다.[13] 죄라는 말로 우리가 의미하는 바가 폭력, 공격, 질투와 착취, 탐욕과 소유욕 따위라면 그것들이 우리의 인간적이고 정서적인 삶에 해를 입힌다는 점은 부인할 수 없다. 이 모두를 바울은 육신(肉身)의 죄라고 일렀는데, 프랑스의 무신론적 철학자 알랭 바디우도 지적했듯이 육신의 죄는 몸이 본디 부정한 것이라는 통념과는 아무런 관계가 없다.[14] 바울이 몸을 적대시했다는 것은 근거 없는 이야기다. 아무튼 아퀴나스가 비록 독신자였지만 그의 말은 조금도 틀리지 않았다. (우리는 바이올린을 연주할 줄 몰라도 누군가 멘델스존의 바이올린 협주곡을 엉망으로 연주한다는 걸 알 수 있다. 그와 마찬가지로, 섹스를 직접 경험해 봐야 제대로 파악할 수 있다는 생각은 경험론적 오류에 불과하다.) 아퀴나스는 신성한 사랑과 성적인 사랑을 엄격하게 구분하지 않았

으며, 애덕(愛德)■은 성애를 배척하기는커녕 오히려 전제로 삼는다고 생각했다.15)

 가족이라는 것에 대해 예수가 강한 적개심을 보였다는 점도 유의할 만하다. 미국 광고업자들이 그토록 애호하는 아늑하고 전통적인 보금자리를 예수는 자신의 사명을 위해 해체해버리고 가족 구성원들이 서로 싸우도록 만들었다. 특히 자기 가족에게는 신경을 전혀 쓰지 않은 듯하다. 리처드 도킨스는 『만들어진 신』에서 복음서의 이런 측면을 안락한 교외 거주자답게 아주 못마땅해한다. 그처럼 냉정한 가족관은 도킨스로 하여금 아이들을 가족으로부터 떼어놓는 신흥종교 집단들의 행태를 떠올리게 할 뿐이다. 정의를 향한 운동들은 민족이나 사회, 국가뿐 아니라 전통적 혈연관계까지도 초월한다는 사실을 도킨스는 읽어내지 못한다. 정의는 피보다 진하다는 사실을.

 기독교가 직관적으로 많은 사람에게 매력적인 이유 중 하나는 그 세계관의 중심에 사랑을 놓고 있기 때문이다. 앞에서 보았듯이 기독교적인 사랑에는 특이하게 섬뜩한 측면이 있으나, 어떻든 핵심 개념이 사랑이라는 점은 많은 사람에게 상당히 그럴듯하게 느껴진다. 그게 가장 소중한 가치라는 점을 대부분의 사람이 경험으로 알기 때문이다. 사랑이 비록 사방에서 배척받고 부인되지만, 그래도 인류 역사의 초점이라는 말은 어떤 의미에서 충분히 설득

■ **애덕**(charity 혹은 caritas) 가톨릭 용어로 하느님의 사랑에 응답하고 사랑 속에 머무르는 상태를 말함.

력이 있다. 하지만 다른 관점에서 보면 그 말을 인정하기가 어려워진다. 현실에서는 사랑이 역사의 중심이 아닌 게 명백하기 때문이기도 하고, 우리가 사랑마저 실질적으로 사유화된 시대에 살고 있기 때문이기도 하다. 기독교 신앙은 이치에 맞지 않는다고 많은 사람이 생각하는 이유의 하나가 여기 있다.

디치킨스가 빚지고 있는 자유주의적 인본주의(liberal humanism)의 유산에서 사랑은 개인적인 차원에서만 이해될 수 있다. 사랑은 디치킨스의 정치적 어휘에 포함되지 않으며, 그들이 혹시라도 사랑이라는 단어를 쓴다면 당혹스럽게만 느껴질 것이다. 많은 사람이 인간 실존의 중심에 놓여 있다고 여기고 개인의 삶에서 무척 중요한 역할을 하는 것이, 자유주의 전통의 시각으로는 세상사에서 주변적 위치를 차지할 뿐이다. 예컨대 정치적 사랑이라는 개념은 디치킨스에게 별 의미가 없을 듯하다. 한데 사회주의에선 정치적 사랑이라 할 만한 것이 윤리의 근간이다.[16] 문제는 사랑이 그저 성애와 로맨스, 개인과 가정의 일로 거의 완전히 축소되어 버린 사회에서 정치적 사랑이 어떤 의미를 지닐 수 있는지 알기 어렵다는 점이다. 결국 디치킨스가 지금과 같은 글들을 써내는 이유 중 하나는, 사랑의 문제에 대해 자유주의와 다른 답을 내놓을 수 있는 전통이 오늘날 흔적도 없이 가라앉을 위험에 처해 있기 때문이다.

기독교 신앙에 대해 지금까지 내가 제시한 설명을 굳이 해방신학(liberation theology)으로 분류하고 싶지는 않다. 사실 모든 진정한 신학은 해방신학이다. 또, 내 설명이 반드시 옳다고 하는 것도 아니다. 옳지 않을 가능성이 얼마든지 있다. 이의 요정* 이야기만큼이나 설득력이 없을 수도 있다. 게다가 이 같은 견해는 모든 동료와 친구를 단번에 싹 쫓아버리고 싶은 사람이 채택하면 효과 만점일 유형의 견해다. 세속의 좌파들은 짜증을 내고 우파 종교인들은 분노할 터이기 때문이다. 좌파이면서 기독교도인 사람들은 워낙 인기가 없어 데이트 소개업소의 도움이라도 받아야 할 판이다. 하지만 내 설명이 잘못됐을지는 모르되, 적어도 어리석거나 악의적이거나 터무니없다고는 생각지 않는다. 그러므로 나의 주장들에 디치킨스가 아무런 반응을 보이지 않는다면 디치킨스의 삶과 사고는 그만큼 빈곤해질 것이다.

오늘날 생각이 깊은 사람이라면 종교적 믿음을 거부할 이유를 찾기가 어렵지 않다. 그러나 믿음에 대한 내 얘기가 완전히 옳지는 않더라도 우리가 처한 정치적이고 역사적인 상황에 대한 비유로 받아들일 수는 있을 것이다. 게다가 인류 사상 가장 지속적인 유형의 민중문화인 종교를 비판하는 사람들에게는, 그것을 아무 가치도 없거나 도통 못 알아먹을 얘기로 치부해 맹렬히 공격하고는 싸구려 승리감에 도취할 게 아니라 종교의 주장 중 가장 설득력 있는 부분에 맞서 논지를 전개해야 할 도덕적 의무가 있다. 내가 여기서 개략적으로 얘기한 주류 기독교 신학이 잘못된 것일 수도 있지만,

■ **이의 요정** 아이에게서 빠진 젖니를 베개 밑에 넣어 두면 그걸 가지는 대신에 돈이나 선물을 놓고 간다는 요정.

그런 신학을 고수하는 사람은 누구든 마땅히 존중받아야 한다. 이런 존중은 제국주의 전쟁을 옹호하거나 교수 휴게실의 창가에서 세상을 내다보며 종교란 대중의 어리석음을 보여주는 또 하나의 증거라고 비웃는 사람들에게는 해당되지 않는다. 디치킨스는 종교적 믿음이란 언제 어디서든 아무런 존중도 받을 가치가 없다고 생각한다. 교조주의를 지독히 혐오한다는 사람들이 이런 교조적 주장을 했다는 사실이 믿기지 않을 지경이다.

  내가 앞에서 설명한 믿음이 어리석은 것도 사악한 것도 아닌 이상, 디치킨스 같은 사람들의 우월감에 찬 오만에 맞서 나라도 그 믿음을 옹호하지 않을 수 없다. 디치킨스는 오만함만큼의 무지함을 드러내면서 모든 종교적 믿음이 역겹다고 주장하기 때문이다. 종교적 믿음의 많은 부분이 부조리하고 역겨운 건 사실이지만 우리 사이의 논점은 그게 아니다. 또한 나는 내 조상들이 온 삶을 바친 믿음이 무가치하고 쓸모없다는 비난에 맞서 조상들의 입장을 대변할 필요도 있다. 수많은 사람이 오랜 세월을 지켜온 교리라면 그럴 만한 이유가 있으리라고 생각하는 게 민주주의 정신에 맞다. 물론 그 믿음이 유지된 이유가 그 믿음을 지키는 사람들이 생각하는 것과는 다를 수도 있다. 하지만 그런 경우라도 그것과 순전한 쓰레기 사이에는 큰 차이가 있다. 신비의 외피 안에서 합리적인 핵심을 꺼내는 일은 언제나 가능할 터이다. 나는 서구의 문화 패권주의자들에 의해 평화와 정의와 동정이란 교리가 무참하게 짓밟히고 모략당한 수많은 무슬림*을 위해서도 작은 힘을 보태고 싶다. 우리는 9·11 사태 이후 인종차별주의가 지식인 세계에서 다시 존중받는 이상한 시대에 살고 있다.

여기서 제시한 신학적 설명에 디치킨스의 마음이 흔들리기를 기대할 만큼 내가 어리석지는 않다. 무엇보다도 내 얘기가 노스 옥스퍼드■나 워싱턴 DC의 전통적인 생각과는 다르기 때문이다. 내 얘기는 인간 조건에 관해서 리처드 도킨스가 수용할 수 있는 어떤 얘기보다도 훨씬 급진적이다. 도킨스는 사회공학적 처방과 자유주의적 계몽주의 정책들의 효율성을 교외 거주 계급 특유의 자신감과 낙관주의로 믿어 의심치 않는 사람 아닌가. (뒤에서 다시 언급하겠지만, 반계몽주의적 집단의 말들도 들을 바 없기는 마찬가지다.) 내가 지금까지 제시한 세계관은 노스 옥스퍼드의 저녁 식탁이나 미국 수도의 유흥가에서 흔히 접할 수 있는 게 아니다.

히친스, 마틴 에이미스, 살만 루슈디, 이언 매큐언 같은 자유주의 문인들은 그들이 편협하고 몽매한 이슬람주의■라고 적절하게 규정한 것에 맞서서 자유로운 표현의 가치를 웅변적으로 역설해왔다. 이는 충분히 환영할 만한 일이다. 그러나 무조건적으로는 아니다. 예를 들어 살만 루슈디는 얼마 전 자신이 이제 정치에서

■ **무슬림**(muslim) 이슬람 교도를 뜻한다. 어원적 의미는 '(신에게) 복종하는 사람'이다.
■ **노스 옥스퍼드** 영국 옥스퍼드 시의 교외 지역으로 오래전부터 학자와 작가 등 유명인이 많이 사는 곳이다. 그러나 이글턴이 뒤에서 밝히듯이 그는 '노스 옥스퍼드'를 지명으로보다는 도킨스가 속해 있는 이데올로기적 경향의 대명사로 쓰고 있다. 워싱턴 DC는 미국을 상징한다는 사실 외에도 히친스의 활동무대이기 때문에 언급되며 몇 줄 아래에서 그곳의 유흥가를 거론한 것은 히친스가 이름난 술꾼이기 때문이다.

아주 멀어졌다고 선언했는데, 서구에 사는 그의 동족들이 오래전 식민 지배 아래 놓였던 시절 이후로는 유례가 없는 사나운 공격을 받고 지독한 모욕과 경멸을 당하고 있는 시기인 만큼 이는 희한한 고백이 아닐 수 없다. 루슈디는 또 에이미스가 9·11 사태 이후의 인터뷰에서 한 황당한 말, 즉 평범한 무슬림들까지도 못살게 굴고 차별하자는 제안■에 대해, 그것은 일반 대중의 두려움을 대변한 것일 따름이라고 옹호하기도 했다. 공황 상태에서 내뱉은 에이미스의 독설이 귀중한 사회봉사 행위라도 되는 듯이 말이다. 나아가 에이미스가 문제의 인터뷰에서 '차별적인' 대응책에 찬성한다고 분명히 말했는데도 루슈디는 그가 차별을 주장한 게 아니라고 했다. 크리스토퍼 히친스도 그 발언이 일종의 정신실험■일 따름이니 뭐니 하는 식의 더 이상 온화할 수 없는 말들로 에이미스를 두둔했다. 일부 논객들이 모든 이해관계를 초월하여 정의와 참된 심판을 구현하는 일에 열정적으로 뛰어드는 모습을 보면 놀랍기만 하다. 친구들이 관련된 경우는 제외하고 말이다.

■ **이슬람주의**(Islamism) 아랍인들 자신이 '정치적 이슬람'이라고도 표현하는 것으로, 이슬람이 종교이자 정치체제이므로 모든 무슬림은 이슬람교의 뿌리로 돌아가 정치적으로 단합해야 한다고 주장하는 이념이다. 논란이 많은 개념이어서 그 정의도 다양하나, 대체로 이슬람 근본주의(원리주의라고도 한다)와 같은 의미로 쓰인다. 70년대 후반 프랑스 학계에서 이 용어를 현재의 의미로 쓰기 시작해 80년대 중반 영미 등으로 퍼져갔다고 한다.
■ **평범한 무슬림들까지도 못살게 굴고 차별하자는 제안** 테러 행위가 이처럼 혹독한 대가를 치르도록 하면 무슬림 공동체가 결국 테러리스트들을 억제하지 않겠느냐는 게 에이미스의 논리였다.
■ **정신실험**(mind-experiment) 물리학과 철학에서 종종 사용하는 'thought experiment' 즉 사유실험 혹은 사고실험과 비슷한 의미로 쓴 말이다.

여기서 생각해 보자. 자신의 직업과 밀접한 관계가 있는 쟁점들에 정치적 에너지의 거의 전부를 쏟는 일에는 고결한 도덕적 원칙만이 아니라 약간의 이기적인 고려도 개재되는 게 아닐까? 파업권을 제외한 모든 문제에 침묵하는 노동조합원이나, 낙태 문제에는 흥분하지만 저임금 착취노동에는 무관심해 보이는 페미니스트에 대해서 뭐라고 말해야 할까?

이런 비판은 폭넓은 쟁점들에 늘 개입하여 정치적 발언을 해온 히친스에게는 해당되지 않는다. 하지만 오늘날 도덕적으로 분노하는 다른 몇몇 논평가들에게는 분명히 적용된다. 자신의 글을 출판하고 생각을 표명할 소중한 권리가 있다는 점 말고는 정치에 대해 아는 바가 거의 없어 보이는 사람들의 지루한 장광설을 어떻게 받아들여야 할까? 기본적으로, 시인과 소설가라 해서 간호사나 트럭 기사와 달리 정치적 판단에 대해 특권을 지닌 것은 아니라고 주장할 수 있다. 그처럼 중요한 문제들에 대해 자기 의견을 남들에게 알릴 수 있는 자격이 직업에 따라 특별히 주어지지는 않는다는 뜻이다. 그런 가운데도 시인이나 소설가가 굳이 어떤 발언을 하고자 한다면, 인간들의 공감을 직업적으로 취급하는 사람으로서 자신의 즉각적 이해관계를—그것 역시 중요하긴 하지만—조금이라도 넘어서려고 애써야 하지 않을까.

지금까지 보았듯이 나 같은 사람과 디치킨스는 신학적 관점뿐 아니라 정치적 관점도 판이하다. 리처드 도킨스와 내가 가장 근본적으로 차이를 보이는 부분은 사실 하느님이나 과학, 미신, 진화,

그리고 우주의 기원 등에 대한 생각이 아닌 듯하다. 신학자들은 적어도 직업적으로는, 헨리 제임스처럼 절묘하게 복잡한 작가가 과연 진화라는 조잡하고 실수 많은 과정을 통해 탄생한 것인지 아닌지에 대해 조금의 관심도 없다. 내가 알기로 과학과 신학 간에 차이가 있다면 그것은 이 세상을 선물로 보느냐 아니냐 하는 데에 있다. 이는 세상을 엄밀하게 조사함으로써 해결할 수 있는 문제가 아니다. 도자기 꽃병을 아무리 자세히 뜯어보아도 그게 결혼 선물임을 알아낼 수는 없지 않은가. 디치킨스와 나 같은 급진주의자 간의 차이 역시 인간 조건의 궁극적인 시니피앙이 고문 받고 살해당한 정치범의 몸뚱이라는 말을 받아들이는지, 그것이 살아 있는 사람들에게 던지는 의미는 무엇이라고 보는지에 따라 결정된다.

믿음(faith)이란 본디 무엇 혹은 누군가의 존재에 대한 확신이 아니라 헌신과 충성을 뜻하는데, 디치킨스는 이를 충분히 인식치 못하는 듯하다. 예컨대 페미니즘이나 반(反)식민주의에 대한 믿음처럼, 우리가 처한 끔찍한 상황을 변화시킬 수도 있는 어떤 것에 대한 믿음 말이다. 현실에 관한 어떤 설명에 동조하는 것도 분명 믿음에 부수되는 일이지만, 그런 게 믿음의 일차적 조건은 아니다. 내가 이해하는 바의 기독교 신앙에서 일차적인 것은 초월자인 하느님이 존재한다는 명제에 동의하느냐 않느냐의 문제가 아니라, 어둠과 고통과 혼란 속에 허덕이며 막다른 지경에 이르렀음에도 세상을 변화시키는 사랑에 대한 약속을 충실하게 믿고 지키는 인간들이 보여주는 헌신이다. 도킨스 같은 사람들의 문제는 끔찍한 상황에 처할 일이 전혀 없다는 점이다(내 경우처럼 옥스퍼드 대학 식당 교수석에서 식사하는 일을 끔찍한 상황의 범주에 넣는다면 몰라도). 굳이 찾는다면, 무언가의 신봉자라는 반쯤 미친 인간들이 주변에 널렸다는 사실이 그들에겐 약간 끔찍할 수 있겠다.

따라서 그들이 타락이나 구속(救贖) 같은 낡디낡은 관념을 경멸하는 것은 당연하다. 심지어 아우슈비츠 이후에도 죄악으로부터 구제받을 일이 없다는 것이니, 그들이 보기에 세상의 상태는 그리 절망적이 아닌 셈이다. 상황이 절망적이라는 생각은 좌파들의 자의적이고 조잡한 과장이라는 게 그들의 견해다. 그러니 일반적으로 자유주의적 합리주의자라면, 우리 인류가 비록 고통스러운 상황에 처했으나 놀랍게도 아직 희망이 남아 있다는 믿음 따위는 가질 필요가 없다. 상황이 그렇다는 점 자체를 인정하지 않기 때문이다. 하느님을 거론하는 일이 그들에게는 말이 안 되는 중요한 이유가 여기에 있다. 그것이 유일한 이유는 아니지만 말이다. 아무튼 사람들이 하느님을 거부하는 이유 중에는 칭찬 받아 마땅한 것들도 많지만, 방금 거론한 맥락에서 보면 디치킨스의 거부 이유는 따분하고 정치적으로 추레한 것일 따름이다.

인류 역사 최초의 진정한 세계적 대중운동으로서 기독교는 앞으로 올 하느님 나라에서 정의와 우애와 자기실현의 조건을 찾는다. 이는 옥스퍼드와 워싱턴의 부유한 동네 사람들이 가능하거나 바람직하다고 생각하는 수준을 훨씬 뛰어넘는 것이다. 워싱턴 술집에서 만난 닳고 닳은 정치 로비스트들에게 인류는 오로지 상실과 영락(零落)과 자기 비우기라는 비극적인 과정을 통해서만 바로 설 수 있다고 가르치는 일은 상상조차 하기 힘들다. 교양이 철철 넘치는 그런 집단에서 하느님에 대한 언급은 사회주의에 대한 언급만큼이나 용납되지 않는다. 이들 두 언어게임■의 어느 쪽도 현대 자본주의의 비정한 속성에 어울리지 않는다. 크리스토퍼 히친스가 어느 서평에서 해방신학을 '유감스러운' 현상이라고 했을 때, 그 유감은 신학뿐 아니라 해방에도 똑같이 해당되는 것으로 보인다.『신은 위대하지 않다』에서 그는 교황청이 해방신학을 이단으로 규정한 데는 타당한 이유가 있었다고 시사하기까지 한다. 히친스의 교황 옹호는 흔한 일이 아니지만, 여기서는 그의 정치적 입장과 맞아떨어졌다. 1980년의 이른바 산타페 문서■에서 미국 정부는 해방신학류를 체제 전복적인 위협으로 비난한 바 있다. 한편, 실망스러울 정도로 상투적인 종교 비판에 그쳐서 역작이라고 하기는 어려운 대니얼 데닛의『주문을 깨다』를 보면 이라크 침략이 제대로 관리만 됐더라면 문제될 바 없다는 그의 생각이 읽힌다. 무신론적 우상파괴주의자라고 해서 그 밖의 분야에서도 반드시 급진적인 건 아니라는 사실을 잘 보여주는 사례다.

■ **언어게임**(language game) 독일어로는 Sprachspiel. 철학자 비트겐슈타인의 용어로 나름의 어법을 지닌 언어의 특정 영역을 가리키며, 우리가 하는 말들은 삶의 형태 및 활동과 직결된다는 생각에 바탕을 두고 있다. '언어놀이'라고도 한다.
■ **산타페 문서**(Santa Fe Document) 1979년 니카라과 혁명이 성공한 후 위기감을 느낀 미국이 작성한 것으로, 카리브 해에서의 헤게모니 유지 전략을 담고 있다.

자본주의 체제는 그 본질에서 무신론적이다. 자본주의 옹호자들이 경건한 태도로 뭐라고 주장하든 간에, 현실에서 드러나는 물질적 행태와 거기에 내재된 가치관과 신조들은 신을 부정한다. 그리하여 자본주의는 한결같이 나쁜 방향으로 무신론적인데, 그에 반해 마르크스와 니체는 대체로 좋은 방향으로 무신론적이다. 성취와 충족이 패키지로 거래되고 욕망이 관리되며, 정치마저 경영화되고 소비중심적인 경제가 지배하는 깊이 없는 사회에서는 신학적인 문제가 적절하게 제기될 가능성조차 거의 없다. 일정 수준 이상으로 심오한 정치적, 도덕적 문제의 토론이 불가능하듯이 말이다. 이런 상황에서 하느님이 무슨 의미가 있겠는가. 기껏해야 이데올로기적 정당화에, 영적인 향수 달래기에, 아니면 무가치한 세계에서 개인적으로 탈출하는 데에나 이용되지 않겠는가.

무자비하게 실리만을 추구하는 자본주의에 내몰린 이른바 영적인 가치가 피난처로 삼은 곳의 하나가 뉴에이지(New Age)■다. 하지만 뉴에이지는 영적인 것의 서툰 모방에 불과한데, 물질주의에 매몰된 문명에서 그 이상을 기대할 수는 없을 터이다. 마음이 냉혹한 사람들이 감상적인 노래를 들으며 훌쩍이곤 하듯이, 진정한 영적 가치가 품안에 굴러들어도 알아보지 못할 사람들이 유독 영성(靈性)을 뭔가 으스스하고 영묘하며 심원한 것으로 생각하는 경향

■ **뉴에이지** 1960년대 이후 대두한, 새롭고 영적인 가치를 추구하는 사고방식과 활동들을 뭉뚱그려 부르는 이름. 체계적인 운동이 아니어서 일관된 특징을 찾기는 힘드나 대체로 범신론적이며 개인이나 소집단의 영적 각성을 추구하는 경향이 있다.

을 띤다. 말이 나온 김에 덧붙이면, 마르크스가 종교를 "무정한 세계의 감정이고, 영혼 없는 상황의 영혼이다"■라고 했을 때 염두에 두었던 게 바로 이런 상황이다. 마르크스의 말을 다시 풀이하면, 유머 감각 없는 사람이 이해할 수 있는 유일한 종류의 우스개가 난처할 정도로 노골적인 유머이듯이, 무정한 세계에서 감정 혹은 정(情)의 원천으로 상상할 수 있는 것은 오로지 전통적인 종교뿐이라는 얘기다. 마르크스가 공격한 종교는 실리만을 추구하는 물질주의자들에게서 기대할 수 있는 종교, 즉 영적인 것을 현실에서 분리하여 감상적으로만 이해하는 유형의 종교였다.

　마르크스가 지적했듯이, 낭만주의의 한 특징은 그것이 공리주의의 이면(裏面)이라는 점이다. 모든 면에서 세속적이고 냉소적이며 현실적인 사람들(이를테면 할리우드의 슈퍼스타들)이 영성과 관련해서는 그렇게 어수룩할 수가 없다. 세속의 명리를 추구하는 사람만큼 비현실적인 사람이 없고, 빈틈없이 현실적인 사람만큼 속내가 무른 사람이 없다. 영적인 문제들은 그들의 변호사나 보디가드, 대리인과 미용사 등 늘 상대하는 존재들로부터 상상할 수 있는 한 가장 멀어야 한다. 그래야 일상의 대안이 될 환상을 제공할 수 있다. 다른 모든 면에서 세련되고 세상 물정에

■ **무정한 세계의 감정이고, 영혼 없는 상황의 영혼이다.** 『헤겔 법철학의 비판을 위하여』의 서설에 나오는 구절. 바로 다음에 "종교는 인민의 아편이다."라는 유명한 말이 이어진다.

밝은 사람들이 예컨대 구름 뒤에 숨어 있는 우주선에서 외계인이 지구상의 모든 일을 통제한다는 황당무계한 말을 믿는 까닭이 여기에 있다. 그들의 은행 잔고가 달랑 38달러라면 그런 말을 믿지 않을 것이다. 돈이 비현실성의 증식장치인 셈이다. 영성이란 병자를 찾아가 돌보고 부정의에 맞서 싸우는 일과 연관된 어떤 것이라는 생각은 이런 신비주의자, 강령술사, 심리의 지압요법사들에게는 참을 수 없을 만큼 재미없게 느껴질 터이다. 병자 돌보기, 부정의와 싸우기라니. 그런 따위는 보디가드와 미용사라도 할 수 있는 일 아닌가.

바로 이런 의미에서 카를 마르크스가 종교를 '영혼 없는 상황의 영혼'이자 '억압받는 피조물■의 한숨'이라고 정의한 것이다.[17] 우리 시대에 파도처럼 밀려온 뉴에이지 종교가 그런 범주에 속한다. 뉴에이지는 세상으로부터 도피할 곳을 제공할 뿐이지 세상을 변화시킬 사명을 제시하지 않는다. 억압받는 사람들의 한숨은 분노에 찬 절규와는 달리 우리에게 무엇이 문제인지를 드러내는 병적 징후일 따름이다. 프로이트가 말하는 신경증의 징후가 그러듯이, 이런 유형의 종교적 믿음은 좌절된 욕망을 표현하는 동시에 그 욕망을 추방한다. 우리가 물질적으로 변해야만 진정한 의미에서 영적으로 살 수 있다는 사실을 깨닫지 못하는 것이다. 낭만주의처럼, 그런 믿음은 무정한 세계에 대한 반발이기는 하되 감정과

■ **피조물**(被造物, Kreatur) 여기서는 인간들을 가리킨다.

가치라는 한정된 영역 안에서만 맴돈다. 따라서 영적인 파탄에 대한 항의이면서도 그 파탄과 철저히 공생 관계에 있다. 하지만 비록 왜곡됐고 비위에 거슬리더라도 이런 종교가 불만의 징후임은 확실하다. '억압받는 피조물의 한숨', '무정한 세계의 감정', '영혼 없는 상황의 영혼' 같은 표현을 마르크스가 순전히 경멸적인 의미로만 쓴 것은 아니다. 종교적인 환상은 보다 실질적인 형태의 저항을 나름대로 대리하는 부분이 있다. 문제의 방향을 보여 주는 표지판 구실을 하는 것이다. 비록 그 문제를 직접 해결해 주지는 못하지만.

이슬람 급진주의와 기독교 근본주의는 이와 사뭇 다르다. 낭만주의나 뉴에이지와 달리, 그것들은 불만을 품은 소수의 교리를 넘어선 대중운동이다. 여기서 종교는 인민의 아편이라기보다 인민의 크랙 코카인▪이다. 근본주의는 단순히 세상으로부터의 도피처를 찾지 않고 세상을 변화시키려고 나선다. 근본주의는 근대성(modernity)이 내거는 가치들을 거부하지만, 근대의 과학기술과 조직 방식들은 그것이 화학전이건 미디어 기술이건 필요한 대로 기꺼이 받아들인다. 영국에서 이라크 침략을 지지한 좌파 인사들 혹은 이전에 좌파였던 사람들은 그 문제에 관한 성명에서 "우리는 근대성에 대한 두려움을 거부한다."▪라고 했는데,[18] 이들의 말은

▪ **크랙 코카인**(crack cocaine) 마약인 코카인의 한 종류로 순도가 매우 높으며, 열을 가해 기화시켜 들이마시면 곧바로 뇌에 작용한다.
▪ **우리는 근대성에 대한 두려움을 거부한다.** 여기서 인용된 말은 2006년 5월 2,800여 명이 서명하여 발표한 「유스턴 선언」의 한 구절이다.

두 가지 점에서 잘못됐다. 하나는 이슬람이 근대성을 덮어놓고 거부하는 게 아니라는 점이며, 다른 하나는 근대성에는 거부할 만한 게 많다는 점이다. 화학전을 불안하게 생각한다고 해서 복고적인 반동 세력이 되는 건 아니다. 화학전이 두렵지 않다면 도대체 뭐를 두려워해야 한단 말인가.

기독교 근본주의는 그들이 향락주의적이며 상대주의적인 문화라고 비난하는 것에 대항하여 질서, 금욕, 절약과 근면, 극기와 책임성 등 하느님을 잊은 소비중심 사회에서 상실 위기에 처한 가치들을 회복시키려 한다. 현상에 대한 이들의 비판은 여러 측면에서 옳은데도 충실한 자유주의자들 다수는 그 점을 인정하지 않으려 든다. 후기자본주의가 무분별한 쾌락주의와 성적 집착 및 도덕적 천박성에 찌든 문화를 조장하는 것은 사실이다. 문제는 근본주의가 제시하는 치유책이 아마도 질병 자체보다 더 해로우리라는 점이다. 근본주의는 비현실적인데, 이는 근본주의가 헛된 꿈을 꾸기 때문만이 아니라 그들의 가치가 이전 시대의 자본주의, 즉 산업자본주의에 뿌리를 두고 있기 때문이다. 근본주의는 억압받는 인간들의 한숨이라기보다는 내쫓긴 인간들의 한숨에 가깝다. 대부분의 경우에 근본주의자들은 자본주의에서 뒤처진 사람들이다. 자본주의는 그들과의 약속을 저버렸다. 더 이상 이익을 생산하지 못하는 사람이나 사물이라면 언제든 단호히 팽개쳐버리는 게 자본주의의 속성 아닌가.

그러나 뉴에이지가 탈(脫)정치적인 데 비해 기독교 근본주의는 반(反)정치적이다. 기독교 근본주의는 정치적 투쟁을 일삼기는 하나 근본에서는 문화주의(culturalism)의 한 형태로서 정치를 종교로 대체하고자 한다. 알카에다도 크게 다르지 않다. 아무리 정치적 대의를 내세운다 해도 공공장소에서 폭탄을 터뜨리는 것만큼 반정치적인 행위는 없다. 질베르 아슈카르가 지적했듯이, 기독교 해방신학은 일반적으로 말하는 정치적 좌파의 한 부분이지만 이슬람 근본주의는 "무슬림이 다수인 나라들에서 저항의 초점을 '혹독한 불행'과 그 불행에 책임이 있다고 간주되는 국가와 사회에 맞추어 가는 과정에서 좌파의 경쟁자이자 대안으로 발전했다."[19] 문화가 지나치게 비대해져서 정치를 완전히 집어삼키는 우려스러운 경향을 보이는 시대에 이런 근본주의가 싹튼다. 비슷한 경향들이 이른바 '정체성의 정치'■에서도 보이는데, 정체성 정치의 상당 부분 역시 기존 정치에 대한 전반적 환멸의 산물이다. 요컨대 기독교 근본주의와 마찬가지로 이슬람 급진주의도 정치를 종교로 대체할 수 있으리라 믿는다. 정치는 우리를 해방시키지 못했지만 종교라면 가능하지 않겠는가 하는 생각에서다. 이 문제에 대해서는 책의 맨 뒷부분에서 다시 살펴보기로 하자.

종교와 관련해서 우리 시대의 특이점은 전투적 이슬람주의와 러시아 정교회에서부터 오순절주의(五旬節主義, Pentecostalism), 라

■ **정체성의 정치**(identity politics) '동일성의 정치'라고도 하며, 개인들의 관심과 협력은 주로 인종·민족·종교·성 따위 정체성 혹은 동일성에 바탕을 둔 시각과 이해관계에 따라 형성된다는 주장과 그에 따른 실천을 말한다.

틴아메리카의 복음주의적 개신교회에 이르기까지 세계 전역에서 종교가 되살아나고 있을 뿐 아니라, 그런 부흥이 종종 정치적인 형태를 띤다는 점이다. 그러나 방금 말했듯이 이런 현상은 본래적인 정치의 회복이 아니라 실패를 반영한다. 대체로 보아 근대 혹은 현대라고 불리는 시대는 서구 세계에서 종교가 공론(公論)의 장에서 물러나 마치 상감(象嵌) 세공이나 셋이 함께하는 성관계처럼 개인 차원에서 추구하는 일로 변한 시기다. 그만큼 종교의 의미가 퇴색하지만, 동시에 종교의 폐해 또한 줄어드는 게 사실이다. 포스트모던한 시대■에 오면 종교는 다시 공공 영역으로 나아가고 집단화되는데, 그렇다고 고전적 의미의 정치가 부활하는 것은 아니고 종교가 정치의 대체물 역할을 하게 된다. 우리는 지금 후기자본주의 세계의 재주술화(再呪術化)■라는 우려해야 할 현상을—이를테면 기술복제의 시대를 넘어서서 영적 아우라의 불이 다시 지펴지는

■ **포스트모던한 시대** postmodern이라는 형용사와 postmodernity라는 명사는 '후기근대 · 후기현대(성), 탈근대 · 탈현대(성)' 등 여러 가지로 번역되며, 근대의 이성중심주의와 산업자본주의, 그에 따른 정치적 · 문화적 특징들이 많은 변화를 겪은 최근 시대와 그 조건 및 상황을 가리킨다.
■ **재주술화** 사회학자 막스 베버는 문명이 발달하고 합리화가 진행되면서 세계의 '탈주술화(脫呪術化, disenchantment)'가 일어난다고 했다. 탈주술화 즉 주술 혹은 마법에서 벗어나기란 '생활 조건에 대한 합리적인 지식을 원하는 대로 얻을 수 있고 삶에 개입하는 힘들을 구체적으로 증명 · 예측할 수 있다고 믿게 되는 인식상의 변화'를 말한다. 이글턴이 말하는 재주술화(reenchantment)란 이의 역과정으로, 후기자본주의 세계에서 종교가 부활하는 가운데 사람들이 다시 마법에 걸리듯 비합리적인 것들에 매혹되는 현상을 가리킨다. 한편, '기술복제'와 '아우라(Aura) 즉 독특한 분위기'는 발터 벤야민의 논문「기술복제 시대의 예술작품」을 통해 널리 알려진 용어다. "예술작품의 기술적 복제 가능성의 시대에 위축되고 있는 것은 예술작품의 아우라다." 이글턴은 이 개념들을 비유적으로 원용하고 있다.

것을—목격하고 있는 셈이다. 종교는 이제 다시금 사람들을 선동하고 죽일 채비가 돼 있다. 이것은 동시에 포스트내셔널한 현상, 즉 탈민족·탈국가적인 현상이랄 수도 있다. 근대성의 시대에 민족주의는 가장 '시적(詩的)'인 정치 형태로서 영적이며 상징적인 에너지의 배출구 노릇을 했는데, 이제 그 에너지는 다른 표출 수단을 찾을 수밖에 없게 됐다. 혁명적 민족주의가 끝나는 지점에서 포스트모더니즘은 시작된다.■

내가 지금까지 개략적으로 살펴본 신학에 포스트모더니즘은 어떻게 반응할까? 포스트모던 문화가 의식적으로 그런 신학을 거부하리라 생각한다면 어리석은 일이다. 거부하는 데 필요한 만큼의 교리에 대한 의식조차 없기 때문이다. 스와힐리어나 남극을 거부할 일이 없듯이 신학도 거부하지 않는다. 포스트모던한 사회가 포스트신학적이라는 말은 가수 마돈나가 포스트다윈적이라고 하는 말만큼이나 무의미하다.■ 포스트모던 신학이라는 게 번창하고 있지만, 이 문화 전체를 대표하지는 못한다. '해방'이라는 단어조차 어리벙벙한 침묵으로 받아들이는 사회에서 '은총'이니 '타락'이니

■ **혁명적 민족주의가 끝나는 지점에서 포스트모더니즘은 시작된다.** 이글턴은 『포스트모더니즘의 환상』이라는 저서의 서문에서 포스트모더니즘이란 "진리와 이성과 정체성과 객관성, 보편적 진보나 해방, 그리고 단일한 틀이나 거대 내러티브담론(거대서사) 혹은 궁극적 설명 근거와 같은 고전적인 개념들을 의심하는 사유 양식"이며, 이러한 계몽주의적 규범들에 반대하면서 포스트모더니즘은 "세계를 우발적이며 근거 지어져 있지 않은 다양하고 불안정하며 불확정적인 것"으로 본다고 요약한다. 한편, 이와 연관되지만 똑같지는 않은 것으로, 1960년대 들어 미국과 유럽에서 시작된 문학·예술·건축의 한 조류를 포스트모더니즘이라고 한다.

'구속(救贖)' 같은 단어가 이렇다 할 힘을 발휘할 가능성은 거의 없다. 대체 무엇에서 해방되자는 거지? 그거 너무 60년대적인 구호 아냐? 게다가 어느 포스트모던 사상가가 한껏 들떠서 말하지 않았던가. 우리 앞에는 "현재의 연장이되 선택의 여지는 더 많은" 미래가 놓여 있다고. 이런 문화에서 어떻게 변화된 미래를 기대할 수 있겠는가?

이 정도면 충분히 자족적이며, 현실적으로 가능한 최선의 상태에 얼추 도달해 있고, 설사 그렇지 않다 해도 과거에 비하면 무척이나 발전하지 않았느냐고 자평하는 사회에서 믿음이나 희망이 대체 무슨 의미를 지닐까? 부족한 점이 전혀 없으며 지금의 것들이 지속되기만 하면 그만인 인류 역사의 정점에 와 있다고 적잖은 시민들이 생각하고 있는 서구 세계에서, 믿음이라는 게 순전히 이데올로기적인 역할 이외에 어떤 구실을 할 수 있을지 짐작하기 어렵다. 그런 형태의 삶을 사는 사람들이라면 우리가 처한 상황에 뭔가 크게 잘못된 점이 있다는 사실을 어떻게 인정할 수 있겠는가? 우리의 상황이 불합리할 뿐 아니라 여러 면에서 참을 수 없으며, 가난한 사람들이 힘겹게 살아가는 모습이 그에 대한 분명한 증거라는 사실을 말이다.

■ **포스트모던한 사회가 포스트신학적이라는 말은 …… 무의미하다.** 마돈나가 다윈주의를 넘어서고 어쩌고 할 만큼 진화론에 대한 인식을 지니고 있지 않다는 데 빗댄 표현이다. 이글턴은 마돈나 비유를 즐겨서, 어느 인터뷰에선 "그건 마돈나를 포스트마르크스주의적이라고 하는 것처럼 말이 안 된다."라고 말하기도 했다.

자본주의가 앞으로 어떻게 변할지는 몰라도, 지금까지는 종교적이고 형이상학적인 상부구조를 포기하지 않았다. 하지만 그럴 가능성을 완전히 배제할 수는 없다. 테러가 만연한 세계에서 종교적 믿음이 사회에 역기능을 하는 근본주의를 점점 닮아간다면 더더욱 그렇다. 현 시점의 문제는, 미국에서 특히 그러한데, 종교가 시장경제에 의해 축출된 영적인 가치들의 몇 안 되는 피난처 중 하나로서 방어적이고 편집증적이며 거의 병적으로 되어 가고 있다는 점이다. 종교가 삶의 현실에서 멀어진 것도 그런 현상의 한 요인이며, 이는 일부 모더니즘 예술이 '병적인' 특성을 띠는 원인이기도 하다. 사회의 주요한 일들이 신과 유리됨에 따라 종교의 체제 정당화 능력이 점점 줄어들고 이데올로기적 기능도 거의 사라지게 돼, 결국 종교는 현실성을 상실한 쓸모없는 것으로 전락해 간다. 사회 체제는 영적 가치를 소중하게 여긴다고 흔히 얘기되지만, 실은 그것들을 믿지 않으며 그럴 수도 없다는 사실이 일상의 삶에서 드러난다. 일요일 예배 때마다, 또는 대통령의 대국민 연설에서 어떤 엄숙한 말이 토해지더라도 말이다. 사회가 실제로 행하는 것과 그 행위를 스스로에게 합리화하는 방법은 우스꽝스러우리만큼 서로 모순된다. 이상과 현실 간의 이 같은 괴리는 종교의 많은 부분에도 그대로 적용되는데, 그에 대해선 뒤에서 계속 살펴보기로 하자.

2

배신당한 혁명

기독교 신앙에 대해 내가 지금까지 개략적으로 제시한 해석은 철저히 성서에 입각한 정통적이고 전통적인 것이라고 생각한다. 시류를 좇은 새로운 해석은 전혀 없다. 사실 많은 부분이 아퀴나스와 그 이전으로 거슬러 올라간다. 내가 보기에는 이런 해석이 도킨스류보다 인간을 훨씬 현실적으로 파악하고 있다. 뒤에서 다시 언급하겠지만, 인간의 진보를 지극히 낙천적인 관점에서 본 『만들어진 신』과 달리 이 해석은 인간의 타락과 사악함을 충분히 파악하고 있다. 동시에 그 같은 비참한 상황을 바꾸어 갈 가능성에 대해서도 자유주의적 인본주의자와 합리주의자보다 훨씬 대담한 태도를 취한다. 인간을 보는 눈에서는 이른바 '올바르게 생각하는', 다시 말해 정통적이고 보수적인 자유주의 지식인의 시각보다 암울하고 (프로이트주의나 아르투르 쇼펜하우어의 철학만이 암울함에서 이에 필적한다), '뭐든 할 수 있다'는 고질적 자만(自慢)을 희망의 미덕으로 착각하는 순진하고 낙천적인 미국식 이데올로기보다 훨씬 회의적이다. (파괴된 세계무역센터 자리에 그보다 더 높은 건물을 세울 것을 고려하는 나라라면 국토안보의 관점에서뿐 아니라 여러 의미에서 일종의 학습지진아임이 분명하다.) 하지만 여기서 제시한 해석은 인간의 나약함 자체가 구속(救贖)을 가능케 하는 힘이 될 수 있다고 믿는다. 이런 점에서 정통 기독교 신앙은 사회주의와 유사하다. 사회주의에서 미래 사회를 앞장서 이루어낼 자는 현재 잃을 게 거의 없는 사람들이기 때문이다.

    기독교 믿음에 따르면 인간의 사악함은 큰 부분이 역사적 이유에서 비롯되며, 따라서 정치적 실천을 통해 어느 정도 순화될 수 있다. 그러나 인간의 악덕이 얼마나 크고 끈덕진가를 고려할 때, 이런 설명과 대응만으로는 결코 충분치 않다는 것 또한 기독교의 믿음에 속한다. 인간이라는 종의 구조 자체에 결함과 모순이 없다고 단정하기 힘들며, 그런 결함과 모순은 역사의 관점에서 다룰 수 없다는 생각에서다. 정신분석학도 대체로 같은 견해를 보인다. 지금까지 인간 역사에서 미덕이 지배한 문화는 없었다. 그 이유 중 일부는 바로잡을 수 있는 것이나, 다른 이유들은 아마도 그러기가 불가능할 듯하다. 그렇다고 인종차별과 성차별, 자본주의를 종식시킬 수 없다는 얘기는 아니며, 다만 그러한 프로젝트에 내재된 어려움을 냉정하게 평가해야 한다는 뜻이다. 그와 동시에 기독교의 믿음은 자유주의적 합리주의에 비해 터무니없으리만큼 희망적이다. 인류의 구원이 가능할 뿐 아니라, 우리가 신문에서 읽는 암울한 소식들과는 반대로 그 구원이 원칙적으로 이미 이루어졌다고 본다. 가장 낙관적인 트로츠키주의자라도 이런 말은 믿지 않는다.■

디치킨스가 기존 종교에 퍼붓는 비난 중 아주 많은 부분이 지극히 옳은 소리이며, 종교의 문제점들을 그토록 설득력 있게 제시한 데 대해서는 아낌없는 찬사를 보내 마땅하다. 예컨대 아동에 대한 성직자의 성적 학대, 종교의 여성 비하 따위에 관한 비판은 아무리 혹독하고 과장스럽다 해도 지나치다고 하기가 어렵다. 하지만 알 만한 사람은 이미 다 아는 바와 같이, 대부분의 경우에 디치킨스는 해당 종교에 관해 정말 어이없으리만큼 무지한 상태에서 열변을 토하곤 한다. 나는 다른 글에서 이 점을 지적하면서 『영국 조류도감』을 어쩌다 좀 들여다봤다고 해서 생물학의 심원한 문제에 대해 왈가왈부할 자격을 갖추었다고 착각하는 사람의 오만에 비유한 바 있다.[1] 혹자는 디치킨스를 두둔하면서 그들은 사회적 현상으로서의 종교를 다루었지 신학을 논한 게 아니라고 할지 모른다. 그러나 예컨대 파시즘의 신조들을 정확히 파악하지 못한 채 어떻게 사회

■ **가장 낙관적인 트로츠키주의자라도 이런 말은 믿지 않는다.** 마르크시스트들 중에서도 트로츠키주의자들은 흔히 자본주의의 종말과 사회주의 혁명이 임박했음을 주장하는 경향을 보인다. 이글턴 자신도 대학 시절부터 오랫동안 트로츠키주의 그룹에 속해 있었다.

적 현상으로서의 파시즘을 논할 수 있겠는가? 철학자이자 신학자인 데니스 터너는 "일부 무신론자들이 신학적으로 얼마나 고정관념에 사로잡혀 있는지 사실 놀라울 정도다."■라고 말했다.2) 스티븐 멀홀도 비슷한 맥락에서 "하느님에 대한 무신론자의 미신적인 생각"을 거론하고 있다.3) 신학에 대한 이해가 원초적인 수준(사탄의 수준이라 할까)을 넘어서는 무신론자는 외계인에게 납치당한 적이 없는 미국인만큼이나 드물다.■

자신이 속하지 않은 학문 분야들이 어떻게 돌아가고 있는지까지 웬만큼은 파악하고 있는 세속의 많은 학자가 신학의 전통적인 주장과 교리에 대해서는 한심할 정도로 조잡하고 유치한 수준의 지식만을 내두르곤 하는 게 사실이다. 신학이 중세의 전성기에 학문의 '여왕'이라 불린 적이 있지만, 오늘날은 그때와 존엄성에서 적잖이 차이가 나는 의미에서나 그렇게 불러야 할 판이다.■ 이런 지식인들이 보는 바 기독교 교리의 요지는 다음과 같다. 하느님은 우주의 외부에 존재하는 어떤 초월적 존재이며, 목수가 걸상을 만들

■ **일부 무신론자들이 신학적으로 얼마나 고정관념에 사로잡혀 있는지 사실 놀라울 정도다.** 같은 글에서 터너는 요즘은 '양질의 무신론'(즉 지적으로 관심을 끄는 무신론)을 찾아보기가 힘들다면서, 이는 유신론자들 스스로가 엄격한 논증의 필요성을 무시하기 때문이기도 하다고 말한다. 그런 점에서 양측은 서로에게 기생(寄生)하는 셈이라고 터너는 비판한다.
■ **외계인에게 납치당한 적이 없는 미국인만큼이나 드물다.** 미국인들이 유난히 외계인과 UFO(미확인비행물체)에 매혹되고, 납치당했다는 사람도 아주 많다는 사실을 빈정대는 것.
■ **존엄성에서 적잖이 차이가 나는 의미에서나 그렇게 불러야 할 판이다.** 속어로 'queen'은 남자 동성애자(특히 여자처럼 행동하는 동성애자)를 낮추어 부르는 말이다. 신학이 그만큼 마구 다루어지고 안쓰러운 지경에 처했다는 의미다.

듯이 하느님이 세상을 창조했고, 이 하느님에 대한 믿음이란 무엇보다도 그가 존재한다는 명제를 받아들이는 것을 의미한다. 또, 우리 안에는 영혼이라는 진정한 내가 있어서 우리가 지독하리만큼 올바르게 처신하지 않으면 하느님이 분노하여 영혼을 지옥에 떨어뜨릴 수 있다. 우리는 하느님에게 철저히 의존하기 때문에 자율적으로 생각하고 행동할 수가 없다. 동시에 하느님은 우리가 죄를 짓든 안 짓든 우리를 지극히 아낀다. 기독교 교리에 대한 세속적 지식인들의 착각은 이 밖에도 많다.

이런 이들이 하는 말은 따분할 정도로 예측 가능한데, 예를 들어 대니얼 데닛은 『주문을 깨다』의 앞부분에서 종교란 "참여자들이 초자연적인 행위자(들)을 믿겠다고 공언하며 그(들)의 승인을 바라는 사회제도"라고 정의했다.[4] 이런 말은, 적어도 기독교의 경우에는, 감자의 역사를 얘기하기에 앞서 감자란 방울뱀의 한 희귀종이라고 정의하는 것과 다를 바 없다. 예상대로 데닛이 생각하는 하느님의 이미지는 사탄의 모습이다. 그는 또 종교가 세상을 설명하려는 어설픈 시도라고 믿는 디치킨스류의 실수도 저지른다. 발레에 대해 버스를 타려고 쫓아가는 어설픈 몸짓으로 규정하는 일이나 마찬가지다. 히친스 역시 사탄처럼 하느님을 분노하고 질투하고 피를 좋아하며 인간에게 스스로를 하찮게 생각하라고 가르치는 존재로 묘사한다. 그가 보기에 전능한 초월자는 우리를 끊임없이 감시하는 일종의 우주적인 CIA다.

디치킨스나 데닛 같은 사람들은 이런 유의 해석이 기독교 신앙을 조잡하게 왜곡한 것이라는 반론을 들으면 그 해석이 정통 교리와는 전혀 다르다는 뜻으로 받아들이지 않고, 본디의 교리는 자기네가 말한 바와 같은데 현대에 와서 기타를 메고 다니는 자유주의적 수정주의자들에 의해 바뀌었다고 멋대로 생각한다. 신학에 관해서 디치킨스는 북아일랜드의 목사 출신 정치인 이언 페이즐리나 미국의 텔레비전 전도사들과 공통점이 무척 많다. 종교가 무엇인지에 대해서 그들의 생각은 상당히 일치한다. 다만, 비슷한 생각에 근거하여 디치킨스류는 종교를 거부하는 데 반해 팻 로버트슨 목사와 그의 말주변 좋은 동료들은 돈을 번다는 점이 다를 뿐이다. 여러 면에서 아무리 빈틈이 없는 사람이라도 어느 구석엔가는 엄청난 편견에 아주 쉽게 빠져버리는 주제나 대상이 있게 마련이다. 예컨대 대부분의 심리학자에게 자크 라캉이 그렇고, 옥스퍼드와 케임브리지의 철학자들에게는 하이데거나 사르트르가, 예전의 소련권 사람들에게는 마르크스가, 전투적인 무신론자들에게는 종교가 그런 대상이다.

사실 종교가 허위의식에 불과하다고 생각하는 사람들은 십상팔구 종교를 잘못 이해하게 마련이다. 어리석은 만큼이나 해롭다고 생각하는 신념체계를 꼼꼼하게 연구해서 무슨 이득이 있겠는가. 아직 읽어야 할 『전쟁과 평화』가 곁에 있고 아이들도 방에 데려가 재워야 하는 판에 유대교 카발라주의자, 신비술사, 장미십자회원들이 도대체 무슨 비의를 지녔는지를 알아보고자 귀한 시간을 들일 사람이 있을까? 따라서 종교를 상대로 격렬하게 논쟁을 벌이는 사람이 알고 보니 그럴 자격이라곤 거의 없는 사람인 경우가 적잖다. 문학이론을 비판하며 논변을 토하는 사람들 다수가 문학이론을 읽고 나서 싫어하는 게 아니라 싫어하기 때문에 읽지도 않는 것이나 다를 바 없다. 인류 역사에서 가장 끈질기게 생명력을 유지하며 널리 보급된 민중문화 형태가 종교임에도—물론 많은 면에서 가장 추악한 것 중의 하나이기도 하지만—아무리 희화화해도 괜찮다고 여겨지는 것 또한 종교인 듯하다. 열정적으로 민중 편에 서 있는 사람들도 이런 유의 태도를 보이는 수가 많다.

이와 비슷하게, 정치적 좌파에 대해서는 어떤 공격도 야비하지 않고, 어떤 모욕도 터무니없지 않으며, 어떤 비방도 부당하지 않다고 좌파의 적대자들 일부는 생각한다. 디치킨스 중에서 술을 더 좋아하는 반쪽* 도 여기에 포함시키지 않을 수 없다. 다른 주제에 대해서는 섬세한 분별을 역설하는 자유주의적 합리주의자들이 하느님과 관련해서는 멋대로 조잡한 논리를 펴고 마음껏 떠벌려도 되는 걸로 안다. 이른바 비합리주의 앞에서 과학은 별다른 저항 없이 새된 목소리에 자리를 내준다. 소위 테러와의 전쟁이 그러하듯이, 이 같은 유형의 합리주의는 '비합리주의'와 맞서 싸운다면서 바로 그 과정에서 스스로 비합리적이 되어 버릴 위험에 빠진다.

공격하기 좋도록 기독교를 왜곡하는 일은 이제 학자와 지식인 사이에서 지겨울 만큼 만연해 있다. 이들이 누구인가. 대학 일학

■ **디치킨스 중에서 술을 더 좋아하는 반쪽** 술꾼인 히친스를 말한다.

년 학생들에게는 천박한 희화화(戱畫化)를 결코 허락하지 않으면서도 자신들은 거리낌 없이 그런 짓을 해대는 사람들 아닌가. 신학과 관련해서 디치킨스는, 어떤 소설에 대해 재미있는 부분도 있고 무서운 부분도 있는데 끝에 가서는 무척 슬프다는 식의 평을 해놓고는 문학비평가를 자임하는 사람과 비슷하다. 예컨대 디치킨스는 모든 기독교인이 신앙주의자,■ 즉 신앙은 이성과 무관하다고 주장하는 사람들이라고 생각하는데, 이는 스코틀랜드인이라면 누구나 인색하다고 믿는 일과 한가지다. (철학자 루트비히 비트겐슈타인은 희귀하게도 신자가 아니면서 신앙주의자였던 것으로 알려졌다.)

히친스의 『신은 위대하지 않다』에는 신학에 관한 초보적인 오류들이 널려 있다. 구약성경의 하느님은 결속이나 동정심에 대해 전혀 말하지 않고, 그리스도에게는 인간성이 없으며, 부활이라는 교리는 예수가 죽지 않았음을 뜻한다고 그는 말한다. 역사를 거의 초현실적으로 요약한 어느 구절에서는 마카베오가(家)라고 이름조차 생소한 기원전 2세기의 한 유대인 분파가 기독교의 탄생뿐 아니라 이슬람의 출현에도 결정적인 역할을 한 것처럼 말한다. 히친스가 스탈린주의의 뿌리를 마카베오가에서 찾지 않은 게 놀라울 지경이

■ **신앙주의자** 신앙주의(fideism)란 이성과 신앙은 별개의 것이며 종교적 진리는 신앙에 의해서만 온전히 파악된다는 인식론적 입장이다. 엄격한 신앙주의자들은 이성으로는 종교의 근본 교의를 이해하거나 발견할 수 없으며 맹목적 신앙이 확신과 구원에 이르는 최상의 길이라고 생각한다. 이에 비해 온건한 신앙주의자들은 최소한 몇 개의 진리, 예를 들어 신의 존재나 도덕 원리 같은 것은 이성으로 파악할 수 있으므로 이성은 종교적 진리를 탐구하는 데 어느 정도 이바지할 수 있다고 본다.

다. 한편 도킨스는 바울을 히브리서의 저자로 믿고, 예수가 하느님의 아들이라고 하는 말은 곧 그가 전지성(全知性)을 지녔다는 뜻이라고 믿는 듯하다. 적을 올바로 알아야 한다는 현명한 충고를 이들은 완전히 무시한다. 이 세상에 프랭크 커모드 같은 사람은 정말 드물다.■5)

『신은 위대하지 않다』는 무신론적 근본주의자들이 어떤 면에서는 기독교 근본주의자들을 거울상처럼 좌우만 뒤집은 채 그대로 닮았음을 보여주는 좋은 예이기도 하다. 무절제한 열정과 강박적인 집착에서만 그런 게 아니다. 히친스는 창세기에서 유대류(有袋類) 동물을 언급하지 않았다고 진지하게 말한다. 또 구약 시대의 유대인들이 황야에서 40년이나 방랑했을 수는 없으며, 바산 왕이던 거인 옥(Og)의 거대한 침상을 노획했다는 사건도 실제 일어나지 않았을지 모른다는 등등의 주장을 편다. 이는 킹콩이 정말로 엠파이어 스테이트 빌딩을 올라갔을 리는 없다. 그랬다면 킹콩의 무게 때문에 건물이 붕괴하지 않았겠느냐고 우리를 설득하기 위해 건축학과 동물학의 세세한 사항들을 열심히 제시하는 사람을 연상케 한다. 그렇다고 내가 성경 전체를 신화와 시와 허구의 영역으로 분류함으로써 그것을 합리적이고 역사적인 연구의 대상에서 편리하게 제외하려는 것은 아니다. 성서에서는 신화나 시, 허구의 영역과 역사적 사실 사이의 관계가 지극히 복잡하다는 것, 히친스는

■ **이 세상에 프랭크 커모드 같은 사람은 정말 드물다.** 이글턴은 영국의 문학비평가 커모드의 균형 잡힌 시각과 명료한 서술, 젠체하지 않는 박학함을 칭찬한 바 있다.

다른 많은 점에서 그렇듯 이 점과 관련해서도 현대 성서학의 여러 세대에 걸친 연구 결과를 소름 끼칠 정도로 모르고 있다는 것을 지적하고 싶을 따름이다.

히친스는 그 책의 다른 부분에서 "풍자적이고 탐구적인 사람들보다는 융통성 없고 편협한 사람들의 손을 들어주려는" 종교의 시도를 비난한다. 히친스와 근본주의자들의 차이는 관점 정도이며 대부분의 경우 그들과 똑같은 수준에서 주장을 펼친다는 점을 고려하면, 그가 자신의 분류에서 어느 쪽에 속하는지는 너무도 분명하다. 많은 경우에 그는 별 망설임 없이 자유주의적 풍자가에서 고압적인 실증주의자로 돌변한다. 근본주의는 대체로 상상력의 결여에서 비롯되는데, 히친스가 성경을 다룰 때 (조지 오웰이나 솔 벨로를 해석할 때와는 달리) 드러내는 상상력의 부족은 안쓰러울 지경이다. 도킨스와 마찬가지로 히친스도 신학적 주장의 본질을 파악하지 못한다. 극「맥베스」의 그 복잡한 맥락에서 몽유 장면만을 뚝 잘라내어서는 도대체 이런 게 있음직한 일이냐고 짜증내며 따지는 무능한 문학비평가와 비슷하다. 그렇다고 기독교인들이 복음서를 꾸며낸 얘기로 생각한다는 것은 아니다. 실은 허구와 사실을 그처럼 단순하게 맞세우는 일 자체가 문제의 일부다.

그러나 기독교 비판자들이 지적으로 조잡한 데 대한 일차적 책임은 분명 기독교 자체에 있다. 스탈린주의라는 두드러진 사례를 제외하면, 역사적인 운동 중에서 기독교처럼 그 혁명적 기원을 누추하게 저버린 경우를 찾아보기 힘들다. 기독교는 오래전에 가난하고 소외된 사람들의 편에서 부유하고 공격적인 사람들의 편으로 돌아섰다. 자유주의적인 기성 체제가 기독교에서 두려워할 바는 거의 없고, 얻는 것은 부지기수다. 이 종교는 이제 예수가 가까이 한 하층민과 반식민주의 비밀 투사들에게 주어졌던 놀라운 약속이 아니라, 교외에서 안락하게 사는 부유층이 주축인 신앙이 돼버렸다. 미국식 영어로는 대략 '패배자(loser)'라고 번역될 '아나빔'에 대한 교외 거주자들의 대응은 대체로 그들을 길에서 쓸어내버리는 것이다.

이런 유의 신자들은 여자의 노출된 젖가슴에는 호들갑을 떨지만 부자와 가난한 자들 사이의 끔찍한 불평등에는 무덤덤하다. 낙태에 대해서는 한탄하면서도 미국의 세계 지배를 위해 이라크나 아프가니스탄에서 아이들을 불태워 죽이는 일에 대해선 동요하는 빛을 안 보인다. 대개 이들이 경배하는 하느님은 불경스럽게도 자신들의 형상—깔끔하게 면도하고 머리를 짧게 깎고 언제나 총을 휴대하며 성적으로 집착하는 모습—을 따라 만들어낸 하느님, 캐나다의 남쪽이자 멕시코의 북쪽에 자리 잡은 존재론적으로 혜택 받은 땅에 특별한 눈길을 보내는 하느님이다. 다시 말해 그들의 하느님은 집도 없고 얼굴도 없고 국가도 없으며 형상도 없는 야훼,[■] 정

■ **야훼**(Yahweh) 이스라엘 민족이 모시던 하느님의 이름이다. 의미에 대해서는 '그분이다!'라는 뜻의 환호성에서 왔다는 견해, '있다'는 뜻의 동사에서 유래한다는 견해, 하느님의 속성을 가리키는 자존을 뜻한다는 견해 등 여러 가지 설이 있다.

착지에 편히 살던 그의 백성들을 사람의 발길이 닿지 않은 황야로 몰아내는가 하면 번제(燔祭)의 냄새에 구역질이 난다고 야단치는 야훼와는 다르다. 미국에는 이른바 '고(高)성취자들'을 위한 기도가 있으며 하느님이 '가장 위대한 성취자'로 일컬어진다는 얘기를 들었다. 한데 우리 눈으로 확인할 수 있는 유일한 하느님의 업적은 바로 이 세상인바, 하느님이 창조한 최고의 작품이 이 정도라면 그분의 재능은 결코 인상적이라 할 수 없다.

기독교는 세상의 권력에 순응하기를 거부하기는커녕 거짓말쟁이 정치인과 부패한 은행가들, 광적인 네오콘■들의 혐오스러운 위선의 도구가 되었으며, 교회 자체도 엄청나게 돈을 버는 산업이 되었다. 오늘날 미국의 어느 회사는 그리스도가 다시 와서 당신이 하늘나라로 '휴거(携擧)'■하게 될 경우 비신자여서 지상에 남게 될 당신 친구와 동료들에게 "마지막 기회이니 빨리 믿음을 택하라."고 호소하는 이메일을 자동으로 보내주겠다며 일정한 연회비를 받고 있다고 한다. 신약성경에서 그처럼 터무니없는 얘기를 끌어내어 돈벌이로까지 삼는 일이 미국 아닌 지구상의 어떤 나라에서 가능하겠는가. 하여간 미국은 한도를 넘어서는 데는 구제 불능의 재주를 지닌 듯하다.

■ **네오콘**(neocon) 'neoconservative' 즉 신보수주의자의 준말이다. 1970년대에 생겨나서 80~90년대를 거쳐 현재까지 미국 정계에서 큰 세력을 유지하고 있는 신보수주의는 힘의 논리를 중시해 대외정책에서 대체로 강경한 입장을 취한다.
■ **휴거**(rapture) 그리스도의 재림 시 땅에 살고 있는 기독교 신자들이 부활한 신자들과 함께 구름 속으로 끌어올려져 주를 영접하게 된다는 종말론적 사건을 이른다.

기독교 교회는 예수의 이름으로 비판자들을 고문하고 창자를 꺼냈으며, 이의 제기에 재갈을 물리고, 그래도 비판하는 사람들은 산 채로 화형에 처했다. 교회는 달콤한 말을 속삭이고 신성한 척하면서도 잔인하게 억압적이고 지독히 편협하게 행동해 왔다. 이런 종류의 신앙에서는 도덕성이란 침실 문제에서나 거론되지 기업의 행태 같은 문제들에는 적용되지 않는다. 또, 하느님의 이름 아래 살인적인 독재정권을 지지하고, 비판이나 비관은 비애국적인 것으로 여기며, 기독교인답다는 것은 얼굴에 늘 웃음을 그려 붙이고 넉넉한 은행 잔고를 유지하며 경건한 상투어들을 입에 달고 사는 것이라고 생각한다. 테러를 비난하지만 납치와 고문과 살인을 자행하는 CIA 같은 조직은 비난 대상에서 제외한다. (냉전 시기에 T. S. 엘리엇의 『황무지 *The Waste Land*』를 러시아어로 번역한 책이 소련에 살포된 적이 있었다. CIA가 주도한 사건이었는데, 그에 합당한 관심을 받지 못했다. 자유시와 표현의 자유의 미덕을 두루 보여주기 위한 일이었을까, 아니면 허무주의의 바이러스를 소련에 풀어놓아 소련 사람들을 타락시키려던 것이었을까?)

이런 식으로 믿는 사람들은 테러의 유일한 치유책이 정의라는 사실을 깨닫지 못한다. 자기네 문 앞에서 아우성치는 흉측하고 소름 끼치는 괴물을 만들어내는 데 자신이 얼마나 기여했는지도 알지 못한다. 따라서 그 어둠의 괴물이 부분적으로는 자신의 것이라는 사실을 인정하지 못하고, 그 뒤틀린 모습에서 *스스로의 모습*을 찾아내지 못한다. 이 모든 사항에 비추어 본다면 기독교에 대한 디치킨스의 광포한 공격도 오히려 절제된 것이라 할 만하다. 세상에 정말로 존재할지도 모르는 하느님, 총명하고 지략이 뛰어나며 상상력이 풍부한 그런 하느님이라면 세상을 구원하는 데 종교보다는 좀 더 바람직한 방법을 생각해낼 수 있지 않았을까 하는 느낌을 지울 수 없다.

지금 우리가 하고 있는 얘기는 이를테면 신앙의 성서적인 유형과 이데올로기적 유형 사이의 구분에 관한 것이다. 물론 이런 구분은 무작정 전제할 게 결코 아니며 끝없이 논의해야 할 문제다. 이 생색나지 않는 작업에 대해, 일찍이 교회를 하느님의 무덤이자 묘실이라고 주장했던 니체는 키르케고르의 어법을 빌려 '기독교 세계로부터 기독교 신앙을 구해내는 일'이라고 했다. 복음서로 설교하는 일은 그게 세상을 떠들썩하게 만들면서 정치 권력의 코를 납작하게 만드는 게 아니라면 사실상 아무런 가치도 없다. 요컨대 현재로서는 그리 성공을 기대할 만한 시도가 아니다. 하지만 우리가 교회의 결함과 실패를 거론할 때 취하는 관점은 다른 무엇보다도 유대-기독교 유산 자체에서 비롯된 가치들의 관점이다. 이는 자유주의 문명이 말하자면 스스로에 대한 '내재적 비판'을 담고 있어서, 그 자체가 세워 놓은 꽤 높은 기준을 근거로 우리가 자유주의 문화의 결점을 질타할 수 있는 것과 꼭 마찬가지다.

그렇다손 치더라도, 내가 앞에서 개략적으로 제시한 기독교 신앙에 대한 설명은 현실 속의 종교와 고매하게 거리를 두는 지식인 엘리트의 생각에 불과하다는 반박이 나올 수 있다. 이런 반박은 일반 신도석에서 들려오는 '풀뿌리의 목소리'라 할 수 있다. 물론 복음서에 대한 지식인의 신학적 이해와, 그런 학문적 탐구를 할 여유도 교육적 바탕도 없는 수많은 평신도의 믿음 사이에 간격이 있음은 사실이다. 진화를 믿는 일반인과 진화생물학자 도킨스 사이에도 그 정도의 간격이 있고, 자기네 종교의 진정한 가르침에 무지한 채 미망에 휘둘리는 이슬람 급진주의자들과 이슬람 신학 사이에도 그 정도의 간격이 있다. 많은 기독교인이 복음서에 대한 철저하게 이데올로기적인 해석, 다시 말해 성 요한이 '이 세상의 권력'이라 부른 것과 어떤 방식으로든 결탁한 해석들의 포로가 돼버린 게 사실이다. 예컨대 모르몬교의 브리검영 대학교에서(여기서 대학이라는 단어에다가 의문을 표하는 따옴표를 붙이고 싶지만 자제하련다) 아직도 행해지고 있는 듯한 일, 즉 의학적인 이유로 수염을 길러야 하는 학생과 교수는 이른바 '수염 카드'를 항상 지니고 다녀야 한다는 관습을 뒷받침하는 전거는 내가 아는 한 성경에서 찾을 수 없다. 「누가복음」이나 「마태복음」에 면도를 금하는 중요한 구절이 있는데 내가 지금까지 못 보고 넘어간 걸까?

 복음서에 대해 여기서 제시하는 이해가 지적인 엘리트들만의 것이라는 주장은 사실이 아니다. 내 아버지는 열다섯 살 때 학교를 떠나 공장에서 육체노동자로 일했고, 내가 알기로는 평생 책이라곤 거의 읽지 않았지만, 그런 아버지 역시 여기서 제시된 해석을 지지했을 터이다. 같은 맥락에서, 사회주의를 강제노동수용소와 대량학살 이상의 무엇으로 생각하는 정치적 좌파라고 해서 모두가 마르크스의 난해한 『정치경제학 비판 요강』을 줄줄 꿰는 지적인 사람들은 아니다. 오히려 그와 반대다. 노동운동에 참여하는 수많은 일반 노동자들은 사회주의를 매도하고 희화화하는 주장들(이런 주장을 내놓는 것도 대개 지식인 패거리다)을 거부하고 사회주의에 대한 보다 진정한 이해를 과시해 왔다. 기독교 운동이라고 해서 이와 다르리라고 생각할 이유가 없다. 여하튼 열역학 제2법칙을 대중의 환호나 박수로 확증할 수 없듯이, 신약성경이 부자와 권력자의 편에 서 있느냐 하는 문제를 사람들 다수가 무엇을 믿는지에 따라 판정할 수는 없다. 증거를 바탕으로 가능한 최선의 논증을 펼쳐나가야 한다.

내가 나름대로 탄탄한 근거를 가지고 제시하는 복음서 해석을 그것이 기독교인들에게 항상 널리 받아들여지는 게 아니라는 이유로 거부하는 일은, 마치 많은 보통사람들이 소아성애자는 전기의자에 앉혀야 하고 이민자들은 모국으로 돌려보내야 한다고 생각한다는 이유만으로 이런 주제들에 관한 자유주의의 논리 정연한 신조들을 반대하는 일이나 다를 바 없다. 게다가 보통사람들이 모두 그런 식으로 생각하는 것도 아니다. "우리 모두가 똑같이 생각한다면 세상이 참 이상할 거야."라든지 "사람마다 다 다르게 마련이야."(비록 상투적인 어구지만 루트비히 비트겐슈타인은 이를 "무척 아름답고 관대한 말"이라고 했다) 같은 말을 보통사람들도 흔히 하는데, 꼭 존 로크나 존 스튜어트 밀의 이론에 정통해서 그러는 것은 아니다. 여기서 보듯이 자유주의 이론을 모른다고 해서 짐승 같은 파시스트라고 할 수는 없다. 적어도 그들 대부분은 파시스트와 거리가 멀다.

더 생각해 보자. 종교가 그 주춧돌 같은 원칙들을 명백하게 저버렸다면 자유주의는 또 어떤가? 디치킨스가 열렬하게 옹호하는 중산층 자유주의, 계몽주의의 계보 말이다. 그것들 또한 스스로가 내세우는 훌륭한 원칙을 따르는 일에서 완벽함과는 적잖은 거리가 있지 않은가? 자유와 민주주의를 다른 나라들에게 전하겠다며 자행하는 폭력과 매수, 인종차별과 성차별이 불러오는 비참, 식민주의와 제국주의의 탐욕스러운 역사, 빈곤과 기아의 유발, 엄청난 규모의 전쟁과 대량학살, 가증스러운 폭군들에 대한 비호와 무기 지원 따위를 어떻게 설명할 것인가? 서구 세계가 자행한 학살과 억압의 긴 역사에 비하면, 서구 세계를 대상으로 벌어진 잔인한 테러가 지금까지 빚어낸 인명 피해는 사실 대수롭지 않은 편이다. 이런 일들의 미래가 어떤 모습을 띨지 우리는 짐작하기 힘들다. 그러나 아무리 의지가 굳은 테러리스트라도 서구 세계가 저지른 야만적인 전쟁과 제국주의의 기록에 필적하려면 무척 오랜 시간이 걸릴 터이다. 이 세계의 부유한 지역에서 살아가는 우리는 테러리즘이 써가는 새로운 서사에 의해 죽어갈 가능성 못지않게 자체 내의 분쟁 때문에 이 땅에서 사라질 가능성이 크다.

서구의 논평자들은 이슬람의 테러 행위에 겁을 먹고 신경질적 반응을 보이지만, 그들이 속한 이른바 계몽된 문명사회가 저질러 온 숱한 잔혹 행위에 대해서는 목소리를 높인 적이 거의 없다. 어째서 그들은 9·11 사태 이후에야, 다시 말해서 처음으로 그들 자신이 잠재적 공격 목표가 된 후에야 도덕적 분노를 요란하게 터뜨리기 시작한 걸까? 피에 굶주려 우리의 팔다리를 날려버리려는 광신자들을 비난하는 일이 잘못은 아니다. 다만, 그런 범죄가 자행되는 데에는 서구가 지난날 남들에게 저지른 치욕적 행위들이 큰 이유로 작용하고 있음을 지적하는 기본적인 정의감은 있어야 한다.

많은 미국인이 9·11 사태에서 아무런 교훈도 얻지 못했다는 사실은 수전 펄루디의 책 『공포의 꿈: 9·11은 미국에 대해 무엇을 드러냈나 The Terror Dream: What 9/11 Revealed About America』에서 분명히 제시된다. 펄루디는 9·11 사태가 미국의 남성성에 닥친 위기였고, 미국은 그 위기에서 신속히 벗어났다고 말한다. 공격을 받은 뒤 몇 주 지나지 않아 조지 부시는 할리우드의 거물들에게 테러와의 전쟁을 시장에 내놓는 걸 도와달라고 부탁했다. 그 프로젝트의 일부는, 펄루디가 인용한 표현에 따르면 '미국 남성의 계집화(pussification)'라 부른 현상을 넘어서 이제 미국의 전통적인 사내다움이 돌아왔음을 알리는 일이었다. 페미니즘의 영향 탓에 미국 남성은 유약해지고 거세되어 매끈하게 털을 깎은 여자 같은 남자가 돼버렸고, 그런 무기력한 생활방식 때문에 미국이 이슬람주의자들의 공격에 노출됐다는 얘기였다. 한 블로거는 이를 미국의 남근이 잘리고 그 뿌리가 있던 자리에 연기를 내며 타는 거대한 질(膣)이 들어앉은 모습으로 호들갑스럽게 상상했다. 3,000명이 사망한 9·11 사태 직후에 미국의 한 기자는 "이제 페미니즘은 확실히 사라지겠군!"이라고 소리쳤다. 어느 시사 잡지는 여성에게서 헤어나지 못하는 「섹스 앤 더 시티」 문화에서는 「밴드 오브 브라더스」■의 정신이 뿌리를 내릴 수 없다고 했다. 미국이 남성적 근성을 상실한 까닭에 끝내 외세의 침략까지 허용하게 됐다는 생각이다. 예전부터 환상과 현실을 제대로 구분하지 못하던 나라가 급기야 모든 일에서 그 둘을 하나로 결합시키는 데 몰두하고 있었다.

펄루디의 지적에 따르면, 9·11 사태의 여파로 미국의 페미니스트들은 고약한 풍자의 대상으로 전락하고 말았다. 한동안 엄청 거론되던 탈레반■의 여성 억압은 아프가니스탄 폭격이 시작되면서 근심거리로서 빛이 바래버렸다. 그 사이에 사팔눈의 도널드 럼즈펠드에게는 '종마(種馬) 같은 사내', '여자를 끄는 킹카', 그리고 이데올로기가 낳는 터무니없는 환상의 기막힌 사례라 할 '살아 있는 가장 섹시한 남자' 따위의 찬사가 쏟아졌다. 남성을 거세하는 암캐 무리들 탓에 자기회의에 빠져 있던 미국이 드디어 굴에서 빠져나온 것이다. 머리를 짧게 깎은 모습으로 넙적한 턱을 내밀면서,

---

■ 「**밴드 오브 브라더스**」(2001) 미국의 TV 미니시리즈로 제2차 세계대전 때 유럽 전선에 배치된 미군 중대의 이야기다. 케이블 TV의 인기 시리즈 「섹스 앤 더 시티」(1998~2004)는 서로 다른 개성을 가진 네 여자의 사랑과 성을 그렸다.
■ **탈레반**(Taleban, Taliban) 아프가니스탄 남부에 주로 사는 파슈툰족을 중심으로 한 이슬람 정치조직으로, 단어 자체는 '학생들'이라는 뜻이다. 탈레반은 1990년대 중반에 활동을 시작해 1997년 정권을 장악했으며, 2001년 미국의 침공에 의해 축출되기까지 아프가니스탄을 통치하면서 극단적으로 보수적인 남녀차별 정책 등으로 세계 여론의 비판을 받았다.

총을 메고 다 함께 가슴을 두드리며! 공격이 있고 얼마 지나지 않아 남성 패션은 안전모와 군복과 소방복을 닮아가기 시작했다. 고질적으로 냉소적인 유럽과 달리 순진한 미국은 항상 영웅을 갈구해 왔는바, 항공기가 사무실 건물을 들이받았다면 피해자들은 일종의 영웅으로 봐야 할 터였다.

그런 논리가 아무래도 좀 무리다 싶으면, 언제든 내세울 만한 영웅인 뉴욕 소방관들이 있었다. 펄루디의 주장으로는, 9·11 사태에서 안타깝지만 분명한 진실은 소방관들을 세계무역센터에 들여보내지 않았더라면 사망자 수가 훨씬 적었으리라는 점이다. 항공기가 충돌한 층의 아래쪽에서는 거기 근무하다가 죽은 직원들의 세 배나 되는 소방관이 사망했다. 그처럼 위험했는데도 소방관들을 들여보냈고, 언론은 그들 모두를 기사 갤러해드처럼 추앙하는 것으로 반응했다. 한 미국 신문은 실성이라도 한 듯이 뉴욕의 소방관들은 신과 같은 용기와 선의와 초인적 능력을 지닌 영웅이라고 격찬했다. 지나친 찬사에 적잖은 소방관이 조심스레 이의를 제기했을 정도다. 그런 가운데, 무전기가 제대로 작동되지 않아 소방관들의 희생이 늘었다는 사실은 슬쩍 묻혀버렸다.

얼마 지나지 않아 소방관 영웅들은 에로틱한 인물로까지 부각됐다. 소방관을 향한 갈망이 유행처럼 번졌다. 신문 헤드라인이 '데이트 상대로 소방관이 최고 인기!'라고 부르짖는가 하면, 여자들은 발톱을 소방차의 빨강으로 칠했다. 이 모든 행태가 일종의 도착증(倒錯症)이나 히스테리적 반응으로 생각되기보다 정상적인 성 정체성의 복원으로 여겨졌다. 그라운드 제로▪에서 땀 흘려 돕는 여자들의 존재는 냉담하게 무시됐다. 대신 9·11 사태로 남편을 잃은 여인들을 향한 병적인 예찬이 있었는데, 매끈한 포장으로 기사화된 이 피해자들은 미디어가 짜주는 각본을 얌전히 따라야 했다. 그들에게 덧씌워진 '진정 미국적인 주부상'에 반발하는 목소리는 곧바로 묻혀버렸다. 미군의 제시카 린치 일병 구출 작전▪은 영웅적인 사건으로 미화됐지만, 제시카 린치는 희생자가 아니었고 극적으로 구출되지도 않았으며, 작전은 영웅적이기는커녕 진짜 사건조차 아니었다. 테러리즘은 가정생활과도 하나처럼 뒤얽혔다. 우리 자식을 지키기 위해서라도 이라크인들을 죽여야 했으니 말이다. 시사 주간지 『타임』은 "이제 사커 맘▪은 가고 시큐리티 맘의 시대가 왔다."라면서 테러리스트의 공격에 미국이 충격을 받아 안전을 비롯한 가장 오래된 가치들을 다시 믿게 됐다고 주장했다. 어디에서나 사람들은 자궁으로 돌아가려고 발버둥치고 있었다. 자기

▪ **그라운드 제로**(Ground Zero) 본디는 폭탄이 떨어지는 지점. 공중에서 폭발이 일어났을 경우에는 폭발한 장소의 바로 아래 지표면을 가리키는 말. 9·11 이후 미국에서는 뉴욕 세계무역센터 테러 현장을 뜻하는 말로 흔히 쓰인다.
▪ **제시카 린치 일병 구출 작전** 2003년 봄 미국의 이라크 침공 시에 벌어진 일이다. 린치 일병은 3월 23일 부상한 채 이라크 군의 포로가 됐다가 4월 1일 구출됐는데, 포로가 된 상황에서부터 이라크 군으로부터 받은 처우, 구출 상황에 이르기까지 모두가 국방성의 프로파간다용으로 각색되었음이 나중에 드러났다. 린치는 2007년 미국 의회에서 이 사건에 대해 증언했다.
▪ **사커 맘**(soccer mom) '축구 엄마'란 미국에서 자녀의 여가활동을 적극 돕는 엄마, 그래서 아이들을 차에 태워 이런저런 운동 장소로 일일이 데려다 주는 엄마를 이른다. 주로 교외에 사는 전형적인 중산층 백인 엄마들이 이에 속한다. 같은 조어법으로 만든 시큐리티 맘(security mom)은 가족의 안전, 테러로부터의 보호를 최우선으로 꼽는 엄마다.

들도 불사의 존재가 아님을 새로이 깨달은 미국인들은 안전을 바라는 신경증적 욕망에 사로잡혔다. 결혼보다 자신의 직업적 경력을 우선시하던 여자들은 큰 실수를 저질렀다며 몹시 후회한다고 미디어들이 전했다. 아늑한 결혼생활이 다시 인기를 얻었다. 하기는, 언젠가 또 폭발이 닥쳤을 때 내 손을 꼭 잡아줄 사람이 과연 누구겠는가?

소방관을 비롯해 9·11 사태의 실제 피해자 중 어떤 이들은 사회 지도층의 자신만만한 언어와는 다른 어조로, 공격에 노출되어 약해지고 두려워하던 공동의 경험 속에서 벼려진 연대감에 대해 말했다. 그러는 중에도 지도자라는 사람들은, 마치 바벨탑의 인간들처럼, 무너진 쌍둥이 빌딩보다 더 높은 건물을 그라운드 제로에 세울 생각을 하고 있었다. 미국에 닥친 비극적인 위기가 영적인 전환을 가져오지 못했다는 암울한 소식이었다. 모든 일이 예전과 다름없이 돌아갔을 뿐 아니라, 기존의 문제점들이 훨씬 더 심각해졌다.

디치킨스와 그 부류는 대체로 정치의 현상유지를 바라며 다양한 수준의 개량주의적 반대만을 인정한다. 따라서 이 책의 제목에서 첫 단어에는 찬성하되 이어지는 두 단어■는 좋아하지 않을 것이다. 사실 종교에 대한 리처드 도킨스의 기운찬 공격은 무신론을 복음주의적 방식으로 설파하는 전형적인 사례로서, 그의 일반적인

■ **이어지는 두 단어** 이 책의 원제 *Reason, Faith, and Revolution* 중 뒤의 두 단어를 말한다.

관점이 보여주는 노스 옥스퍼드적인 근엄함과 뚜렷이 대조된다. (여기서 밝혀두는데, 나는 '노스 옥스퍼드'를 지명으로서가 아니라 이데올로기를 가리키는 말로 쓰고 있다. 도킨스가 들으면 안도의 한숨을 내쉴지도 모르지만, 나는 사실 그가 어디에 사는지도 알지 못한다.) 도킨스는 근본주의를 공격하면서도 세계화된 자본주의에 대해서는 그 같은 직설적 비판을 전혀 하지 않는다. 근본주의의 토양이 되는 불안감과 굴욕감의 대부분을 만들어내는 게 바로 세계화된 자본주의 체제인데도 말이다.

아브라함에서 시작된 종교를 도킨스가 싫어하는 이유 중에는 아주 타당한 것들도 있다. 그러나 기독교에 대한 그의 반감에는 다른 이유도 있는데, 이는 그가 라캉이나 상황주의,■ 공산주의의 선전 선동, 트로츠키, 다다이즘,■ 무의식, 쥘리아 크리스테바, 아일랜드 공화주의, 그리고 아이들이 마약을 하면서 정원에서 발가벗고 뛰어다니는 일 등에 대해서 보이리라고 생각되는 앵글로·색슨적인 거부감의 이유와 동일한 것이다. 즉, 이 모두가 그의 날카롭고 냉담한 합리성에는 동정녀의 잉태와 마찬가지로 역겨우리라는 얘기다. 예수는 극단주의자지만 디치킨스는 전혀 그렇지 않다. 디

■ **상황주의** 1957년 프랑스의 기 드보르 등이 조직한 국제적 혁명조직인 상황주의자 인터내셔널(Situationist International)의 사상을 가리킨다. SI는 프랑스의 이른바 '68혁명' 때 많은 영향을 미쳤다.

■ **다다이즘**(Dadaism) 제1차 세계대전 중 스위스에서 일어나 1920년대 유럽에서 성행한 예술운동으로, 모든 사회적·예술적 전통을 부정하고 반이성(反理性), 반도덕, 반예술을 표방했다. 앙드레 브르통, 루이 아라공, 폴 엘뤼아르, 마르셀 뒤샹 등이 참여했으며, 후에 초현실주의에 흡수되었다.

치킨스가 20세기의 가장 위대한 신학자 카를 바르트의 말을 따라 자본주의 체제를 '이론의 여지가 거의 없이 악마적인' 체제로 규정하는 일은 상상조차 하기 어렵다.[6]

요컨대 디치킨스는 그냥 자유주의적 합리주의자라기보다는 쉽게 식별되는 유형의 '영국 중산층 자유주의적 합리주의자'다. 특히 도킨스는 "너 여전히 더럽혀지지 않은 고요의 신부여"■라는 시구가 그리스 항아리를 대단히 재미있게 표현한 것이라고 생각하는 듯이 글을 쓰곤 한다. 하느님에 대한 도킨스의 증오는 선입견을 떨쳐버린 과학자의 냉정한 관점이 아니다. 실상 그런 관점은 누구에게도 있을 수 없다. 그의 증오는 특정한 문화적 맥락의 산물이다. 도킨스가 『만들어진 신』에서 우리에게 추천한 세속판 십계명은 거의가 자유주의자들 사이에 흔히 떠도는 평범하고 진부한 말들을 모아놓은 것에 불과하다. 남에게 피해를 주지 않는 범위 안에서 성생활을 즐기라고 하는 조항만 봐도 그렇지 않은가. 이런 점에서 도킨스의 계명들은 본래의 십계명과 뚜렷이 대비된다. 먼저 '네 부모를 공경하라'는 말을 보자. 일부 구약 연구자들은 여기서 '부모'는 친부모가 아니라 부족 구성원 중 더 이상 노동을 할 수 없게 된 늙고 쓸모없는 이들을 가리킨다고 해석한다. '도둑질하지 말라'는 계명도 어떤 학자에 따르면 사유재산에 대한 언급이 아니라(당시에는 사유재산이라 할 게 거의 없었다), 노동력을 보충하기 위해서

■ **너 여전히 더럽혀지지 않은 고요의 신부여** 존 키츠의 시 『그리스 항아리에 부치는 노래』의 한 구절.

다른 부족의 젊은이들을 납치하던 고대의 관습을 지적하는 말이라 한다. '안식일을 거룩하게 지켜라'는 교회에 가라는 뜻이 아니고 힘겨운 노동에서 휴식을 취하라는 뜻이다. 보건복지를 위한 그 옛날의 요건이었던 셈이다. 한편 '간음하지 말라'는 계명은 성적 매력을 이용해서 다른 사람들의 관계를 깨뜨리지 말라는 경고다. 허버트 매케이브는 "십계명은 우리에게 잡신(雜神)들에게 의지하지 말고 서로 우정을 나누며 올바르고 정의롭게 살라고 가르친다."라고 말했다.[7]

  그렇더라도 도킨스 같은 자유주의자가 신자유주의■에 반대하는 것은, 신약성경을 받아들이면서 바티칸은 멀리할 수 있듯이, 지극히 올바르고 전혀 모순되지 않는 일이다(도킨스는 미국의 현 외교정책을 신랄하게 비판한다). 디치킨스는 자유주의적 가치들을 지지하면서도 현실에 존재하는 형태의 자유주의에서는 적잖은 부분을 거부한다. 이는 타당한 자세이며 아무 문제도 없다. 다만, 그 같은 이상과 현실 간의 거리라는 측면에서는, 뭐 묻은 뭐가 어쩌고 하는 속담대로 디치킨스가 종교를 비난할 입장이 아니라는 얘기다. 자신 있게 말하건대, 히친스가 관타나모 수용소를 기획한 사람들과 아무리 친하게 지낸다 해도 그 지옥 같은 곳에서 자신이

■ **신자유주의**(neoliberalism) 1970년대 이후 부각된 사상적·정책적 경향으로, 국가권력의 개입 증대라는 현대 복지국가의 경향에 대립하여 경제적 자유방임주의 원리의 현대적 부활을 지향한다. 고전적 자유주의가 국가 개입의 축소와 철폐를 주장하는 데 비해 신자유주의는 대체로 강한 정부를 배후로 하여 시장 경쟁의 질서를 힘으로 뒷받침하는 방법을 취한다. 국제적으로는 세계무역기구, 세계은행 같은 기구를 통한 다자간 압력과 정치적 압력을 동원해 다른 나라의 시장을 개방시키는 게 관행이다.

사랑하는 토머스 제퍼슨의 유산을 찾아볼 수는 없을 터이다. 요컨대 히친스와 도킨스 모두 종교에 관한 한 문제의 양면을 동시에 생각하는 능력(이는 완벽한 공평성과는 별개의 문제다)을 보여주지 못한다. 그들이 당초 종교를 미워하게 된 근거인 자유주의적 합리주의는 바로 이 지점에서 자취를 감춰버리고 만다.

    정치적 좌파라고 다를 바 없다. 그들이 내세우는 고결한 이상과 그것이 현실에서 보여주는 고약한 모습 간에는 큰 거리가 있고, 따라서 종교를 향한 비판의 설득력도 약해지게 마련이다. 말이 난 김에 흥미로운 점 한 가지를 언급하면, 좌파는 유대 신학에는 별로 반대하지 않는 듯하고(벤야민, 블로흐, 아도르노 등) 심지어 불교의 평화주의 같은 것에 대해서도 그러한데, 유독 기독교 신앙에는 혐오감을 드러낸다는 사실이다. 그 반(反)종교성의 연원은 좌파 사상의 뿌리에서 찾아야 할지 모른다. 마르크스주의의 시작에는 기원을 배신한 기독교 운동에 대한 반발이 한 요인이 되었다. 결국은 마르크스주의 또한 세계의 넓은 지역에서 그 스스로 기원을 배신한 모습을 보이고 말았지만 말이다. 이런 일이 어떻게 왜 일어났는지, 어찌하면 다시 일어나지 않도록 예방할 수 있는지를 철저히 이해하기 위해서는 마르크스주의의 몇몇 주된 흐름들을 살펴봐야 한다. 자유주의적 인본주의는 이 목적에 적합할 만큼 급진적이지 못하다. 같은 맥락에서, 기독교 교회의 구역질나는 배신 행위들은 앞에서도 말했듯이 복음서 자체의 심판을 받게 될 것이다.

여기서 지적해둘 점은 '계몽주의적' 시각이라는 것이 정확히 무엇을 말하는지가 그리 분명치 않다는 사실이다. 프랜시스 베이컨은 마술에 심취했고, 데이비드 흄은 계몽주의의 대표자 중 하나지만 이성에 대해 매우 회의적이었다. 뉴턴은 연금술에 한눈을 팔았고, 볼테르는 하느님의 존재를 믿었다. 그렇다 해도 자유주의 계몽주의의 역사는 인간 해방의 고무적인 역사로서 무한히 귀중한 유산이다. 이런 견해를 마르크스만큼 굳게 지닌 사상가는 없었다. 사회주의자라고 하기는 어려운 한나 아렌트조차도 자신이 마르크스에게 품은 주된 불만은 자본주의에 대한 그의 찬양이라고 했을 정도다.[8] (나는 계몽된 자유주의가 초기 자본주의 시기의 유럽이 이루어낸 큰 업적 중 하나라고 생각한다.) 계몽주의의 가치들, 많은 부분이 유대-기독교에 기원을 두고 있는 그 가치들을 포스트모더니즘의 방자하고 어리석은 비난으로부터 지켜내야 한다. 알라의 이름으로 어린아이들의 머리를 날려버리려는 고매한 광신자들로부터도, 필요하다면 모든 합법적인 힘을 동원해서 지켜내야 한다. 정치적 좌파라는 사람들 중 일부는 부끄럽게도 그런 잔혹행위에는 입을 다문 채 자기 나라의 지도자들에게 비난의 손가락질을 하기에 바쁘다. 그런 사람들에게는 위선의 책임을 반드시 물어야 한다.

계몽주의는 기독교 전통에서 비롯된 가치들에서 깊은 영향을 받았다. 그러나 디치킨스가 주장하듯이 현실의 종교를 계몽주의가 타파하려던 야만성과 전제주의의 일부로 본 것도 틀리지는 않았다. 그럼에도, 기막힌 아이러니라 할까, 계몽주의가 미신과 벌인

대담한 전쟁은 기실 인간의 육신을 앞세우며 온갖 잡신과 거짓 예언자들, 모든 우상과 물신, 마술적 제의와 어둠의 힘들을 배척한 기독교에서 부분적으로 물려받은 것이다.

오늘날의 사상의 자유라든지 페미니즘과 사회주의, 인도주의, 시민으로서 누리는 권리들, 공화주의적이고 민주적인 유산의 많은 부분이 계몽주의에서 비롯됐다는 사실은 새삼스레 말할 필요도 없다. 그러나 이 계몽된 자유주의적 인본주의는 인류 역사의 어느 시대보다도 피로 물든 자본주의 문화를 정당화하는 이데올로기로도 이용됐다. 디치킨스가 왜 그런 점을 언급하지 않는지 영문을 알 수 없다. 겉보기에 완전히 다른 두 개의 이야기가 알고 보면 하나인 연유는 오직 마르크스주의만이 말해 준다. 마르크스주의는 프랜시스 베이컨의 위대한 업적뿐 아니라 베이컨이 고문을 정당하다고 믿었다는 사실도 우리에게 가르쳐준다. 마르크스주의는 근대성이 피임법과 히로시마 원폭, 해방운동과 생물학전을 동시에 뜻한다고 역설한다. 유럽이 근대성의 역사적 본거지라고 말하는 건 유럽 중심적인 사고라고 비판하는 사람도 있지만, 이는 앞의 주장엔 유럽이 홀로코스트■의 현장이었다는 의미도 담겨 있음을 망각한 비판이다. 근대성이 긍정적인 현상이냐 부정적 현상이냐 하는 의문에 대해 급진주의는 단호하게 "긍정적인 동시에 부정적"이라고 답한

■ **홀로코스트**(Holocaust) 히틀러 정부가 1933년부터 1945년 2차 세계대전이 끝날 때까지 자행한 유대인 대학살을 말한다. 유대인들은 보통 히브리어로 쇼아(Shoa, 대재앙)라고 부른다. 홀로코스트와 쇼아는 구약성서에 나오는 번제(燔祭)를 가리키는 말이기도 하다.

다. 내가 생각하기에 아직도 마르크스주의자로 남아 있는 좋은 이유 중 하나는—가끔 다른 이들을 분노하게 만드는 데서 얻는 만족감을 제외하면—디치킨스가 옹호하는 자유주의적 계몽주의가 인간 사회에 커다란 발전을 이룩한 동시에 끔찍한 악몽까지 안겨주었다고 주장하는 유일한 이론이 마르크스주의라는 점에 있다. 게다가 상충하는 이 두 역사는 동전의 양면과 같아서 우연히 공존하게 된 게 아니라 구조적으로 얽혀 있다는 사실까지 마르크스주의는 밝혀준다.

따라서 마르크스주의자들은 한 입으로 양면을 동시에 말할 수 있다. 마르크스주의자들이 하는 말은 콤바인과 치과용 마취제부터 페미니즘과 식민지 해방 투쟁까지 모든 발명과 발상이 크나큰 실수였다고 생각할지 모를 계몽주의의 적들(그들이 귀족 같은 부류이든 포스트모더니스트이든 간에)의 애조 띤 우울에 조금의 위안도 주지 않는다. 그와 동시에 마르크스주의자들은 역사 발전에 대한 도킨스류 진보주의자들의 도취감에도 차가운 눈길을 던진다. H. G. 웰스와 C. P. 스노의 정신적 후계자인 도킨스로 대표되는 유형의 진보주의자들은, 간혹 여기저기 미개의 늪에서 도통 벗어나지 못하는 이례적인 곳들이 있긴 하지만 전반적으로 볼 때 역사는 아직 꾸준하게 발전하는 중이라고 믿는다. 현실을 외면한 신화, 그저 믿어버리는 미신 중에서도 가장 대표적인 게 바로 자유주의적 합리주의자들의 신념, 즉 가끔 겪곤 하는 일시적인 문제들을 제외하면 우리는 꾸준히 더 나은 세상을 향해 나아가고 있다는 믿음이다. 이런 위태로운 승리주의는 중산계급의 운세가 욱일승천하던 자유주의 전성시대의 후유증이다. 오늘날 이런 승리주의에는 곧잘 냉소주의와 회의주의, 심지어 허무주의까지 뒤따르는데, 자유주의 유산의 많은 부분이 이 같은 늪에 빠져 허우적거린다. 급진주의자란 우리의 상황이 지금은 극도로 나쁘지만 바람직한 방향으로 많이 개선될 수 있다고 믿는 사람인 반면, 보수주의자는 우리의 상황이 어지간히 나쁘긴 해도 그런 건 인간 사회에서 어쩔 수 없는 일이라고 믿으며, 자유주의자는 우리 모두에게는 좋은 면과 나쁜 면이 모두 조금씩 있다고 생각한다.

댄 하인드가 주장하듯이, 오늘날 계몽주의적 가치에 대한 주된 위협은 풍수나 신앙치유, 포스트모던한 상대주의, 혹은 종교적 근본주의 따위에서 오는 게 아니다.[9] 언제나 그랬지만 주된 위협은 계몽주의의 열매에서 비롯된다. 계몽주의의 가장 큰 적은 항상 계몽주의 자체이기 때문이다. 계몽주의의 언어는 기업의 탐욕, 경찰국가, 정치에 굴종하는 과학, 영속적인 전시(戰時)경제 등을 변명하는 수단으로 악용됐다. 계몽된 초기 중산계급의 경제적 개인주의는 오늘의 거대 기업을 낳았고, 이들은 집단과 개인의 권리를 짓밟으면서 대중에게 아무런 책임도 지지 않는 채 우리 운명을 좌우하고 있는 실정이다. 무엇보다 개인의 자유를 보호하기 위해 세워진 자유주의 국가가 우리 시대에는 감시국가(surveillance state)로 변했다. 과학적 합리성과 탐구의 자유는 상업적 이익과 전쟁 무기를 위해 오용됐다. 미국이 테러와의 무제한 전쟁을 선포한 핵심적 이유 중 하나는 많은 미국 기업들에 무제한의 이익을 보장해주려는 데 있었다. 공평무사한 이성에 대한 계몽 시대의 믿음은 국가와 기업이 프로파간다를 위해 학자와 전문가를 고용하는 수준으로 타락했다. 문화적 표현의 자유는 허접하고 이데올로기적인 미사여구에서, 이익 추구가 최우선인 대중매체의 정치적으로 관리되는 뉴스에서 가장 잘 활용되기에 이르렀다.

합리적이고 계몽된 이기심도 결국에는 낭비와 실업, 추잡한 불평등과 대중조작적인 광고, 축적 그 자체를 위한 자본의 축적 따위 온갖 비합리로 이어진다. 그런 가운데 우리의 생계는 시장의 불안정한 변동에 좌우되게 마련이다. 계몽주의의 가치와 좀처럼 어울리지 않는 식민주의와 제국주의도 궁극적으로는 바로 이 합리적이고 계몽된 이기심에서 나왔다. 당초 우리를 오만한 권력에서 보호하고자 천명된 정치적 개인주의는 사회적 연대의 위축만을 낳았다. 자연을 지배하려던 계몽주의의 원대한 계획은 우리를 자연환경의 폐해로부터 지킨다는 원래의 의도를 넘어서 결국 전 지구를 오염시키는 결과를 불러왔다. 지구를 자신의 것으로 간주하고 그렇게 다루어온 인류에게 끝내 남은 것은 죽어버린 무기물 덩어리 하나에 불과하다. 우리의 자유로운 정신만을 주장하다보니 우리의 몸은 기계와 같은 것으로 전락하고 말았다.

보편성의 원칙은 한창때엔 그 누구든 자신의 의사를 표명할 권리가 있다는 뜻으로 쓰였지만, 이제는 서구 세계에만 보편적 가치가 존재한다는 뜻으로 받아들이는 사람이 적잖다. 국제주의*의 원대한 비전은 세계화(globalization)라는 개념에 의해 거의 쫓겨난 형국이 되어버렸다. 세계화는 자본이 어디에서나 누구에게나 절대적 권한을 휘두를 수 있는 권리를 보장한 체제다. 또, 평등이란 다른 어떤 고결한 의미보다 시장에서 상대를 능가하거나 착취할 수 있는 고른 기회를 뜻하기에 이르렀다. 신화와 미신에 대한 상쾌한 비판은 과학지상주의로 변질되어, 실험실에서 만지작거릴 수 없는 것은 진지하게 여길 필요조차 없다고 여기는 지경이 돼버렸다. 그런가 하면 자기 스스로 생각할 용기를 가지라는 칸트의 명령은 전통이라는 자원에 대한 경멸과 무시, 권위란 본디 억압적이라고 보는 유아적 발상 따위로 왜곡돼 왔다.

다른 측면에서도 계몽주의의 가치들은 스스로와 충돌해 왔다. 계몽주의의 가치를 옹호하는 행위가 때로는 그 가치를 우롱하는 행위와 구분되지 않았다. 서구 세계는 자유를 억압하는 공산주의로부터 우리를 구해내기 위해서 비열한 독재체제들을 후원했다. 이슬람주의자의 테러가 미국 시민의 자유를 침해하는 일이 없도록 하려고 미국은 사우디아라비아와 우즈베키스탄과 파키스탄 등에서 자국민의 자유를 으스러뜨리는 부도덕한 체제들을 지원했다. 요즘 들어서는 그런 자유를 미국 땅에서도 지워버리려 드는 듯하다. 오웰이 일찌감치 예견한 이 같은 세계에서 자유를 지키는 가장

■ **국제주의**(internationalism) 주권국가들의 공존을 전제로 하되 그 주권을 일정 부분 제한하여 초국가적 사회를 형성하자는 입장과 움직임을 이른다. 시대와 주체에 따라 다른 형태를 취하는데, 19세기에 등장한 프롤레타리아 국제주의는 자본주의 타도와 사회주의 건설에서 각국의 프롤레타리아트가 굳게 연대해야 한다고 주장한다.

확실한 방법은 암살단을 훈련하고 독재자를 무장시키는 일인 것처럼 보일 지경이다. 미국은 생명과 자유, 행복추구라는 명분 아래 신정(神政) 군주국들을 지원하는 정책을 오랫동안 유지해 왔다. 한편 기독교 우파 세력은 언젠가는 이성의 불가항력적인 진전에 의해 완전히 말라붙게 될 비합리성의 작은 늪이기는커녕, 설교자와 로비스트, 기업가, 텔레비전 전도사들, 워싱턴 정계의 거간꾼 및 우익 정치인들과 비열하게 연대해서 미국의 정치 시스템을 운영하는 데 매우 중요한 역할을 해왔다.

그렇다고 계몽주의의 가치가 끝장났다는 뜻은 전혀 아니다. 일부에서 계몽주의를 표방하며 최악의 일들을 저지르고는 있지만 계몽주의의 가치는 여전히 팔팔하게 살아 있다. 표현의 자유와 탐구의 자유, 인도주의적 동정, 국제주의, 존재의 평등, 열린 정부, 무지몽매한 형태의 권위주의와의 투쟁, 그리고 정치적 해방을 향한 열망―어느 하나도 지상에서 사라지지 않았다. 공식적으로는 이런 가치들을 내걸면서도 실은 그것을 억누르려 드는 자유주의적 자본주의의 거센 노력에도 불구하고 말이다. 자유주의적 자본주의 체제에서 그 소중한 가치들이 비록 좀 해어졌지만 온전하게 유지됐다는 사실만으로도 이 체제의 융통성과 기본적인 선의가 입증된 셈이다. 자유주의적 자본주의가 파시즘에서 테러리즘에 이르기까지 외부의 흉포한 공격에 맞서 계몽주의의 가치를 지켰다는 사실 또한 칭찬할 만하다. 결국 더 큰 문젯거리는 내부의 적이다. 자유주의적 자본주의 문화에서 필연적으로 야기되는 해악들이 끝내 그

문화 자체가 표방하는 가치들까지 훼손한다는 뜻이다.

비합리성을 언제나 타자■의 특성으로만 치부하는 한 이 중대한 모순은 쉽게 파악되지 않는다. 세계를 이성적인 세계와 비이성적인 세계로 가르는 이분법, 요즘엔 그 구분선을 편리하게도 동서양의 축과 일치시키곤 하는 이 이분법이 간과하는 점은, 우리가 그리는 외계인이 단지 우리 자신을 좀 더 기괴하게 비튼 것임이 뻔한 사실이듯이 자본주의가 비합리를 낳는다는 것 또한 쉽게 알 수 있는 사실이라는 점이다. 문명화된 세계에도 아직 몽매한 구석들이 좀 남아 있다는 정도의 얘기가 아니다. 디치킨스는 마음 편하게 그리 생각할지도 모르지만 몽매함의 문제는 그보다 훨씬 가깝고 심각하다. 때때로 서양이냐 동양이냐의 선택은 하나같이 비열하고 흉악한 광신자 무리들 중 어느 쪽을 지지할 것이냐의 선택이 되기도 한다. 이 같은 사실이 겸허함과 자기비판의 계기가 될 법도 하련만, 디치킨스의 글에서는 그런 점이 별로 드러나지 않는다.

예전의 휘그당과 비슷하게 사고하는■ 디치킨스는 종교란 인류의 초기 유아적 단계에나 어울리는 것인데 그 시절이 지난 뒤에도

■ **타자**(the other; 흔히 대문자로 the Other) 본디 철학의 주요 용어 중 하나로, 주어진 어떤 개념—이를 동일자(the same)라고 부른다—과 같지 않은, 즉 '다른' 개념을 가리킨다. 사람이 무엇을 나 혹은 우리가 아닌 '타자'로 규정하는지를 보면 그가 자신을 어떻게 정의하는지, 나아가 그 정체성이 어떻게 구성되는지를 적어도 부분적으로는 파악할 수 있다. 그래서 타자를 구성적 타자(Constitutive Other)라고도 한다. '타자'는 인간에 관한 학문들에서 두루 쓰이는 개념이며, 특히 사회과학에서 인간 사회나 집단이 자기네와 다른 사회나 집단을 '타자'로 규정하면서 배제하고 지배하는 과정을 이해하는 데 긴요하다. 대문자로 썼을 때는 '대(大)타자'로 번역하기도 한다.

지나치게 오랫동안 남아서 문제를 일으켜왔다고 본다. 특히 히친스는 짐짓 너그러운 태도로 종교적 믿음을 '선사시대', 혹은 '우리 종(種)의 어린 시절'에 속하는 것으로 분류한다. 요컨대 필연적이라 할 인간 발전에 종교가 걸림돌 노릇을 했다는 뜻이다. 여기서 문제는 그 엄청나게 단순하고 놀라우리만큼 환원주의적인,■ 그래서 마치 어린아이의 유치한 그림과 같은 세계상(像)이다. 이 세계에는 앞으로 나아가려고 노력하는 무엇이 있는가 하면, 그 전진을 억제하려는 다른 무엇이 있다. 전자는 명백히 좋은 것이고 후자는 무조건 나쁜 것이다. 중요한 것은 지겹게 버티는 미신의 잔재를 떨쳐내고 빅토리아 시대■의 합리주의로 대담하게 도약하는 일이다. 히친스는 '오두막'이란 단어를 경멸적으로 쓰고 성경의 저자들을 "교양 없고 교육받지 못한 인간이라는 포유류"라고 규정하는 등 값비싼 사립학교를 다닌 티를 드러내면서, 오만하기 짝이 없는 태도로 과거와 동양에 대해 은혜를 베풀듯이 말한다. 히친스의 문화적 우월주의는 과거로는 데모크리토스까지 거슬러 올라가고 옆으로는 이슬람 문화를 향한다.

히친스는 과거와 현재, 동과 서를 넘나들며 냉소를 퍼붓는 가운데 고대 세계의 사람들을 '시골뜨기들'이라고 낮잡아 써댄다. 그

■ **휘그당과 비슷하게 사고하는** 인간 역사를 보다 많은 자유와 계몽을 향한 끊임없는 전진으로 보며 그 귀결이 자유민주주의라고 생각한다는 뜻이다. 휘그당은 영국 자유당의 전신으로 19세기까지 존속했다.
■ **환원주의** 다양한 현상을 기본적인 하나의 원리나 요인으로 설명하려는 경향.
■ **빅토리아 시대** 영국 빅토리아 여왕의 통치 시기(1837~1901)를 말한다. 이러한 19세기 자유주의 시대로 '도약'한다는 것은 히친스를 비꼬는 표현이다.

는 또 루트비히 포이어바흐나 오귀스트 콩트, 허버트 스펜서에 버금가는 선견지명이 있는 것처럼, 종교는 "인류가 겁에 질려 울어대던 유아기에", 즉 "누구도—심지어 모든 물질이 원자로 이루어졌다는 결론을 내렸던 저 훌륭한 데모크리토스조차도—세상이 돌아가는 원리를 전혀 깨닫지 못하던" 시대에 생겨났다고 말한다. 히친스가 아이스킬로스까지도 이처럼 오만하게 무시해버리지 않은 게 다행일 지경이다. 사도 바울은 율법체제(소아기)에서 은총의 시대(성년기)로의 혁명적 전환에 대해 언급하면서, 그리스도에 대한 믿음은 유치한 우상과 미신의 성숙한 포기를 뜻한다고 보았다. 바울이 유아기의 정신을 지녔을 수도 있으며, 히친스의 추정대로라면 그랬음이 틀림없다. 그러나 바울의 글들에서는 놀랍게도 그런 기미가 전혀 보이지 않는다.

철학자 찰스 테일러는 역저 『세속의 시대A Secular Age』에서 '인류의 역사가 진행되면서 과학적 증거가 꾸준히 축적된 결과 세계에 대한 종교적 관점이 패퇴했다' 는 닳고 닳은 신화, 경이로우리만큼 단순하고 일차원적인 신화를 단호하게 반박했다. 평면이며 상투적인 이 목적론에 따르면 믿음의 시대는 이성의 시대 앞에서 장렬하게 전사한다. 이는 계몽사상을 둘러싸고 생겨난 숱한 신화와 미신 중 하나다. 17세기에 새로 등장한 기계론적 과학은 일반적으로 하느님에 대한 위협으로 여겨지지 않았다고 테일러는 지적한다. 근대 초기의 과학자들 중엔 정통적인 신앙을 옹호하는 사람이 많다. 이신론*은 과학과 종교의 공존을 위한 하나의 전략이었다. 종교적 믿음과 계몽사상은 결코 단순한 대립 관계에 있지 않았다. 19세기에는 종교적 믿음 중에서도 가장 호감이 덜 가는 복음주의 기독교가 노예해방 운동에 가장 적극적이었다.

따라서 자연과학이 부각되면서 곧장 신을 부인하는 단계로 달려간 것은 아니었다. 자연에 대한 새로운 관심은 종교라는 울타리 밖으로 내민 발걸음이 아니라 그 울타리 안에서 일어난 변이(變異)였다. 테일러는 "'종교'와 '과학' 간의 전적인 대결이라는 관념은 키마이라 같은 가공의 괴물, 좀 더 정확히 말하면 이데올로기적 구성물"이라고 주장했다.[10] 한때 생산적이던 과학적 가설들이 훗날 허점투성이로 밝혀지기는 했어도, 세계의 실재에 대한 근대과학의 분석이 전근대적 신화보다 전체적으로 보아 훨씬 정확한 것은 사실이다. 그러나 클로드 레비스트로스가 『야생의 사고 The Savage Mind』에서 보여주는 것처럼, 과학에 신화적인 요소가 조금은 있듯이 신화에도 계몽적인 요소가 있게 마련이다. 어떤 의미에서 과학은 세상에서 마법적인 기운을 걷어내어서는 그걸 자신에게 덧씌웠다고 할 수도 있다.

그러니 이 시기에 일어난 일의 요체는 과학이 신화와 종교의 오류를 차례차례 밝혀나갔다는 게 아니다. 그렇게 생각한다면 역사를 순전히 관념들의 수준에서 쓰는 셈이 된다. 또한 종교가 독자적

■ **이신론**(理神論, deism) 17~18세기 유럽의 계몽주의 시대에 나타난 비정통적이고 합리적인 종교관이다. 신의 존재와 진리의 근거를 인간 이성이 인식할 수 있는 자연적인 것에서 구하는 이론으로, 신을 세계의 창조자로 인정하지만 세상사에 관여하거나 계시나 기적으로 스스로를 드러내는 인격적 주재자로서의 신을 부정했다.

으로 지녔던 영향력을 실제보다 훨씬 크게 생각하는 것이기도 한데, 바로 이 부분에서 디치킨스와 이슬람 급진주의자들은 같은 잘못을 범한다. 다시 테일러를 인용하면, 근대 초기에 일어난 일은 '사회적 상상(social imaginary)'■에서의 큰 변화였다. 시간과 공간, 주권, 자아와 사회, 신체, 기율 등에 대한 인식이 변했다는 얘기다. 과학적 합리성은 그런 요소들 중 하나에 불과했다. 그리고 신화가 사실 앞에서 무너졌다기보다는 기존의 도덕관이 새로운 도덕관에 자리를 내준 것이었다. 과학적 합리성은 과거의 것들에 대한 단순한 부정에 그치지 않고, 인간이 획득한 새로운 형태의 자기 이해를 의미했다. 과학적 합리성은 자체의 존재론적이고 상징적인 틀에 의해 유지됐지 과거의 것에 대한 고집스러운 거부만으로 유지된 게 아니었다. 어떤 불멸의 보편적 합리성이 긴 어둠의 시기를 버티면서 때가 오기를 끈질기게 기다린 끝에 마침내 싸움을 시작해 자신을 덮고 있던 종교적 맹신이라는 쓰레기더미를 헤집고 나온 것이 아니었다.

근대적인 과학적 합리성의 진전은 이루 헤아릴 수 없는 이득을

■ **사회적 상상** 사람들이 자신의 사회에 대해 상상하는 방식을 가리킨다. 여기엔 이미지와 개념들, 이야기, 전설 따위가 포함되며, 이를 토대로 사회적 의미망의 구축과 사회적 실천, 사회의 정당화 등이 가능해진다. 테일러는 저서 『근대의 사회적 상상 *Modern Social Imaginaries*』에서 이 개념을 다음과 같이 설명한다. "내가 염두에 두고 있는 것은 사람들이 자신의 사회적 실존에 대해 상상하는 방식, 사람들이 다른 이들과 서로 조화를 이루어가는 방식, 사람들 사이에서 일이 돌아가는 방식, 통상 충족되곤 하는 기대들, 그리고 그러한 기대들의 아래에 놓인 심층의 규범적 개념과 이미지들이다."

가져왔다. 과학의 가치를 의심하는 포스트모더니스트들은 짐작건대 심장이 발작을 시작해도 외과 수술을 받지 않고, 비행기를 타는 따위의 위험한 짓은 꿈도 꾸지 않을 테지만 말이다. 이런 비판은 디치킨스도 해왔다. 한데 그들의 편견을 감안하면 충분히 예상할 수 있듯이, 디치킨스는 우리에게 익숙한 과학적 합리성이 세계의 실체를 신체로부터 추상된 주체와 스스로 움직이지 못하는 객체 간의 적나라한 대결로 단순화하는 데서 비롯된 손실은 언급하지 않는다. 아무튼 우리가 약간 무리를 해서 포스트모던 과학이라 부를 수 있을 것이 이런 케케묵은 데카르트적 이원론을 거부할 때 그것이 원용하는 논리는 근대 이전에서 근거를 찾을 수 있다. 예컨대 토마스 아퀴나스는 주체와 객체의 만남을 대립이 아니라 협력으로 본다. 이 관계에서 주체인 정신은 객체인 현실에 능동적으로 참여하고 객체에 내재한 명료성을 겉으로 드러냄으로써 객체만이 아니라 주체 자신의 힘까지 알찬 자기실현으로 이끈다.[11] 세계는 이해되는 과정에서 더욱 구체화되고, 정신은 세계를 이해하는 과정에서 자기를 확립한다. 일체의 주관적 관념론과 달리 아퀴나스는 이런 상호관계에서 객체 쪽을 강조했다. 테오도어 아도르노도 마찬가지였다. 본질적으로 의미가 없는 세계에 인간이 자의적으로 의미를 투사한다는 식의 주체 개념은 그게 근대적인 것이든 탈근대적인 것이든 아도르노로서는 전혀 인정하지 않았을 것이다.

창조의 교리를 어떻게 생각하든 간에, 그것이 적어도 인본주의의 오만을 눅여주는 연고임에는 틀림이 없다. 아퀴나스에게 이 세상은 우리 마음대로 만들고 조절할 수 있는 소유물이 아니라, 알 수 없는 타자성(他者性)을 구현하고 있는 선물, 우리가 그 물질적 밀도와 자율성을 존중해야 하는 선물이다. 신학자와 과학자는 적어도 이 같은 존중을 공유한다. 인식과 관련해서도 아퀴나스는 데카르트적 혹은 경험주의적인 '표상'이나 '심상', '감각소여'■ 따위는 따지지 않는다. 우리가 코끼리를 보면 그저 코끼리를 보는 거지 각자가 머릿속에 그린 그림이나 안구에 찍힌 울퉁불퉁한 잿빛 모양을 보는 게 아니다. 인식하는 과정에서 주체와 객체는 하나가 된다. 따라서 회의가 끼어들 틈새가 없다. 그런 회의에 대해 하이데거가 언급한 바와 같이, 문제는 우리의 외부에 실제로 아무것도 존재하지 않을 가능성이 아니라, 애당초 그 같은 환상을 진지하게 받아들이는 행위 자체다. 아퀴나스는 다른 여러 측면에서는 그를 심각하게 오해한 하이데거와 마찬가지로 자아를 물질적, 육체적인 것으로 생각하기 때문에—다시 말해서 세상을 사심 없이 관조하는 창문이 아니라 세상에 능동적으로 관여하는 하나의 프로젝트로 생각하기 때문에—포스트모더니즘류의 회의는 있을 수 없다. 인식이란 우리 몸이 실재 속에 어우러지는 과정의 한 계기(契機)■ 혹은 국면일 따름인데, 근대성은 잘못되게도 그 계기를 추상하여

■ **감각소여**(感覺所與, sense data) 우리에게 주관적, 직접적으로 감각되는 대상을 가리킨다. 반드시 외부에 실재하는 것일 필요는 없다. 세게 얻어맞았을 때 눈앞에 번쩍이는 별들도 감각소여다.
■ **계기**(moment) 철학 용어로, 사물의 운동과 변화, 발전의 과정을 결정하는 본질적인 요소를 뜻한다.

신전에 모셔놓은 셈이다.

아퀴나스가 『이단논박대전 Summa Contra Gentiles』에서 말하듯이, 각 피조물의 궁극적인 완성은 행함에 있다. 아퀴나스의 생각에 존재란 실체라기보다 행위다. 그에겐 하느님조차 명사보다 동사에 가깝다. 우리의 몸 자체가 주체와 객체라는 이원성을 해체한다. 나는 안에서 눈구멍을 통해 밖의 세상을 냉정하게 응시하는 존재가 아니라, 이 세상에 참여하는 행위자로서 항상 세상 한가운데에 놓여 있다. 따라서 아퀴나스도 비트겐슈타인처럼 '외부 세계(the external world)'라는 일상적인 표현에 대해 곤혹스러워했을 법하다. 저 등나무가 내 옆에 있지 않고 내 '밖에' 있다는 게 무슨 뜻일까? 저 나무가 내 '밖에' 있다고 본다면, 실재의 나는 마치 크레인을 운전하는 사람처럼 나의 몸 안에 웅크리고 있어야 할 터이다. 그럼 그 실재의 나는 또 누가 움직이는 걸까?

하이데거나 비트겐슈타인과 마찬가지로 아퀴나스도 세상에 대한 경험은 우리가 세상에 몸으로 참여하는 정도에 따라 달라진다고 생각했다. 그 경험이 직관적인 형태보다 추론적 형태를 띠는 까닭은 우리 존재의 물질성으로 인해, 매개되지 않은 현전(現前, presence)■은 우리에게 허락되지 않기 때문이다. 로고스중심주의■는 천사에게나 걸맞다. 사실 아퀴나스는 전능한 하느님을 전제함으로써 회의를 피할 수 있었다. 하느님은 모든 있음과 앎의 근원인

■ **현전** 철학적 개념으로서 의미·진리·실재 따위가 우리 눈앞에 직접 나타남을 뜻한다.

만큼 그 둘의 조화로운 일치를 보장해주기 때문이다. 이 같은 예정조화는 아퀴나스에게 미학의 계기로 여겨지기도 한다. 신학 없는 인식론은 생각조차 할 수 없다고나 할까. 이런 인식론 즉 지식의 이론의 신학적 근거가 무엇이든 간에, 그리고 예컨대 내가 헤어드라이어에 대해 많이 알면 알수록 그게 더 헤어드라이어다워진다고 생각하는 일이 얼마나 진기해 보이든 간에, 그것은 디치킨스가 당연하게 여기는 듯한 낡은 합리주의적 모델보다 풍요롭고 역동적이며 현대적이고, 전반적으로 훨씬 매혹적인 이론이다. 또한 분명히 존 로크보다는 카를 마르크스에 더 가까운 생각이기도 하다.

찰스 테일러가 기술한 사회적 상상의 급격한 변화는 큰 변화들이 늘 그렇듯이 사회적 관습이 근본적으로 바뀐 데 따른 것이었다. 이성의 때 묻지 않은 빛 앞에서 종교의 반(反)계몽주의가 시들어 간 결과만이 아니었다. 합리성이 무엇인지에 관한 생각의 차이도 거기에 연관된다. 아우구스티누스와 안셀무스, 아퀴나스에게 이성이란, 근대주의자들의 세계상에서는 완전히 배제된 윤리적이고 존재론적, 형이상학적이며 심지어 미학적이기까지 한 이런저런 헌신의 약속들과 분리될 수 없는 것이다. 마찬가지로 '사피엔티아(sapientia)' 즉 지혜에 관한 특정한 전통과도 떼놓을 수 없다. 따라

■ **로고스중심주의**(logocentrism) 흔히 '문자 언어보다 음성 언어를 중시하는 태도'라고 풀이되나 엄밀하게 말하면 그것은 '포노센트리즘(phonocentrism)'이며, 여기서 로고스중심주의의 뜻은 '기호와 그 지시 대상 사이, 또는 언어와 그것이 의도한 의미 사이에 투명한 관계가 성립된다고 가정하는 경향'을 가리킨다. 이 말은 부정적, 경멸적으로 쓰이는 경우가 많다.

서 '하느님에 대한 믿음은 이성적인가?' 라는 질문이 이와 다른 이성 개념, 즉 실재하는 것은 반드시 실험으로 검증되거나 합리적으로 추론되어야 한다고 보는 (절차적, 실증주의적, 또는 검증주의적인) 이성 개념 아래에서 제기될 경우, 그 답은 거의 정해져 있을 수밖에 없다.[12] 세상이 서로 통약(通約)불가능한■ 여러 종류의 합리성들로 이루어져 있다는 생각을 굳이 받아들이지 않더라도, 옳고 그름이나 근거의 유무를 판단하는 기준이 단 하나가 아니라는 사실은 누구나 알고 있다. 예컨대 인류학에서 유용한 판단 기준이 미술사에서는 그렇지 못하기 십상이다. 우리가 피해야 할 일은 과학이 무엇인지를 정확히 안다고 섣불리 생각하고는 그와 다른 종류의 어법들, 예컨대 정신분석학 같은 것을 우리가 상정한 과학의 패러다임에 맞춰보려 하는 일이다. 문제의 패러다임 자체를 바꾸는 게 정신분석학의 목표라면 어떡할 텐가? 위르겐 하버마스의 '의사소통적 합리성' 개념은 유럽 대륙에서는 이성의 한 형태로 인정되지만, 영미 철학계에서는 신뢰성을 크게 의심받는 실정이다.

과학과 합리성은(테일러가 정확히 이런 표현을 쓰지는 않았지만) 우리의 행위와 밀접한 관계가 있는 언어게임들이다. 일반적으로 언어게임의 변화는 삶의 구체적 형태에 큰 변동이 있었음을 뜻

■ **통약불가능한**(incommensurable) 하나의 도식 혹은 패러다임에서 진실인 것이 그와 경쟁하는 도식이나 패러다임에서는 진위의 구분 자체가 성립되지 않을 만큼 서로의 논리 체계가 다른 것을 통약불가능성이라 한다. 통약은 약분 즉 '공약수로 나누는 일'을 뜻한다.

한다. 테일러의 주장에 따르면 표상에서의 급격한 변화는 이런 문화적 배경하에서만 이해될 수 있다. 사회적 관습에서 초월성이 점차 의미를 상실하게 된 세계에서 사람들은 살게 된 것이다. 마르크스가 증기기관의 시대에도 어떻게 서사시가 창작될 수 있는가 하고 물었을 때 염두에 두었던 것 역시 이런 점일 듯하다. 이 같은 상황에선 어떤 종류의 심오한 질문들은 더 이상 제기될 수 없었고, 대신 새로운 형태의 혁신적인 질문들이 곧 등장했다.

  이제 인간에 대한 새롭고 권위 있는 이미지가 탄생했다. 그에 따르면 인간은 자유로우며 지배적이고, 주체적이자 자율적이며, 위엄 있고 결코 무너지지 않으며, 책임감 있고 냉철하며, 관조적이어서 감정에 휩쓸리지 않는 공평무사한 존재다. 디치킨스가 이성이라 부르며 찬양하는 것은 바로 이 역사적으로 특수하고 도덕적으로 기구한 이미지다. 그들이 생각하기에 이는 인류가 드디어 성년에 이르렀음을 보여준다. 임마누엘 칸트의 자유주의에서 장려하게 표현된 이 성숙함은 모종의 유아적 불안감과 분리될 수 없다는 점을 디치킨스는 알아차리지 못한다. 행위에서의 주체성과 사물에 대한 지배력, 그리고 자율성 등은 바람직한 미덕이지만, 위협적이리만큼 이질적으로 느껴지게 된 세계를 정복하고 지배하려는 시도이기도 하다. 주권은 고독과 불가분한 것임이 드러난다. 계몽정신으로 무장한 인간은 확신의 정점에 이르렀을 때 자신이 이 우주에 홀로 서 있으며 그의 진가를 증명해줄 것도 자기 자신뿐이라는 점을 깨닫게 된다. 따라서 그는 세계를 지배한다면서도 거기에 개재된 자의성과 불확실성을 진저리 칠 정도로 의식하게 되며, 이런 상황은 근대가 진행됨에 따라 더욱 심각해진다. 자신이 한 손으로 방금 세상에 끼워 넣은 가치를 다른 손으로 끄집어내어 이것 보라며 제시하는 게 무슨 의미가 있겠는가? 인간 주체가 딛고 선 토대가 자기 자신뿐이라는 점은 또 어떻게 봐야 하는가?

그러나 초월성은 그냥 사라져주지 않았다. 어떤 의미에서 디치킨스는 바로 이런 사실에 대해 불평하고 있는 것이지만, 문제는 그보다 더 복잡하다. 과학과 물질적 복지, 민주정치, 경제적 효용을 넘어선 영역에 대한 인간의 욕구에 종교가 제대로 부응하지 못하는 듯해 보일수록 문학과 예술, 문화, 인문학, 정신분석학, 그리고 최근에는 생태학 등이 그 빈자리를 차지하려 나섰다. 근대에 들어 예술이 사실상 또 하나의 상품에 불과해졌음에도 그토록 커다란 비중을 지니게 된 이유는 영적인 가치가 거의 퇴색한 세상에서 예술이 초월성의 대용품을 제공하기 때문이다.

크리스토퍼 히친스가 무신론 캠페인을 벌이는 동시에 미국 대학에서 문학 교수 노릇까지 하는 연유가 여기에도 있지 않을까 싶다. 히친스와 그의 일부 동료들에게 문학은 천박한 세상에서 인간이 기댈 수 있는 마지막 성소 중 하나다. 아무리 철저한 합리주의자라도 이성만으로는 살 수 없으며 어떤 불가해한 창조성에 대한 변함없는 믿음이 필수적임을 보여주는 게 문학이라는 얘기다. 나는 벌써 45년째 문학을 가르쳐 왔고, 히친스 못지않게 문학을 사랑한다고 자신 있게 말할 수 있다. 그러나 우리가 문학에서 초월의 방식을 찾으려 든다면 십중팔구 심각한 곤경에 빠지리라고 지적하지 않을 수 없다. 반드시 종교에 기대야 하기 때문이 아니다. 매슈 아널드와 F. R. 리비스부터 I. A 리처즈, 신비평,[■] 노스럽 프라이, 조지 스타이너에 이르기까지 문학을 의사(擬似) 종교로 만들려 한 시도가 문학에 큰 상처만을 남겼기 때문이다. 문학은 그보다 더 중요한 동시에 그만한 게 못 되기도 한다.

찰스 테일러에 따르면 현 시대가 세속적으로 계층화된 전근대와 뚜렷이 다른 점은 "대문자로 절대화된 '진보' 또는 '이성과 자유'의 이야기, '문명'이나 '품위' 혹은 '인권'에 관한 이야기 등으로 다양하게 해석되는 인간의 자기실현이라는 서사"의 등장이다. 이런 이상들을 적절히 소문자로만 내세운다면 테일러도 반대할 까닭이 없다. 넬슨 만델라를 존경하지 않는 사람이 없듯이 누구나 진보와 이성, 자유, 품위를 바란다. 그러나 이데올로기화한 '진보'와 '이성', '자유', '품위'를 이상으로 받아들이는 사람은 사라져가는 실정이다. '진보'라는 단어는 이제 이데올로기에 너무 오염돼 어떤 맥락에서는 거의 쓸모없는 것으로 전락했다. 바로 디치킨스 같은 사람들이 어리석은 승리주의적 수사(修辭)를 남발하면서 그 개념을 훼손하는 데 일조해 왔다. 몇몇 구시대의 잔존 요소들이 발

■ **신비평**(New Criticism) 제1차 세계대전 후에 생겨나 20세기 중반 영미 문단을 지배한 비평이론. 작품을 작가의 삶이나 시대, 또는 사회와의 관련 속에서 보는 태도를 거부하고 독립적 의미 단위로서 개별 작품이 지닌 내재적 가치를 강조했다. 따라서 역사적·전기적 자료의 이용에 반대하고 본문에 밀착하여 작품에 쓰인 언어의 기능을 세세히 분석하려 했다.

목을 잡지만 않으면 계몽의 정신이 발걸음도 가볍게 스스로 발전해 나가리라고 독선적으로 확신하면서 말이다. 따라서 진보라는 개념을 포스트모더니스트들 사이에 유행하는 회의(懷疑)에서뿐 아니라 디치킨스의 자기만족으로부터도 구해내야 한다. 진보가 분명 존재하기는 한다. 다만, 진보를 구현해온 문명이 지구를 파괴하고 죄없는 이들을 학살하며 인간의 불평등을 상상할 수 없는 수준으로 심화시키는 데 열중하는 모습의 문명이기도 하다는 사실에 유념해야 한다.

이상하게도 디치킨스의 눈에는 이런 점이 들어오지 않는 모양이다. 인류 문명이 '직선으로' 발전한다는 명제를 히친스가 부인한 건 사실이지만, 부인의 이유는 단지 모든 것을 쉽게 믿었던 이전의 역사가 우려의 발목을 붙잡기 때문이라고 한다. 히친스는 고딕풍의 음산한 통속소설에 딱 어울릴 섬뜩한 말투로 "우리는 먼저 선사시대의 흔적을 초월해야 하고, 우리를 지하교회와 악취를 풍기는 제단, 굴종과 비굴함과 죄책감이 어우러진 쾌락으로 다시 끌어당기려 하는 말라비틀어진 손에서 도망쳐야 한다."라고 말한다. 물론 히친스가 상당히 좋아하는 듯한 군사적 폭력에 비하면 이 정도의 공포는 견딜 만하다고 생각할 사람도 있을 터이다. 히친스는 악취를 풍기는 제단으로 끌려 돌아가느니 차라리 생물학전과 생태적 재앙으로 끌려 나아가는 편이 낫다고 여기는 모양이지만. 우리가 더 이상 속지 않게 될 때, "우리의 한심한 뇌가 더욱 진화하기를, 또 줄기세포와 탯줄 혈액세포에 대한 연구를 통해 의학과 생명 연장 기술이 엄청나게 발전하기를 의식적으로 기대할 수 있다."라고 히친스는 자신 있게 말한다. 그럴지도 모른다. 그 사이에 인류가 자멸해버리지 않는다면 말이다.

진보에 대한 도킨스의 관점도 마찬가지로 지극히 낙천적이다. 그는 의식적으로 현대성을 추구하는 인물임에도 구식 헤겔주의자의 면모를 지니고 있음이 드러난다. 간혹 '퇴보'가 있긴 하지만 도덕적 성장이 꾸준히 지속되는 '시대정신(Zeitgeist)'(그 자신의 표현이다)의 존재를 믿는 것이다. 도킨스는 텔레비전 스포츠 해설가처럼 흥분하면서 "물결 전체가 계속 움직인다."라고 말한다.[13] 그리고 말 한마디 한마디에서 도덕적 자기만족을 풍기면서 덧붙이기를, 21세기의 사람 대부분이 "중세나 아브라함의 시대는 물론이고 훨씬 더 가까운 1920년대의 사람들보다도 크게 앞서 있다."라고 한다. 이런 식의 역사 읽기에 따르면 도킨스 자신도 한 세기쯤 뒤의 사람들에게는 선사시대의 혈거인처럼 비칠 것이다.

우리가 예전보다 여러 면에서 타인의 불행에 민감하게 반응하고, 의식적으로 인도주의적인 태도를 취하며, 일면식도 없는 사람들에게 어느 정도의 도덕적 책임을 느끼는 경우가 많아진 건 사실이다. 이런 긍정적인 변화는 높이 평가해 마땅하다. 그러나 홀로코스트와 두 번의 세계대전에 대해서는 아무런 말도 없이 그런 변화들만 열거한다면 엄청나게 편파적인 일이 된다. 도킨스가 제2차 세계대전을 언급하기는 하지만, 사상자의 비율이 미국의 이라크 침략 때보다 높았음을 지적하기 위해서일 따름이다. 사상자 비율의 저하 현상은 인간이 시대를 거쳐오면서 점점 더 고결해지고 있다는 또 하나의 분명한 증거라는 식이다. 그는 또 히틀러를 언급하며 심각한 '퇴보'였다고 솔직히 인정하지만, 히틀러의 범죄가 칼리굴라나 칭기즈칸의 시대였다면 특별히 악랄한 짓으로 여겨지지 않았으리라고 덧붙인다.

따라서 히틀러 역시 인류의 도덕적 성장의 한 징후가 된다. 괴벨스라도 그런 말은 인정하기 힘들었을 법하다. 도킨스는 또 히틀러가 가톨릭 가정에서 태어나 성장했다고 서둘러 지적한다. 인종 대학살이 적어도 자신과 같은 무신론자의 작품은 아니었음을 말해두고 싶었던 모양이다. 히틀러가 묵주라든지 원죄 없는 잉태설에 그처럼 충실했던 가톨릭 신자였는지는 누구도 깨닫지 못했었다. 한편 히친스는 전체주의적 사상통제는 어떤 유형이든 간에 종교적이라고 생각하는 듯하다. 교황청과 파시즘의 메스꺼운 결탁을 비판하는 그의 논변은 빼어나다 하겠으나, 나치즘과 스탈린주의에 대한 종교의 지원에 공격을 집중함으로써 그 정권들이 명백하게 세속적인 체제였다는 사실로부터 독자의 관심을 돌리려는 몰염치한 술수를 쓰고 있다.

도킨스가 짐짓 관대한 태도로 인정하듯이, 히틀러가 칭기즈칸보다 많은 사람을 도살했음은 명백한 사실이다. 그러나 도킨스는 히틀러의 죄를 조금이라도 덜어주고 싶었는지, 히틀러에게는 20세기의 과학기술이 있었다고 덧붙인다. 게다가 인류 역사에서 가장 피로 얼룩진 시대인 20세기가 도덕적 성장의 지표라고까지 말한다. 술집에서 인종차별적인 말들이 덜 들린다는 게 그 이유인데, 적어도 도킨스가 단골로 다니는 술집들에서는 그런 모양이다. 여하튼 우리 모두가 점점 훌륭한 인간으로 성장해간다는 얘기다. 빅토리아 시대의 순진무구한 합리주의자에게나 도킨스에게나, 과학 발전과 도덕적 발달은 손잡고 가는 것으로 보이는 듯하다. 과학이 우리를 세련되게 만들기도 하지만 타락시킬 수도 있다는 생각은 피상적으로도 다루어지지 않는다. 히친스도 마찬가지다. 섬세하게 지적이면서도 어떤 부분에서는 이데올로기 탓에 아주 둔감해진 사람들이 있는데, 히친스와 도킨스가 그 좋은 표본이 아닐 수 없다.

도킨스는 인류가 진보하는 과정에 '국지적이고 일시적인 차질'이 있었음을 기꺼이 시인한다(베르겐 벨젠 같은 나치 독일의 강제수용소, 히로시마 원폭 투하, 남아프리카 공화국의 인종격리 정책 아파르트헤이트 따위의 '사소한' 퇴보를 들 수 있겠다). 그러나 전반적으로 향상하는 추세임은 부인할 수 없다고 그는 본다. 과학의 공공성을 대변하는 존재로 꼽히는 도킨스의 입에서 우리는 환경재앙이나 인종전쟁, 핵참사의 가능성 같은 지엽적인 문제점들을 제외하면 거시적인 역사는 끊임없이 좋은 쪽으로 가고 있다는 말을 듣는 것이다! 환희에 찬 얼굴로 탬버린을 두드리는 복음주의자라도 그처럼 병적으로 낙관적이기는 어려울 터이다. 이것이 맹목적인 믿음의 본보기가 아니면 무엇이겠는가? 합리적인 사람이라면 어느 누가 그런 세속의 신화를 곧이곧대로 받아들이겠는가?

일부 과학자들은 도킨스가 만들어낸 '밈(meme)'■—유전자 전달을 서툴게 흉내 내듯이 대대로 전해지는 문화 단위—이라는 개념 역시 세속의 신화 중 하나라고 말한다. 문화와 생물학을 이처럼 결합시킨다는 점에서 도킨스는 19세기 실증주의의 진정한 후예다. 도덕적 성장과 과학의 발전이 서로 발맞추어 전개되기는커녕 심각하게 충돌할 수도 있다는 사실은 여기서 간과된다. 우리는 텔레커뮤니케이션 수단을 지니고 있지만 어느 때보다 더 학살을 자행한다. 문명이 거둔 승리들 중 많은 부분이 인간의 야만성을 조장할 잠재력을 지니고 있는 것이다. 도킨스는 조지 엘리엇의 소설『미들마치Middlemarch』에서 바로 튀어나온 듯한 어리석으리만치 환원주의적인 구식의 체계구축자로, 그 소설 속의 인물처럼 모든 신화를 풀 하나의 열쇠 혹은 모든 생명체를 구성하는 기본 조직을 찾으려 드는 듯하다. 총체적 체계화에 열정을 쏟던『미들마치』의 인물들이 결국 몰락하듯이, 도킨스류의 승리주의적인 총체화 시도는 어떤 것이든 실패하게 마련이다. 그렇게 환원적인 체계들은 도킨스가 정당하게 옹호하는 자유와 양립할 수 없다. 이런 점에서 도킨스의 사고는 내적인 모순에 빠져 있다.

■ **밈** 리처드 도킨스가 문화의 진화에도 유전자와 같은 복제 단위가 있으리라는 가설을 세우고 만든 개념으로, 1976년의 저서『이기적 유전자』를 통해 널리 알려졌다. 문화적 정보·상징·실천의 단위(복제 단위)인 밈은 말과 글, 몸짓, 의례, 기타 모방 가능한 행위나 현상을 통해 하나의 정신에서 다른 정신으로 전달된다고 가정된다. 밈의 예로는 음악의 멜로디, 선전 구호, 신념(특히 종교적 신앙), 패션을 비롯한 유행, 각종 과학기술 등이 있다.

진보의 가능성에 대한 믿음 자체가 잘못은 아니다. 그런 믿음에 짙게 덧칠된 이데올로기가 문제일 뿐이다. 진보를 적극 옹호하되 대문자로 된 '진보'의 앞잡이가 되는 일은 거부한다 해도 아무런 모순이 없다. 디치킨스는 많은 종교인이 그들만큼이나 열렬히 대문자의 '진보'를 옹호해 왔다는 사실 또한 기억해야 한다. 물론 모든 종교인이 그런 것은 아니다. 영국의 외교관 앨러스테어 크룩이 지적하듯이, 많은 주류 이슬람주의자는 서구의 물질주의와 개인주의뿐 아니라 가차 없는 진보의 관념도 거부한다. 워싱턴의 한 정책 연구소에선 최근 "우리의 가치관을 공유하지 않은 사람들과 대립하는 상태로……우리는 생존할 수 없다."■라는 선언이 나왔는데, 이는 서구 문명이 벌써 여러 세기 동안을 그런 식으로 살아왔음을 망각한 말이다. 식민주의가 바로 그것 아닌가. 선언의 의미는 서구 문명이 그 어리석은 물질주의와 이기적인 개인주의에 가해지는 왕성한 비판을 이겨내기가 어려우리라는 게 전혀 아니었다. 오히려 연구소는 핵무기를 포함한 모든 수단을 동원하여 적에게 단호한 태도를 취하면서 '서구의 확신'을 회복하는 데서 해결책을 찾아야 한다고 결론지었다.[14]

이성의 지고함에 대한 계몽주의적 신뢰는 아서 왕의 마법사 멀린의 공적들만큼이나 주술적인 것일 수 있으며, 인간의 자기개선 능력이 무한하다는 믿음은 장난꾸러기 요정의 존재를 믿는 일처럼

■ **우리의 가치관을 공유하지 않은 사람들과 대립하는 상태로……우리는 생존할 수 없다.** 나토 회원국 군대의 전 참모총장 5명을 불러 모은 자리에서 나온 말이다.

순진한 미신일 수 있다. 우리가 사는 세상을 둘러보면 때로는 인본주의라는 게 어떤 의미에선 교황의 무오류성만큼이나 터무니없어 보이기도 한다. 저토록 많은 사람을 굶주리게 하는 세계가 정말로 성숙한 세계일까? J. L. 오스틴의 철학이 과연 성 아우구스티누스의 사상보다 크게 진전한 걸까? 이성에 관해 얘기하자면, 축적 그 자체를 위한 축적을 일삼는 가운데 막대한 낭비와 무익함을 빚어내는, 철저하게 합리적인 동시에 엄청난 불합리성의 덩어리인 자본주의 체제를 어떻게 생각해야 할까? 에드먼드 버크가 말했듯이, 과도한 빛은 결국 어둠을 불러올 수 있다. 또, 버크와 같은 아일랜드인인 조너선 스위프트가 『걸리버 여행기』에서 보여주었듯이 이성의 과잉은 일종의 광기로 귀착될 수 있다. 몸과 감정의 삶이라는 주관적 영역에서 떨어져 나온 형태의 합리성은 그 영역을 내부에서 틀 잡아주지 못하고 혼란과 폭력의 위험 앞에 내쳐두게 마련이다. 요컨대 합리주의의 이면은 원시주의다.

계몽주의가 내세운 이성이 더없이 소중하기는 해도, 그 자체와 정반대의 것을 불러오기 쉽다는 사실이 이런 점에서도 잘 드러난다. 진보의 이데올로기에서 보면 과거란 선사시대의 원시림으로 추방해야 할 유치한 무엇일 따름이다. 그래서 이 이데올로기는 우리에게서 역사적 유산을—다시 말해, 우리가 미래를 위해 활용해야 할 가장 소중한 자원의 일부를—빼앗아버린다. 과거를 지움으로써 미래를 향해 나아가려는 사람들은 과거가 결국은 복수의 칼로 되돌아온다는 사실을 깨닫게 될 뿐이다. 지금 세계 곳곳에서 종교가 부흥하는 현상은 바로 이런 '억압된 것의 회귀'▪를 보여주는 사례다. 자기도취에 빠진 계몽주의적 이성은 종교적 신앙의 본질을 거의 이해하지 못했다. 이성의 냉철한 분석 앞에서도 사라지지 않는 욕구와 갈망을 종교가 어떤 의미 체계로 수용하는지를 꿰뚫어 보지 못한 것이다. 이성은 종교를 우스꽝스러운 미신이자 유치한 비합리로만 간주했기 때문에 종교를 극복할 수가 없었다. 디치킨스 역시 똑같은 실수를 범하고 있는 듯하다.

앞에서 보았듯이 종교에서 억압받는 인간들의 한숨을 들은 카를 마르크스는 이들만큼 순진하지 않았다. 종교는 오만하게 거부해야 할 대상이 아니라 끈질기게 해독해야 할 대상이다. 종교는 이성에게 결코 낯설지 않은 세계에서 시작된다. 이성이 합리성과는 무관한 관심과 욕망들—사실 이성이 지닌 힘의 많은 부분이 여기서 길어 올려진 것인데—을 인정할 수 있어야만 이성은 보다 견실해져서 그 욕망들이 무법 상태로 치닫고 결국에는 이성 자체까지 압도하게 되는 상황을 막을 수 있다. 합리적 논증의 수준에만 머무는 종교 비판이 성공할 가능성이 거의 없는 이유를 여기서도 찾을 수 있다.

에우리피데스는 이미 오래전에 이런 점을 알고 있었다.[15] 그의 극 「주신 바코스의 여신도들」▪에서 풋내기 합리주의자인 펜테우

▪ **억압된 것의 회귀**(return of the repressed) 프로이트가 신경증의 증상을 설명하면서 만든 표현으로, 무의식에서 억압된 요소들은 완전히 없어지는 게 아니라 왜곡된 형태로 끊임없이 의식에 나타나려는 경향을 지닌다는 의미다.

스 왕은 무서울 정도로 파괴적이자 육감적이고 매혹적인 디오니소스 즉 바코스의 목을 잘라버리겠다고 공언한다. 오늘날의 서구 세계와 마찬가지로, 다가드는 위협에 대한 펜테우스의 대응은 상대를 사슬에 묶으려 드는 것뿐이다. 무고한 목숨을 위협하는 테러리스트들은 합법적인 힘을 모두 동원하여 진압해야 한다는 건 새삼 말할 필요도 없다. 그러나 펜테우스가 택한 강압적인 방법은 요즘 서구의 정치 전략과 비슷하게 자신이 마주한 현실을 부인하는 것이어서, 봉쇄 수단으로서 실패할 수밖에 없다. 오늘날 서구 세계의 경우 그 같은 강압은 테러의 원인에 대한 본격적인 검토를 회피하는 방법일 수도 있는데, 원인 분석이 없다면 테러를 이겨내기가 절대 불가능하다. 강압은 또한 눈앞에서 격렬히 표출되고 있는 분노에 대한 서구의 부분적인 책임을 부인하는 태도이기도 하다. 빈약한 유형의 이성은 폭력의 난무에 부닥뜨리면 그 스스로 광포해지게 마련이다. 한 종류의 지나침, 이를테면 혼란이 또 다른 지나침 즉 독재를 불러오는 것처럼 말이다. 프로이트 학파에서 말하듯이 억압은 욕망을 더 강화시킬 뿐이다.

테베의 왕 펜테우스는 이성이 지배력을 유지하기 위해서는 합리적이 아닌 힘들과 타협해야 한다는 점을 알지 못했다. 이성이 비합리적인 힘에 굴복해야 한다는 말이 아니라, 그것들과 잠정적으로

■ **「주신 바코스의 여신도들」** 이 연극에서 제우스와 테베의 왕족인 세멜레 사이에서 태어난 디오니소스는 외가에서 제우스의 아들임을 인정받지 못하고 박대를 당해 외국을 떠돌다가 가장하고 돌아와 복수에 나선다. 펜테우스 왕은 그의 외사촌이다.

휴전을 해야 한다는 뜻이다. 그러지 못한 결과, 펜테우스는 자신이 그토록 비난하던 야만성을 스스로 드러내는 운명에 빠지고 말았다. 이 완고한 군주는 이성에 대한 과도한 집착, 즉 적절한 수준의 사리분별력을 넘어선 순전한 이성주의가 자기 내부의 비합리한 힘에 대한 방어기제일 수 있다는 사실을 몰랐다. 이런 방어기제는 결국 내부의 비합리성을 자극해 폭발시킬 수 있다. 그리하여 셰익스피어의 희곡 「자에는 자로 Measure for Measure」에 등장하는 안젤로처럼 펜테우스는 육욕의 쾌락을 비난하고 나서면서도 은밀하게 그것을 갈망하기에 이른다. 소름끼치게 잔인한 디오니소스에게서, 기독교에서 참회라고 부르는 과정을 통해 자신의 모습을 읽어내지 못한 펜테우스는 신이자 테러리스트인 디오니소스를 억압해야 할 이질적인 타자로 취급하다가 끝내 디오니소스의 충동적 분노에 의해 갈기갈기 찢기고 만다. 광적인 합리주의자 펜테우스는 그런 어둠의 존재가 자신의 일부라는 사실을 인정할 수가 없다. 서구 세계가 지금 그들에게 가해지는 극악한 테러에 자신들이 초래한 부분도 있음을 인정하지 못하는 것처럼.

얄궂게도 진보라는 개념에는 종교적인 여운이 있다. 찰스 테일러는 『세속의 시대』에서 진보의 개념을 '신의 섭리의 대체물'이라고 했다. 하지만 기독교 종말론은 무한한 발전이라는 생각과 거리가 멀다. 하느님의 나라는 역사라는 상승하는 곡조의 절정에서 힘차게 울려퍼지는 소리처럼 도래하는 게 아니다. 그것은 장엄한 역사적 진화의 완성이 아니라, 인간이 정의를 위해 투쟁하는 가운데 보편적 평화와 정의가 살아 숨 쉬는 하느님의 통치 시대를 예시(豫示)한 모든 역사적 발화점(發火點)들의 마무리다. 이처럼 기독교 신학은 진보라는 오만한 관념에 의존하지 않고서도 역사를 바꾸어 갈 수 있다고 믿는다. 발터 벤야민도 인식했듯이, 하느님의 통치란 다른 무엇이 아니라 억압받는 사람들을 위한 산발적이고 자주 불운했던 투쟁들, 영원의 관점이라 할 것에 따라 '지금시간'■이라는 하나의 순간에 모여 일관된 이야기로 구현됨으로써 구원에 이르는 투쟁들을 이른다.16) 근대적인 사고에서는 이른바 거대담론■을 믿는 반면 포스트모던한 사고에서는 이를 믿지 않는데, 그와는 별도로 유대인과 기독교인에게는 아직 실현되지 않은 거대담론이 하나 있으며 그것은 미래뿐 아니라 과거에까지도 소급해 작용하리라고 본다. 벤야민이 말했듯이 "구원된 인류에게 비로소 그들의

■ **지금시간** 벤야민은 신학 용어인 라틴어 'nunc stans' 즉 '영원한 현재'를 독일어 'Jetztzeit(now-time)' 즉 '지금시간'으로 번역하여 나름의 맥락에서 활용했다. 이 문단을 이해하는 데는 그의 글 「역사의 개념에 대하여」(「역사철학 테제」라고도 함)에 나오는 다음 구절들이 참조가 될 것이다. "역사는 구성의 대상이며, 이때 구성의 장소는 균질하고 공허한 시간이 아니라 '지금시간'으로 충만된 시간이다." "경과하는 시간이 아니라 그 속에서 시간이 멈춰서 정지해버린 현재라는 개념을 역사적 유물론자는 포기할 수 없다. 왜냐하면 그러한 현재 개념이야말로 그가 자기의 인격을 걸고 역사를 기술하는 현재를 정의하기 때문이다." "메시아적 세계는 보편적이고 완전한 현재성의 세계이다."

■ **거대담론**(grand narrative) '거대서사, 대서사'로도 번역하는 'grand narrative'는 'master narrative, metanarrative'라고도 하며 사회비판 이론들, 특히 포스트모더니즘 계열에서 자주 써온 용어다. 거대담론은 역사적 경험과 지식을 포괄적으로 설명할 수 있다고 주장하는 추상적 관념의 체계를 가리킨다. 즉 인간 개개인의 구체적인 삶과 인식이 빚어내는 무수한 '작은 이야기'들을 총체적인 하나의 틀 안에 묶어내는 '큰 이야기'다. 이 책에서 거론하는 보편적 이성을 통한 진보의 이야기가 바로 대표적인 거대담론이다.

과거가 완전히 주어지게 되기" 때문이다.17)

　진보라는 주제에 대한 논쟁은 테오도어 아도르노의 말로 마침표를 찍을 수 있을 법하다. 나치스의 의기양양한 역사적 진군에서 피해자였던 그는 이렇게 말했다. "진보는 가장 노골적이고 기본적인 차원에서 생각하는 편이 나을 듯하다. 즉, 누구도 더 이상 굶주리지 않아야 하고, 고문도 없어야 하며, 아우슈비츠도 없어야 한다. 그럴 때에만 진보라는 개념은 거짓에서 자유로워질 것이다."18)

　마르크스주의는 자유주의적 계몽정신의 원대한 이상 자체에는 시비를 걸 일이 거의 없다. 다만, 그 이상들을 실현하려는 시도가 있을 때마다 어떤 가차 없는 힘에 의해 이상이 비틀어져 정반대의 것으로 전화하고, 그 결과 누군가의 자유가 다른 누군가에게는 착취가 되며, 이론상의 평등이 현실에서는 불평등을 낳게 되는 것은 무엇 때문인가 하는 따위의 의문을 짐짓 순진한 태도로 제기할 뿐이다. 자유주의는 성직자와 가부장으로부터의 해방에 관한 신명나는 이야기로서, 남녀를 불문하고 단지 인간이라는 이유만으로 모두가 자유롭고 평등하며 자주적인 행위자라는 '괘씸한' 진리를 끈질기게 주장한다. 이는 비록 유대-기독교 전통에 선례가 있기는 하지만 인류 역사상 가장 놀랍고 급진적인 통찰 중의 하나다. 중산계급의 자유주의는 한창 전성기엔 사회주의가 그 역사의 어느 시기에 보여주었던 것보다도 훨씬 혁명적인 기운을 띠었다. 자유주의의 빛나는 업적들을 토대로 삼지 못하는 사회주의는 애초부터 도덕적이고 물질적인 파탄의 위험을 안고 들어가게 된다.

그러나 자유주의는 또한 자아를 원자론적으로 생각하고 인간관계를 냉정한 계약관계로 보며 윤리를 공리주의라는 빈약한 관점에서 해석하는 경향을 조장한다. 이성을 도구로만 간주하는 조잡한 해석, 교리에 대한 그 역시 교조적인 의심, 인간의 연대성에 관한 인식의 빈곤도 문제인가 하면, 진보와 문명화를 독선적으로 믿고 인간성의 사악한 측면에는 거의 눈을 감아버리며, 권력과 국가 및 자유, 전통 등을 지극히 부정적으로 보기도 한다. 서구 문명의 어떤 측면들에 대한 반발이 병적으로 격화하여 생겨난 게 이슬람 급진주의인바, 지배의 한 형태로서 이성은 바로 이런 측면들의 형성에 상당 부분 기여했다. 그런 의미에서 문명과 야만, 계몽과 비합리는 겉보기와 달리 결코 단순한 대립 개념들이 아니다.

막스 호르크하이머와 테오도어 아도르노가 오래전에 '계몽의 변증법'■이라고 명명한 것은 구성적인 이중사고■의 한 형태인데, 디치킨스 중에서도 특히 도킨스는 과학의 발전에 대한 19세기적

■ **계몽의 변증법**(dialectic of Enlightenment) 이른바 이성과 진보의 시대에 파시즘이나 스탈린주의의 대두, 자유주의 국가의 쇠퇴, 사회혁명의 불발 따위 현상이 어떻게 생겨날 수 있는지를 설명하기 위해 호르크하이머와 아도르노가 제시한 설명 도식이다. 여기서 근대 이성의 역사는 자연과 인간 자신에 대한 폭력적 지배가 진행되는 역사이기도 하다고 파악된다. 즉 계몽에 대한 이중적인 견해로, 사회 속에서의 인간 자유가 계몽적 사유를 바탕으로 발전한 것이긴 하나, 계몽 자체에 이성의 퇴보 혹은 몰락의 싹 또한 들어 있다고 주장한다.

■ **이중사고**(二重思考 double-think) 조지 오웰이 소설 『1984년』에서 만들어낸 개념으로, 서로 모순되는 두 가지 생각을 동시에 지니는 것을 말한다. 여기서는 계몽주의의 사고가 근대 세계를 구성하는 데 미친 긍정적이자 부정적인 영향을 이르는 말로 쓰이고 있다.

과신에 빠져 이를 올바로 이해 못하고 있다.[19] 진보가 실재한다는 도킨스의 주장은 분명히 옳다. 물정이라곤 전혀 모르는 유의 포스트모더니스트들이나 그 사실을 부인한다. 하지만 앞에서도 언급했듯이 디치킨스는 허버트 스펜서, G. H. 루이스를 비롯한 빅토리아 시대의 많은 이데올로그들이 그랬듯이 그냥 진보만이 아니라 절대화된 '진보'까지 믿는 듯한데, 오늘날 이것은 아서 왕의 귀환이 임박했다고 믿는 것만큼이나 진기하고 터무니없는 신조다. 다시 말하면 자유주의적 합리주의에도 나름의 형이상학적 신조들이 있으며, 그런 한에서는 그것이 비난해 마지않는 종교적 믿음과 공통되는 바가 있다는 얘기다.

철학자 루트비히 비트겐슈타인이 어느 친구에게 이렇게 투덜거린 적이 있다. "러셀과 목사들이 힘을 합쳐서 엄청난 해악을 끼쳤어. 엄청나게 말이야." 비트겐슈타인은 당시 영국에서 가장 이름난 반종교적 인사였던 자유주의적 합리주의자 버트런드 러셀을 그의 독설 대상인 성직자 집단과 한통속으로 묶어버린 것이다.[20] 철저하게 합리적인 미래라는 꿈은 얼마큼이나 천국의 대체물 역할을 하는 걸까? 절대화된 '진보'는 자유주의적 합리주의자늘 나름의 '내세(來世)'인가? 자유주의적 합리주의는 정말 종교의 영향에서 완전히 벗어났을까?

흔해빠진 인종차별 따위는 불쾌하게 생각할 게 틀림없는 고도로 개명된 유형의 문화적 우월주의가 요즘 무척 유행하고 있다. 문학계의 지식인들 사이에서 특히 그렇다. 인종을 가지고 타인을 열등

하다고 낙인찍는 일은 더 이상 허용되지 않기 때문에, 대신 종교를 빌미로 삼아 바깥의 어둠■ 속으로 밀어내는 방법이 사용된다. 소설가 마틴 에이미스는 이슬람 사회가 서구보다 '덜 진화한' 사회라고 했다. 서구 나라들이 수많은 무슬림을 학살하느라 바쁘던 시점에 나온 발언이다. 학살 행위보다 덜 진화한 것을 찾기는 어려울 텐데도 말이다. 또한 앞에서도 이미 지적했듯이, 서구의 자유주의자들이 자신의 자유주의적 가치가 공격을 받기가 무섭게 아무런 저항 없이 반(反)자유주의에 굴복해 버리는 모습을 보면 당혹스럽기만 하다. 이 같은 공황 현상의 배경에는 우리에게 익숙한 서사 구조가 있다. 먼저 야만의 상태가 있고 나중에 문명화가 되지만, 야만이 되돌아와 우리를 괴롭힐 가능성은 늘 남아 있다는 이야기다. 악취를 풍기는 미개의 늪에서 피땀 흘려가며 끌어올린 문명은 언제라도 다시 그 늪으로 미끄러져 들어갈 수 있다. 빅토리아 시대를 짓눌렀던 불안감이었다.

그러나 이 이야기는 야만과 문명이 순차적이자 공시적(共時的)이라는 사실, 다시 말해서 인간 문명은 다른 훌륭한 측면도 많지만 폭력성과 공격성을 보다 높은 차원으로 승화시킨 형태이기도 하다는 사실을 간과하고 있다. 급진적 사상의 시각에서 야만은 이른바 문명이라는 소중한 것의 가까스로 감추어진 이면으로서 은밀하게 온갖 권능을 부여하는 조건 중 하나다. 문명 배후의 야만성은 조지

■ **바깥의 어둠**(outer darkness) '바깥(의) 어둠' 혹은 '바깥 어두운 데'는 신약성경의 「마태복음」에 세 차례 나오는 표현인데, 대체로 지옥을 뜻한다고 해석된다.

부시와 네오콘 패거리에 힘입어 최근 더욱 뻔뻔해지고 노골적이 되었다. 대체로 국민국가는 폭력을 바탕으로 수립되는데 그 폭력은 이후에도 결코 단순하게 지양되지 않으며, 대상으로 규정된 '자연'을 인간의 통제하에 두려는 적극적인 노력으로 승화된다. 그러지 않으면 문명이 살아남기 힘들다고 생각하기 때문이다. 승화된 폭력은 또한 정치적 국가를 방어하는 임무를 띠면서 군대, 경찰, 정치권력 등으로 불리게 된다. 테러리즘이 도덕적인 역겨움을 차치하고도 그토록 불안감을 야기하는 이유는 문명사회가 부인해온 비밀스러운 자아의 단면을 스스로에게 드러내기 때문이다. 이성에 항상 정반대의 속성이 스며들어 있듯이, 자유의 내면에는 어떤 강압이 잠재해 있다.

 디치킨스가 지금처럼 자유주의적이지도 않고 합리적이지도 않은 방식으로 무턱대고 종교를 나무라지 말고 그들 본연의 자유주의적 합리주의의 관점에서 문제에 접근한다면, 우스꽝스러울 정도로 무절제한 종교 비판을 자제하는 데 도움이 될 뿐 아니라 논리가 훨씬 강화될 수 있을 법하다. 리처드 도킨스의 흔들림 없는 객관성이 어떤 유의 것인가 하면, 400쪽이 넘는 책 내내 인간이 종교적 믿음에서 조금이라도 혜택을 보았다는 걸 인정하려 들지 않는다. 이런 관점은 사실과 부합하지 않을 뿐 아니라 선험적으로도 불가능하다. 그리스도나 알라, 아니면 부처의 뜻을 따라 남을 위해 헌신적으로 봉사하는 삶을 산 무수한 사람들이 인류의 역사에서 깡그리 지워지는 셈이다. 이것이 일체의 편견에 맞서겠다고 공언한 사람의 견해다.

히친스를 보면 『신은 위대하지 않다』의 앞부분에서 신자들이 보여준 헌신적인 행동의 예를 '많이' 다루겠다고 약속하지만, 어찌 된 일인지 형식적으로 한두 사례를 언급하고는 그만이다. 그는 또 "인본주의도 사죄해야 할 범죄를 많이 저질렀다."라고 용기 있게 인정하면서도 그게 정확하게 어떤 범죄들인지는 설명하지 않는다. 여하튼 히친스의 책은 종교를 믿는 사람들이 이루어낸 좋은 일들은 모두 세속적 인본주의■의 덕으로 돌리는 듯한데, 이는 페미니스트들이 이룩한 성과가 순전히 그들 아버지의 자애로운 영향 덕분이었다고 하는 거나 다를 바 없다.

디치킨스가 약간은 편집광처럼 종교를 비판하는 가운데도 기독교와 여타 종교들이 이 땅에서 힘겹게 살아가는 사람들의 고난을 덜어주기 위해 수백 년 동안 노력해 왔고, 세계 평화를 위해서도 힘썼으며, 세상의 형제자매를 위해 기꺼이 목숨을 던진 종교인들이 있었고, 미국이 지원하는 독재정권에 맞서 싸우다 순교한 성직자들도 있었다는 사실을 가끔이나마 언급하고 넘어간다면 그들의

■ **세속적 인본주의**(secular humanism) 이성과 윤리와 정의를 신봉하며 초자연적·종교적인 도그마를 도덕이나 의사결정의 근거로 삼기를 거부하는 철학적 견해이자 인생관이다. 1930년대 영국에서 '종교적 휴머니즘'과 대비되는 용어로 쓰이기 시작했다. 세속적 인간주의, 세속적 휴머니즘, 과학적 인본주의, 과학적 휴머니즘이라고도 한다. 히친스와 도킨스는 물론 대니얼 데닛, 노엄 촘스키, 움베르토 에코, 라이너스 폴링, 알베르트 아인슈타인, 살만 루슈디, 커트 보네거트, 알베르 카뮈, 칼 세이건, 버트런드 러셀, 피터 싱어, E. O. 윌슨 등 수많은 지식인이 세속적 인본주의자에 속한다.

도덕적 성실성과 지적인 정직성이 돋보일 것이다. 이 모든 걸 인정한다 해서 그들의 이데올로기가 치명적인 상처를 입겠는가. 많은 서구 자유주의자들은 이른바 급진적 이슬람에 대한 비판과 이슬람교 자체에 대한 비판을 신중하게 구분하지만, 기독교에 대해서는 그 같은 신중함을 거의 보이지 않는다. 자유주의가 제 집에서는 실천되지 않는 셈이다.

나는 아일랜드에 살고 있다. 아일랜드 사람들은 가톨릭교회에 의해 고약하게 학대받고 이용당했다. 거기에 너무나 익숙해져서 일일이 떠올리기가 어려울 정도다. 그중에서도 가장 의식 못했을 점은 교회가 조금이라도 신빙성이 있는 복음서 해석을 제시한 적이 없다는 사실이다. 따라서 그들은 무신론과 불가지론을 별다른 고민 없이 받아들일 수 있었다. 디치킨스도 꼭 이런 경우다. 이는 우리가 반드시 항의해야 박탈한 형태다. 혼외정사로 아이를 낳았다는 이유 때문에 정신병 수준으로 가학적인 수녀들에 둘러싸여 평생을 갇혀 사는 것보다는 덜한 고난이지만.

그런 만큼 가톨릭교회는 지금도 아일랜드에서는 평판이 좋지 않아서, 아일랜드 사람들은 맞은편에서 성직자가 다가오면 길 반대편으로 건너가기도 한다. 옛날에는 아마 지주를 보았을 때 그렇게 행동했을 것이다. 하지만 아일랜드 교회가 잔혹하거나 어리석은 짓을 무수히 저질러 왔다 해도, 교회가 없었다면 내 조상들은 교육받지 못하고 병을 치료받지 못했을 것이며, 위로받지도 못하고 장례도 제대로 치르지 못했으리라고 생각한다. 19세기 말 아일랜드에서 살았던 내 선조 존 이글턴 박사는 가난한 사람들을 돌보다가 장티푸스에 전염돼 20대의 젊은 나이에 세상을 떠났다. 또 다른 선조 마크 이글턴 신부는 예배 때 그 지역 지주를 비난했다가 주교에게 곤욕을 치렀다.[21] 충실한 진화론자 도킨스는 후천적으로 획득한 정치적 형질도 유전될 수 있다는 견해를 아마 받아들이지 않겠지만, 이 경우는 그 가능성을 보여주는 조그만 사례인 듯하다.

도킨스의 『만들어진 신』과 히친스의 『신은 위대하지 않다』의 잉크가 겨우 말랐을 즈음일까, 버마의 1만여 승려가 그들의 종교적 원칙에 따라 야만적인 독재정권에 항의하는 행진을 시작했다. 그들은 폭행당하고 투옥됐으며 죽음까지 맞았다. 베트남 전쟁 때 미국의 양심을 흔들어 깨운 첫 사건은 1963년 사이공에서 있었던 한 불교 승려의 분신(焚身)이었다. 역시 베트남 출신 승려인 틱낫한은 미국의 민권운동에서 두각을 나타냈고, 마틴 루서 킹을 설득하여 베트남 전쟁에 반대하는 목소리를 높이게 했다. 캄보디아에서는 크메르 루주가 6만을 헤아리던 승려를 거의 전부 살해했으나 마하 고사난다는 캄보디아 재건에 핵심적인 인물이 됐다. 티베트에서도 1987년 아주 오랜만의 대규모 시위를 불교 승려들이 시작했고, 그 결과 극심한 탄압을 받았다.[22]

사회주의자들은 중산계급을 인류 역사에서 가장 혁명적인 세력이라고 칭찬하면서 그들이 없었다면 지금 우리가 소중히 여기는 권리와 가치들도 아마 존재하지 못했으리라고 말한다. 그런데 왜 디치킨스는 심술궂고 지적으로도 정직하지 못하게 종교적 믿음이 이뤄낸 눈부신 업적들을 부인하는 한편 인류의 복지를 위해 종교가 기여한 몫이 크다 해도 종교 조직들이 저질러온 끔찍한 일을 상쇄하기에는 턱없이 부족하다고—이 점에는 공감이 가는 사람이 많을 법하지만—줄기차게 주장하는 걸까?

히친스와 도킨스, 마틴 에이미스, 살만 루슈디, 이언 매큐언 같은 자유주의적 계몽주의의 화신들은 급진적 이슬람의 만행에 대해서와는 달리 세계화된 자본주의의 해악에 대해서는 놀라우리만큼 언급을 하지 않는다. 사실 그들 대부분은 '자본주의'라는 단어 자체를 거의 쓰지 않는다. 세계화된 자본주의가 빚어내는 이런저런 지나친 일에 대해 가끔씩 불만을 표하기는 해도 말이다. 또 예컨대 미국의 지원을 받는 사우디아라비아나 파키스탄의 무자비한 정권을 비난하는 사람도 그리 흔치 않다. 미국 언론에서는 잘 기억하지 못하는 듯하지만, 쌍둥이 빌딩이 공격받기 28년 전 바로 9월 11일에 미국 정부가 민주적으로 선출된 칠레 정부를 폭력으로 전복시키고 그 자리에 추악한 꼭두각시 독재자를 앉혔으며, 이후 그 독재자가 학살한 사람이 세계무역센터에서 죽은 사람보다 훨씬 많다는 것은 널리 알려진 사실이다. 미국은 인도네시아에서도 오랫동안 독재 정권을 지지했고, 그 독재자는 사담 후세인보다 더 많은 사람을 죽음의 구렁텅이에 몰아넣었다. 성조기를 몸에 두르고 이슬람주의자들의 잔혹행위에 항의하는 사람들은 이런 사실을 결코 잊어서는 안 된다.

이슬람주의자들이 무자비한 테러를 저지르는 것은 무엇보다도 이 같은 제국주의의 역사에 대한 반발 때문이라고 생각할 충분한 근거가 있다. 인도 출신 비평가 아이자즈 아마드가 주장했듯이, 극단적인 이슬람주의자들은 사고방식이 지나치리만큼 엄격해서 서구 세계를 부패와 방탕의 소굴에 불과하다고 생각하며, 서구로 이민했을 경우엔 그 사회 환경이 적대적이라고 느끼면서(종종 실제로 그렇기도 하다) "자신들을 위하여 모두가 공유하는 불변의 과거, 그러나 존재하지는 않았던 과거를 상상해내게" 된다.[23] 이런 착각은 그들뿐 아니라 다른 많은 이민 공동체, 특히 아일랜드계 미국인들에게서도 발견된다. 그렇다 해도 아마드가 이어서 지적하듯이, 알카에다의 전사를 꿈꾸는 사람은 모두가 유럽의 지배나 식민지 점령이라는 길고 부끄러운 역사를 지닌 나라들 출신이다. 아랍 세계에서 이런 반체제적인 사람들은 자기 나라 지배자들이 "국가 자원을 서구 세계에 저당 잡히고, 그 대가로 얻어 가지는 부를 자신과 가족 및 동료들의 호사에 낭비하며, 침략군과 점령군에 대항하기 위해서가 아니라 기껏 저희들끼리 싸우는 데나 쓰느라 군비를 증강하는" 것을 보아왔다. 따라서 믿고 몸을 던질 만한 군대를 찾지 못해 그들 자신의 군사 조직, 즉 비밀스럽고 국가를 섬기지 않으며 행동을 통한 프로파간다에 헌신하는 군대를 결성한다. 아마드는 "그들은 무수한 민간인이 미군과 이스라엘군에 의해 죽어가는 것을 목격했다."라면서 덧붙인다. "그들은 자신이 민간인을 죽이는 행위를 테러라고 생각지 않을 뿐더러, 그것이 자기네 동족이 겪은 일에 비견될 수 있다고 생각지도 않는다. 오히려 스스로를 테러리즘에 대항하는 전사로 간주할 것이다."[24]

아마드의 이 말들이 혹 이슬람주의적 프로파간다는 아닌지 의심이 드는 사람이라면 그가 이들 집단의 폭력을 제정 러시아에 저항한 혁명적 테러리스트들의 폭력과 비교하는 반면, '끔찍하게 가혹하고 불가해한' 탈레반 정권은 캄보디아의 폴 포트와 비교한다는 사실에 주목해야 한다. 아마드는 이런 종류의 논의에서는 보기 드물게 균형을 잃지 않으면서 "탈레반의 통치는 가증스러웠지만 공산주의 이후의 아프가니스탄에서 여자가 지배 엘리트들에게 강간당하지 않고 지배자들이 뇌물을 받지 않았으며, 양귀비가 재배되지 않고 헤로인이 생산되지 않은 유일한 때"였음을 우리에게 상기시킨다.[25] 미국의 군사 지원을 받은 무자헤딘■ 군벌들이 지배하던 이전 시기와는 확연히 달랐다. 탈레반이 대규모 기아와 빈곤의 상황에서 아프가니스탄 전체를 거대한 여성용 감옥으로 만들었다면, 무자헤딘이 지배하던 시기에는 강간과 부패와 동족상잔이 끊이지 않았었다.

아마드의 지적에 따르면, 지난 반세기 동안 정치 활동을 한 이슬람주의자의 대다수가 처음에는 서구에 우호적이었다가 반서구적 입장으로 돌아섰는데, 이는 주로 서구의 침략적인 정책 때문이었다. 민간 정부가 종교의 지배를 받아야 하고 무장봉기는 이 목적을

■ **무자헤딘** 아랍어로 성전(聖戰, 지하드)에서 싸우는 전사들을 뜻한다. 소련의 아프가니스탄 침공(1979년)을 계기로 하여 널리 쓰이기 시작하면서 '이슬람 이념에 따라 투쟁 단체에서 싸우는 의용군'을 가리키는 말로 확립되었다.

성취하기 위한 합법적 수단이라는 시아파 호메이니의 신조는 대체로 선거를 통해 정치적 변화를 꾀하던 이슬람의 전통을 뒤흔든 혁명적인 교리 해석이었다. 그 전에는 무력을 동원하여 이슬람의 지배를 확립하려던 사람은 극소수에 불과했다. 이슬람교는 자살과 함께 시민의 살상도 금한다. 따라서 이런 폭력적인 교리의 탄생은 여러 요인이 복합적으로 작용한 결과라고 아마드는 생각한다. 이란에서는 1953년 CIA의 후원을 받은 쿠데타 세력이 군주제를 부활시키면서 좌파를 포함한 세속의 반제국주의 세력을 탄압했다. 공산주의자와 사회민주주의자의 씨를 말렸고, 잔인한 국가보안기관을 만들었다. 샤 정권이 극단적인 전제를 자행하고 미국과 긴밀하게 결탁하자 점차 급진적인 종교적 저항이 생겨나 결국 1979년 이란혁명으로 귀결되었다. 이란이 세속적인 좌파와 자유민주주의자들을 포용하던 나라에서 강경한 이슬람 국가로 변해간 데는 CIA의 도움이 컸던 셈이다.

세계에서 무슬림 인구가 가장 많은 나라이자 한때 공산당이 제1야당이기도 했던 인도네시아에서는 세속주의와 반식민주의를 표방한 수카르노 정부가 1965년 미국이 후원하는 세력의 쿠데타로 무너졌다. 이어 2차대전 이후 최대 규모의 공산주의자 유혈 숙청에서 50만 명 이상을 학살하면서 수하르토 독재정권이 들어섰다. 미국은 아프가니스탄에서도 자생적 공산주의 세력과 소련군에 맞서는 이슬람 지하드 즉 성전(聖戰)을 육성하고 부추김으로써 무자헤딘의 이슬람주의 군벌 정부에 기초를 놓아주었다. 알제리에서는 이슬람주의 정당이 민주적 선거에서 승리해 집권할 낌새가 보이자 위협을 느낀 기존 정부가 미국과 유럽의 성원 속에 선거를 취소해버렸다. 이런 억압 탓에 이슬람주의 운동 내에서 지하드 조직들의 영향력이 확대됐다. 이집트에서는 미국의 지원을 받은 무바라크 정권이 무슬림형제단이라는 정당을 탄압하고 그 지도자들을 투옥했으며 부정선거를 자행했다. 이스라엘에 예속됐던 팔레스타인 영토에서는 주민들이 선거에서 하마스*를 압도적으로 지지했지만, 이렇게 선출된 합법적 정부를 서구가 경제적으로 옥죄는 바람에 팔레스타인 국민이 심한 고통을 받고 있는 실정이다.

이 모든 사실에도 불구하고 테러는 전혀 정당화될 수 없다는 게 아마드와 나 자신의 견해다. 자살폭탄테러가 결국은 서구 탓이라는 뜻도 아니다. 자살폭탄테러의 책임은 자살폭탄테러범 자신이 져야 한다. 얘기의 초점은 그 같은 범죄 행위가 값지게 생각되는 환경이 조성되는 데 서구 세계가 중요한 역할을 했다는 사실이다. "한쪽에는 반좌파적이며 대부분 독재적인 우익 무슬림 국내 정권이, 다른 쪽에는 서구의 단호한 제국주의-시온주의 정책이 버티고 있는 복합적 상황 때문에 '온건'하고 민주적인 이슬람 세력이 극단적이며 종말론적인 세력에게 밀려나는 객관적 여건이 많은 곳에

■ **하마스**(Hamas) 1987년 이후 이스라엘의 팔레스타인 점령지를 중심으로 반이스라엘 투쟁을 전개해 온 이슬람 근본주의 조직이자 정당이다. 하마스라는 명칭은 '이슬람 저항운동'의 약자다. 근년에는 무장투쟁보다 정치활동에 주력해 2006년의 팔레스타인 자치정부 총선에서 기존 여당인 파타당을 꺾고 압승했다. 현재 가자지구 자치정부를 그들이 장악하고 있다.

서 조성되고 있다."라는 아마드의 주장은 백번 타당하다.26) 서구는 그들이 공산주의로 치부한 나라들, 정확히 말하면 서구의 대기업자본주의에 감히 저항해 경제민족주의를 채택한 나라들에 맞세우기 위해 급진적 이슬람 세력을 이용함으로써 그 세력의 번성을 도왔다. 무슬림 세계에서 공산주의자들을 용인하거나 서구 세계와의 동맹을 거부한 세속 정부(인도네시아의 수카르노, 이집트의 나세르)뿐 아니라 느슨한 경제민족주의를 내세운 세속 정부(이란의 모사데크)까지도 전복되도록 손을 씀으로써 그런 사회에서 세속주의 정치가 들어설 여지를 좁히고 이슬람 이데올로기의 발흥을 조장한 것도 바로 서구였다.

  게다가 이슬람주의가 많은 나라에서 강력한 세력을 구축해가자 서구는 그들을 견제하기 위해 무바라크 같은 독재자들과 사우디의 전제 왕조 따위를 지원함으로써 이슬람주의 세력에게 '반제국주의' 증명서를 갖다 바쳤다. 아프가니스탄에서는 소련의 지배에 저항하는 성전을 배후에서 조종하면서 말이다. 한편 이스라엘은 팔레스타인 점령과 연관해 지속적으로 국제법을 우롱했다. 봉기한 이슬람 전사의 대부분은 지독히 완고한 반유대주의자이고, 자신의 종교에 대해 아주 무지하며, 겁날 정도로 억압적이고 중세적인 사고에서 벗어나지 못해 살인을 하면서도 양심의 가책을 전혀 느끼지 못하는 사람들이다. 그렇다 해도 모든 상황을 고려하면 "이슬람 근본주의자들은 서구의 법이……그들을 정의롭게 대하리라고는 결코 믿지 않는다."라는 아마드의 지적이 조금도 놀랍지 않다.27) 찰스 디킨스의 소설 『올리버 트위스트Oliver Twist』에 나오는 '교묘한 미꾸라지'라는 별명의 소매치기는 중앙형사법원의 피고석에 끌려가자 큰 소리로 "여기는 정의를 다루는 데가 아니잖아."라고 항의한다. 이는 사람들의 눈길을 끌고 싶은 마음과 자기연민이 뒤섞인 행동이긴 하지만, 소설 내용이 보여주듯이 그의 말엔 틀린 데가 없다.

아마드의 주장에 따르면, 1945년부터 1965년까지 인도네시아에서 알제리에 이르기까지 무슬림이 다수를 차지하는 국가의 대부분은 세속적인 좌파 사상에 무척 우호적이었다. 앞에서도 보았듯이 다수의 무슬림 학자가 이슬람이 사회주의와, 심지어 마르크스주의와도 공존할 수 있다고 주장했고, 이슬람 교리에서 사유재산의 근거를 찾을 수 있는지 의문을 제기했다. 1950년대만 해도 이라크에서 가장 큰 정치 조직은 공산당이었다. 그러나 1960년대 중반과 1970년대 말 사이에 인도네시아에 쿠데타가 일어나고 아랍·이스라엘 전쟁에서 아랍 군대가 궤멸되는가 하면 아프가니스탄에서 지하드 세력이 준동하기 시작하면서 이슬람 세계에서 좌익 사상과 세속주의가 심각한 위기에 빠져들었고, 그와 대립 관계에 있던 이란과 사우디아라비아의 근본주의가 점점 더 세력을 확장했다.

한때 아랍 세계를 풍미했던 세속적 민족주의 사상이자 권위주의적 사회주의 사상인 나세르주의는 1967년 중동전쟁에서 이집트가 서구의 지원을 받은 이스라엘에게 패하면서 사실상 막을 내렸다. 패전 이후 발흥한 이슬람주의에서는 이스라엘과의 전쟁에서 아랍

연합군을 승리로 이끌지 못한 책임을 나세르에게 물었다. 이에 따라 아랍 세계의 정치적 중심축이 신망을 잃은 나세르주의로부터 친서방적이며 군주제를 유지한 사우디아라비아의 와하브파▪ 근본주의자들에게로 옮겨 갔다. 세속 정치로는 이룰 수 없어 보이는 목표를 극도로 종교적인 정치가 대신 해낼 셈이었다.

 이처럼 서구는 훗날 자신들에게 가해질 공격의 환경을 조성하는 데 스스로 일조했다. 1971년 이스라엘이 요르단에서 학살을 자행하자 팔레스타인인들 사이에서 이슬람주의 이데올로기는 더욱더 힘을 얻었다. 1992년 미국의 후견 아래 아프가니스탄에 이슬람주의 정부가 들어서려 할 즈음엔 급진적 이슬람의 부활이 본궤도에 올라 있었다. 이제 세계는 맹렬한 유형의 종교적 근본주의를 목격하게 되었다. 사우디아라비아의 경우처럼 서구의 제국주의 국가들과 화해하고 그들의 보호를 받는 근본주의든, 반제국주의 투쟁을 지속하는 가운데 내부적으로는 신정정치를 지향하면서 억압적이고 외국인을 혐오하며 무자비하게 가부장적인 체제를 구축하는 근본주의든 간에 말이다. 마틴 에이미스를 비롯해 서구 세계의 많은 비평가들은 후자의 호전적 태도에서 사이코패스의 행동밖에는 보지 못하며, 아마드의 말처럼 "온갖 종류의 암적인 요소들이 자

▪ **와하브파** 이슬람의 청교도적 운동이라 할 유파. 와하브파에 속한 사람은 '와하비'라고 부른다. 와하브주의는 18세기에 신학자인 무하마드 이븐 압드 알 와하브가 창시했으며 사우드 가문이 이것을 받아들였다. 그들은 묘소 참배나 성자 숭배 따위 다신교를 암시하는 모든 행위를 거부하고 어떤 개혁도 비난하면서 코란과 하디스(마호메트에 관한 전승)에 담겨 있는 이슬람의 근본적 가르침으로 돌아갈 것을 주장한다.

라나게 한 악성 맥락들"에 대해서는 한심하리만큼 모르거나 애써 모르려 한다. 아마드는 "속세의 불의에 대항하기 위해 신의 정의에 끊임없이 호소해야 할 필요가 없을 만큼 세속 세계가 정의로워야 한다."라고 말한다.28) 종교에 기대는 테러의 해결책은 세속의 정의라는 뜻이다.

그렇다고 서구의 제국주의가 사라지면 광신적인 이슬람주의자도 사라지리라는 뜻은 아니다. 광신적인 기독교 복음주의자들처럼 광신적 이슬람주의자도 언제나 존재하게 마련이다. 그보다는, '가자 지구'■로 알려진 거대한 집단수용소가 없었다면 쌍둥이 빌딩이 여전히 우뚝 서 있을 가능성이 전혀 없지는 않다는 얘기다. 이슬람 급진주의에 이 정도의 합리성을 부여하는 일에조차 분개하면서 그것을 단지 정신병적 현상으로만 간주하려 드는 사람들에게는 몇 해 전까지 아일랜드 공화군■을 감시했던 영국 정보국원들과 이야기를 나눠보라고 권하고 싶다. 전문적 테러방지 요원인 이들은 테러리스트에 대해 매우 잘 알기 때문에 그들을 괴물이나 광분

■ **가자 지구** 이집트와 이스라엘 사이 지중해를 끼고 있는 면적 360여 ㎢, 인구 150만 내외의 지역. 팔레스타인 자치정부의 통치 구역이자 요르단강 서안과 함께 팔레스타인 독립국가의 잠재적 영토로 상정된다. 하마스가 2006년 자유선거에서 승리, 가자 지구 정부를 합법적으로 장악하자, 이스라엘과 미국, 유럽연합이 경제제재를 단행하여 어려움을 겪고 있으며, 파타당이 장악한 요르단강 서안과 정치적 분열 조짐도 보이고 있다.

■ **아일랜드 공화군**(IRA, Irish Republican Army) 영국의 지배를 받는 북아일랜드의 가톨릭계 정치·군사 조직으로 남북 아일랜드의 통일을 주장하며 항영 투쟁을 했다. 특히 프로보스(Provos, 임시파)라는 분파는 1970년대에 영국 본토에서도 폭탄테러 등의 극한투쟁을 벌였다.

하는 야수로 해석하는 통속 언론의 멍청하고 이성 잃은 보도들을 우습게 생각한다. 그들은 IRA의 행동이 간혹 아주 잔인하기는 했지만 적어도 좁은 의미에서는 합리적이며, 그런 사실을 인정하지 않고서는 IRA를 이기기가 어렵다는 점을 알고 있었다. CIA도 납치와 고문과 살인을 숱하게 저지르고, 암살단을 지원하며 민주주의를 농락해 왔다는 점에서 테러조직이라 하기에 충분하지만, 그렇다고 CIA 요원이 비합리적인 사람들은 아니다. 전혀 그렇지 않다. 우리가 적을 정신병자로 몰아세우는 까닭은 우리 자신에겐 죄가 없다고 믿고 싶기 때문이다. 우리가 종교적 믿음을 이성의 정반대편에 놓는 한 이 같은 실수를 되풀이하게 될 것이다. 이제부터 믿음과 이성의 관계를 살펴보기로 하자.

… ③

믿음과 이성

　프로이트주의자와 정치적 급진주의자들뿐 아니라 자신을 둘 중 어느 쪽으로도 생각지 않는 많은 사람들 역시 알고 있듯이, 이성이 없다면 우리는 끝장이 나버릴 테지만 그렇다고 이성이 우리에게 가장 근본적인 요소는 아니다. 리처드 도킨스는 종교적 믿음에서 이성이라곤 전혀 찾아볼 수 없다고 무모하게 호언장담하는데, 중학교에서 나에게 모질게 굴었던 멍청하고 권위주의적인 성직자들조차 그렇지는 않았다. 이성이 없다면 우리는 시체와 다름없겠으나, 이성이 우리 존재의 궁극적인 토대는 아니며, 우리의 전 존재를 뒤덮는 것도 아니다. 심지어 리처드 도킨스도 이성보다는 믿음으로 살아가는 부분이 많다. 냉정한 관찰자 중에는 세속적 합리성을 위한 도킨스의 격렬한 캠페인에서 강박적인 비합리주의의 기미를 감지한 사람까지 있다. 반종교적 광기를 내뿜는 도킨스 앞에서는 종교재판소장이 무기력한 자유주의자로 보일 지경이다.

실제로 도킨스가 품고 있는 '믿음에 대한 믿음'은 마오쩌둥(毛澤東)류의 절대적인 것인 듯하다. 구제 불가능할 정도의 관념론적 사고, 예컨대 급진적 이슬람의 근본 동력이 물질적인 조건이나 정치적 불의가 아니라 종교적 이데올로기라는 식의 이해가 바로 그것이다. 그러나 시카고 대학교의 로버트 페이프 교수가 1980년 이후 발생한 모든 자살폭탄테러를 면밀히 연구한 결과를 보면 종교적 이데올로기가 근본 동력이라는 가정에 상당한 의문이 제기된다.[1] 이처럼 종교의 역할을 부풀린다는 점에서 도킨스는 이슬람 급진주의자들과 별로 다를 바 없다. 종교의 힘에 대한 그의 믿음은 교황에게도 뒤지지 않을 만큼 굳건하다.

이성이 우리의 궁극적 토대는 아니라고 주장하면서도 비합리주의에 굴복하지 않기는 프로이트주의자나 신학자뿐 아니라 정치적 급진주의자에게도 쉽지 않다. 이성은 그 자체보다 더 깊고 끈질기며 덜 허약한 내적 에너지와 자원에 기댈 수 있을 때에만 주도적 힘을 발휘하게 된다. 한데 안타깝게도 자유주의적 합리주의는 이러한 진실을 거의 간과해버린다. 여기서 우리는 믿음과 이성이라는 문제를 만나게 되는데, 이는 결코 신학적인 주제에 그치지 않는다. 신학에 대한 디치킨스의 몰이해를 가장 극명하게 드러내는 것은 그들이 하느님을 믿는 일에 대한 '예티적 해석'에 동의하는 듯하다는 사실이다. 내가 '예티적'이라고 부르는 해석에서는 하느님의 실재에 관해 지금까지 우리에게 알려진 증거가 일고의 가치도 없다고 하기는 어렵지만 히말라야의 예티■나 스코틀랜드 네스 호수의 괴물, 혹은 사라진 섬 아틀란티스에 관한 증거들이 그렇듯이 지극히 모호하다고 본다. 우리는 하느님의 존재를 시간증(屍姦症)이나 마이클 잭슨의 존재를 증명하듯이 직접적인 방식으로 증명할 수가 없기 때문에 믿음이라고 알려진 덜 확실한 것에 만족할 수밖에 없다는 얘기다.

이런 견해가 기독교 신앙을 얼마나 우스꽝스럽게 곡해한 건지는 신학교 신입생에게도 굳이 설명해줄 필요가 없지 않을까. 디치킨스는 신학에 대해 무척이나 엄숙하게 우쭐대면서 권위적으로 말하지만, 극히 기초적인 문제에서도 갈피를 잡지 못한다. 우선 하느님은 인식이 가능한 대상조차 아니라는 점에서 UFO나 예티와는 다르다. 이런 의미에서 하느님은 예티보다 이의 요정에 더 가깝다. 다음, 기본적으로 종교적 믿음은 초월적인 존재가 실재한다는 주장에 동의하느냐 않느냐의 문제가 아니다. 대부분의 무신론과 불가지론은 바로 여기에서 길을 잘못 든다. 하느님은 세상 속의 실체로서 존재하는 게 아니다. 적어도 이 점에 대해서는 무신론자와 신자 간에 합의가 가능하다. 게다가 믿음이란 대체로 진위에 입각한

■ **예티**(Yeti) 히말라야 산맥의 설선(雪線) 부근에 살며 인간과 비슷하게 생겼다고 얘기되는 전설적인 동물. '설인(雪人)'이라고도 한다. 눈 속에서 발견된 어떤 불가사의한 흔적들이 설인의 것이라고 주장된다.

명제의 성격보다는 발화(發話)와 동시에 그 말이 나타내는 행위가 이루어지는 수행적(遂行的) 성격을 띤다. 기독교인은 물론 하느님이 있다고 믿는다. 그러나 "하느님 아버지를 저는 믿나이다."라는 신앙고백이 뜻하는 바는 그런 게 아니다. 그 말은 유형으로 볼 때 "나는 악귀 중에도 동성애자가 있다고 확신한다."라는 진술보다 "나는 당신을 신뢰한다."라는 발화와 더 비슷하다. 하느님에 대한 아브라함의 믿음도 이런 유형이었으므로, 하느님이 존재하지 않는다는 명제 자체가 꿈에도 떠오르지 않았을 것이다. 이에 반해 악마는 하느님이 있음을 인정한다고 예부터 알려졌지만, 하느님을 믿지는 않는다.

예티론자들은 다른 잘못도 범하고 있다. 기독교에서 믿음은 타당성 여부나 지적 추론 혹은 어림짐작의 문제가 아니라 확실성의 문제로 여겨져왔다. 그렇다고 믿음이 앎 즉 지식보다 못한 것으로 여겨지지 않는다는 뜻은 아니다. 하지만 논란의 여지가 없는 지식 외에는 확실한 게 없다고 생각하는 사람은 골수 합리주의자들뿐이다. 그런 지식이 과연 존재할지도 의문이다. 「히브리서」의 저자▪가 말하듯이, 믿음은 '바라는 것들의 실상이요 보지 못하는 것들의 증거'다. 기독교에서 소망이라는 미덕은 일종의 확실성을 수반한다. 즉, 그저 잘 되기를 비는 일의 문제가 아니라 보증받은 기대

▪ **「히브리서」의 저자** 대부분 바울이라고 인정하지만 이견도 있다. 「히브리서」를 가톨릭에서는 「히브리인들에게 보낸 편지」라고 부른다. 위 구절의 '실상'을 '실체'로 번역한 성경도 있다.

의 문제다. 그러니 과학과 종교가 무엇으로 구분되든 간에 적어도 신학자들에게 확실성은 그 기준의 하나일 수 없다. 물론 종교적 믿음에 특유한 확실성은 "그것이 방금 붉은색으로 변했다."나 "생쥐가 명백히 취한 상태이므로 이번 실험은 포기한다." 따위 과학적 관찰 보고의 확실성과는 종류가 다르지만, 그렇게 따진다면 "나는 너를 사랑해."나 "자유민주주의가 노예제도보다 월등히 낫다." 혹은 "오만한 에마 우드하우스는 마침내 합당한 벌을 받았다." 같은 진술의 확실성도 과학적 관찰 보고와는 다르다.

 지식과 믿음의 관계는 무척 복잡하다. 예컨대 어떤 믿음은 합리적이지만 진실이 아닐 수 있다. 우리 조상들이 이러저러한 신조들을, 비록 나중에는 잘못된 것으로 밝혀졌지만 당시의 가정들과 지식 아래서는 옳다고 생각하면서 받아들인 것은 합리적이었다. 태양이 지구 주위를 회전한다고 그들이 생각한 이유는 마치 그러는 듯 보이기 때문이다(이 말에 대해 비트겐슈타인이 장난스럽게 "그럼〔반대로〕만약 지구가 자전축을 중심으로 회전하는 것처럼 보였다면 과연 어떻게 보였으리라는 얘기지?"라고 반문하긴 했지만). 한편, 세상에 대한 주장들은 진실이면서도 어떤 의미에서는 합리적이 아닐 수 있다. 핵물리학자들이 말해주는 것 가운데 많은 부분이 진실임에 틀림없지만 새뮤얼 존슨이나 버트런드 러셀 같은 앞 시대 사람들에게는 합리적으로 보이지 않았을 테고, 우리 역시 그런 이론 앞에서는 사물의 이치에 대한 감각이 한계점에까지 밀어붙여진다. 하나의 핵입자가 두 개의 다른 구멍을 동시에 통과할 수 있다는 말을 들을 때 우리가 어떻게 '합리적'이란 단어를 떠올릴 수 있겠는가.

여기서 유의해야 할 것은 우리가 알지 못하면서 믿을 수 있듯이 알면서 믿지 않을 수도 있다는 사실이다. 하느님이 자기가 특별히 사랑하는 미국을 제외한 거의 모든 곳에서 무신론이 번창하는 데 화가 나서 내일이라도 하늘에다 가로세로가 몇 km나 되는 거대한 글자로 "이 멍청이들아, 내가 바로 여기 있다!"라는 말을 새긴다 해도 믿음을 둘러싼 문제에 별다른 영향을 미치리라고 확신할 수 없다. 오히려 아서 C. 클라크의 소설에서 외계인들이 모두의 눈앞에 나타나지만 세상에 아무런 변화도 못 일으키고 결국은 사람들에게 거의 무시당한 것과 비슷한 상황이 빚어질지 모른다. 그처럼 극적으로 자기를 드러내는 일이 우리에게 지식 한 점을 보태는 데 그치지 않고 믿음에까지 영향을 주려면, 우리의 말과 행동을 근본적으로 변화시킬 수 있어야 한다. 그 같은 드러냄, 즉 표징을 보면 정말 근본적인 변화가 일어날지에 대해 신약성경의 예수는 화를 내면서 의심을 드러냈다. 십자가에서 처형당한 육신보다 논리적 법칙이나 명제를 요구하는 사람들이라면 우리의 관심에 값하는 종류의 믿음을 지닐 가능성이 거의 없다.

상상해보건대, 하느님이 갑자기 소설가 토머스 하디의 외양간 위에 모습을 드러냈다 하더라도 하디는 그다지 감격하지 않았을 듯하다. 충실한 진화론자인 하디는 하느님을 순수하게 인간적인 모든 관점들이 수렴되는 가공의 지점으로 보았으며, 그 자리에 어떤 초월적 존재가 있을 가능성을 원칙적으로 인정한다 해도 본디 불완전하고 관점에 얽매인 인간의 삶에 그런 존재가 실질적으로 무슨 의미가 있겠느냐고 생각했기 때문이다. 곁들여 말하면, 이것은 하느님이라는 개념을 부정하는 데 진화의 개념을 원용하는 방식에서 도킨스의 어떤 주장보다도 훨씬 창의적이다. 하디의 생각에는 하느님이 정말 존재하더라도 우리에게 특별히 흥미로운 말을 해줄 게 없다. 그는 어느 시에서 하느님이 실제로 세상을 창조하긴 했지만 세상에 관심을 끊은 지 이미 오래라고 했다. 비트겐슈타인의 어구를 약간 바꾸어 말한다면, 하느님이 말을 할 수 있다 해도 우리는 그의 말에 신경 쓰지 않을 터이다.■

슬라보예 지젝은 저서 『잃어버린 대의를 옹호하며 *In Defence of Lost Causes*』에서 근본주의는 믿음과 지식을 제대로 구분하지 못한다고 말했다. 근본주의자는 자신이 사랑받는다는 것을 믿지 못해서 분명한 증거를 내놓으라고 어린애처럼 보채는 신경증 환자와 같다. 그러니 근본주의자는 실상 '믿는 사람'이 전혀 아니다. 그들에겐 믿음이 없다. 결국 근본주의자는 다른 모습의 회의주의자일

■ **하느님이 말을 할 수 있다 해도 우리는 그의 말에 신경 쓰지 않을 터이다.** 이 변형된 인용의 원문은 비트겐슈타인의 『철학적 탐구』에 나오는 "사자가 말할 수 있다 하더라도, 우리는 그를 이해할 수 없을 것이다."라는 구절이다. 의미가 모호하며 일견 역설적인 이 구절을 두고 여러 해석이 나왔지만, 이글턴은 다음과 같은 표준적 해석을 염두에 두고 이를 원용한 것 같다. 즉, 비트겐슈타인은 우리가 사용하는 말들이 문화적, 사회적인 삶의 형태와 맥락 속에서 정의되며, 따라서 언어의 작용을 이해하려면 그것이 특정한 사회적 상황들에서 어떻게 기능하는지를 알아야 한다고 했다. 그러니 사자가 설사 우리가 늘 쓰는 단어와 구문을 사용해 말한다 해도 우리와 사자의 사회문화적 배경과 맥락이 다르면 이해할 수가 없다는 얘기다.

뿐이다. 극단적으로 불확실한 세계에서 하느님이 직접 선포한 명백하고 확실한 진리만을 신뢰할 수 있다고 생각한다. 지젝은 "〔종교적 근본주의자들은〕 종교적 진술과 과학적 진술을 같은 유의 실증적 지식으로 받아들인다.……일부 근본주의 종파가 자기네 이름에까지 '과학'이란 말을 넣었다는 점(크리스천 사이언스 Christian Science, 사이언톨로지Scientology 등)은 불쾌한 웃음거리에 그치지 않고 믿음이 이처럼 실증적 지식의 문제로 전락했음을 보여준다."라고 말했다.[2)]

디치킨스의 생각도 이와 다를 바 없다. 그들에게도 종교적 진술은 과학적 진술과 같은 유형의 것이며, 차이라면 종교적 진술은 무가치하고 무의미하다는 점뿐이다. 기독교 신앙은 합리적이지만 증명될 수는 없다는 정통적 견해의 신학자 허버트 매케이브는, 완벽한 증거를 요구하는 일은 반동적 성격을 띠게 될 수도 있다고 지적한다. "낭만적인 신화랄까, 증거가 100퍼센트 확실치 않으므로 마음을 정할 수 없다고 하는 사람들에게 일종의 도덕적 우월성을 부여하는 경향이 있다. 유대인들이 독일에서 정말로 박해를 받았고, 아파르트헤이트가 소름끼치게 부당했으며, 지금도 기톨릭 신자들이 학대받는 곳이 있고 죄수들이 고문당하는 곳이 있다는 것 등을 절대적으로 '확신할' 수는 없다고 우기는 사람들을 우리는 주변에서 숱하게 보았다."라고 그는 말한다.[3)] 게다가 과학적 합리주의자들은 과연 무엇을 확실한 것으로 쳐야 하는지, 우리가 삶의 지침으로 삼는 다양한 확실성에는 어떤 종류들이 있는지 따위의 까다로운 문제들에 너무 등한한 듯하다.

누구도 무의식을 본 적이 없다. 그러나 많은 사람이 무의식의 존재를 믿는다. 그들의 세상살이 경험을 훌륭하게 설명해주기 때문이다. (디치킨스가 이에 포함될 것 같지는 않다. 영국인들은 무의식보다는 상식이 우세한 편이니까.) 게다가 우리가 믿는 것 대다수는 직접 경험으로 아는 게 아니다. 그 대신 우리는 전문가들의 지식을 신뢰한다. 또한 완전히 정의로운 사회처럼 존재하지 않는 무엇을 믿는 사람도 많다. 요컨대 믿음과 지식에 관련된 문제는 합리주의자들이 생각하는 것보다 훨씬 복잡하다.

그렇다고 종교적 주장은 그것을 뒷받침할 증거가 필요치 않다거나 '시적(詩的)' 혹은 주관적인 진실만을 표현한다는 뜻은 아니다. 도킨스는 그렇게 의심하는 모양이지만 말이다. 예수의 육신이 팔레스타인의 흙과 뒤섞여 사라진다면 기독교 신앙은 헛된 것이 된다.■ 여기서 믿음과 지식의 관계를 명확히 하기 위해 유비(類比)를 하나 해보자. 만약 내가 당신과 사랑에 빠졌다면 내가 당신의 어떤 면을 그처럼 사랑스럽게 생각하는지 설명할 수 있어야 한다. 그러지 못할 경우 '사랑'이란 단어는 그저 끙 하는 소리하고 다를 바가 없다. 내가 애정을 품게 된 이유를 제시해야 한다는 얘기다.

■ **예수의 육신이 팔레스타인의 흙과 뒤섞여 사라진다면 기독교 신앙은 헛된 것이 된다.** '흙' 혹은 '땅'은 성경에서 죽음을 말할 때 자주 쓰는 단어다. 이 문장은 예수의 죽음이 부활로 이어지지 않았다면 오늘과 같은 기독교는 없었으리라는 의미를 담고 있다. 몇 쪽 뒤에 나오는 "기독교인들에게 부활은 비유에 그치는 게 아니라 매우 현실적인 사건이다."라는 구절과도 연관된다. 어느 평자는 이런 말들이 '역사적 예수'에 관한 이글턴의 관심을 보여준다고 해석하기도 했다.

그러나 다른 사람이 내가 말한 이유를 전폭적으로 수긍하면서도 그 자신은 당신을 전혀 사랑하지 않을 수 있다는 점 또한 나는 인정해야 한다. 증거만으로 결판낼 수 있는 문제가 아니라는 얘기다. 논의의 어느 지점에서 증거를 해석하는 특정한 방법이—이는 각자가 증거를 다루는 특유의 방식과 연관된다—드러나게 마련인데, 이 어느 것도 사실 그 자체로 환원될 수 없다. 즉, 사실의 설명에서 불가피하게 도출되는 게 아니다. 예컨대 어떤 동물을 토끼가 아니라 오리로 보고, 음핵 절제를 매혹적인 민속이 아니라 잔혹한 범죄로 보는 관점을 사물의 외양에서 곧바로 읽어낼 수는 없다. (한마디 덧붙이자면, '이성이 우리를 이끌어 주는 데는 한계가 있으며 그 너머에선 어둠 속으로의 실존적인 도약이 필수적'이라는 수상쩍은 생각을 여기서 말하는 바와 혼동하지 않도록 유념해야 한다.) 가령 당신이 독일문학 연구자여서 릴케의 시 「오르페우스에게 바치는 소네트」에 대해 모든 걸 알았다고 해서 그 작품이 반드시 당신에게 감흥을 주리라고 단정할 수는 없다.

도킨스 같은 과학자에게 이런 점들은 낯설지 않을 것이다. 나는 과학자들이 중요한 의미에서 믿는 자인 동시에 미학자라고 생각한다. 모든 커뮤니케이션에는 믿음이 필요하다. 실제로 어떤 언어학자들은 언어행위에서 상호 이해를 방해할 수 있는 장애물이 워낙 많고 다양하기 때문에 소통이 가능하다는 사실 자체가 작은 기적이라고 주장한다. 그리고 이성은 본질상 대화적(dialogic)이니만큼 이성 또한 커뮤니케이션의 문제이며, 따라서 일종의 믿음이 개입

되게 마련이다. 증거를 수집한 사람들에 대한 어느 정도의 신뢰가 없고, 믿을 만한 증거를 판별할 기준도 없으며, 해당 주제를 잘 아는 사람들과의 논쟁을 거치지 않은 상태에서 증거라는 걸 휘두르는 일은 아무런 소용이 없다.

좌파 무신론자 알랭 바디우는 프랑스에선 현존하는 가장 걸출한 철학자라 할 수 있지만 예상할 수 있듯이 영국 학계에는 거의 알려지지 않았는데, 믿음의 문제에 대한 그의 이해는 자유주의적 합리주의를 표방하는 앵글로·색슨 철학자들보다 훨씬 깊다. 바디우에 따르면 믿음의 행위에 관련된 진리는 명제적 진리와 전혀 무관하지도 않으며, 그렇다고 명제적 진리로 환원될 수 있는 것도 아니다.[4] 바디우에게 믿음이란 그가 '사건(event)'■이라고 부르는 것—역사의 평탄한 흐름에서 훌쩍 벗어나 발생했기에 기존의 맥락에서는 이름 붙일 수도 없고 의미를 파악할 수도 없는 지극히 독창적인 일—에 대한 끈질긴 충실성에 있다. 진리는 세상의 결을 거슬러 옛 체제와 단절하고 완전히 새로운 현실의 토대를 놓는 것이다. 이처럼 중대한 '진리적 사건(truth event)'은 예수의 부활(바디

■ **사건** 바디우의 주요 개념 중 하나로, 저서 『윤리학』에 나오는 설명을 빌리면 "이미 주어진 것 속의 그 일상적 기입으로는 환원될 수 없는 무엇", 즉 기존의 일상을 넘어선 "잉여적 부가물"이며 "우리로 하여금 새로운 존재 방식을 결정하도록 강요"하는 것이다. 여기서 거론된 프랑스 혁명과 입체파의 등장 등 역사적·문화적으로 중요한 일들 외에 누구나 개인적으로 경험할 수 있는 '사랑의 열정'도 이런 의미의 사건에 포함된다. 한편, '사건 즉 잉여적 부가물'의 관점에서 사고하고 그것에 관여하려는 결정을 바디우는 '충실성'이라 부른다. 충실성은 새로운 존재 방식과 행동 방식을 만들어내도록 재촉한다(『윤리학』, 동문선, 2001 참조).

우 자신은 이를 전혀 믿지 않지만)에서 프랑스 혁명, 입체파의 등장, 칸토어의 집합이론, 쇤베르크의 무조음악(無調音樂) 작곡, 중국의 문화대혁명, 1968년의 투쟁에 이르기까지 다양한 형태와 규모로 찾아왔다.

  바디우의 주장에 따르면 인간은 깨우침을 주는 그 같은 사건에 혼신을 바쳐 충실함으로써 생물학적 종의 이름 없는 구성원에서 진정한 주체로 변신한다. 주체의 단호한 행동이 없으면 진리적 사건도 없지만(진리적 사건이 실제로 일어났음은 주체만이 확언할 수 있다), 진리적 사건이 단지 주관적인 것은 아니다. 그러나 이런 깨우침에 충실함으로써 다시 태어나지 않고서는 누구도 주체가 될 수 없다. 진리와 주체는 한꺼번에 구성된다. 주체의 탄생을 유발하는 것은 예외적이며 아주 특정한 진리다. 그것은 헌신의 행동을 불러일으키고 그 행동을 통해 주체가 태어난다고 바디우는 생각한다. 여기서 믿음과 진실을 동시에 뜻하는 'troth'■라는 영어 단어를 떠올리게 된다. 진리는 또한 연대(連帶)의 문제이기도 한데, 이는 진리가 일반적으로 교회와 같은 믿음의 공동체를 탄생시키기 때문이다. 이러한 헌신으로 진리의 새로운 체계가 열리며, 이 새로운 진리에 대한 충실성을 바디우는 '윤리적인 것'이라고 부른다. 신의 은총처럼 진리적 사건은 누구에게나 주어지는 초대장이다. 그 진리 앞에서는 우리 모두가 평등하다.

■ **troth** 현대에는 거의 안 쓰이는 고어다. 약혼을 뜻하는 'betroth/betrothal/betrothed' 등이 이 말에서 파생됐다.

바디우의 판단에 그런 진리적 사건들은 충분히 현실적이다. 흔히 현실이라고 여겨지는 하찮은 착각들보다 훨씬 그렇다. 하지만 진리적 사건들은 그것의 발생 기반이 된 정황에 '어울리지' 않는다는 점에서는 현실적이라 할 수 없기 때문에 기존의 맥락을 구성하는 다른 요소들과 나란히 고려될 수 없다. 기독교인들에게 부활은 비유에 그치는 게 아니라 매우 현실적인 사건이다. 그러나 우리가 코닥 사진기를 갖고 예수의 무덤 주위에 잠복해 있었더라면 부활 장면을 사진에 담을 수 있었으리라는 뜻으로 현실적인 것은 아니다. '의미'와 '가치'도 분명히 실재하지만 그것들을 사진에 담을 수는 없지 않는가. 의미와 가치의 현실성은 시(詩)의 현실성과 같은 유의 것이다. 물리학에서 거론하는 우주의 특이점■이나 수학의 개념 중 순전히 자기 자신만의 원소인 집합들처럼, 바디우가 말하는 '사건'은 우리의 일상적 기준에서는 불가능한 무엇으로 보일 수밖에 없다. 디치킨스류의 사람들은 바디우의 이런 생각들을 프랑스 이론 특유의 난해한 횡설수설로 여기겠지만, 바디우는 스스로를 과학과 평등과 보편성 등 모든 자원을 동원하여 이른바 '파렴치한 미신'과 분투하는 계몽주의 사상가로 간주한다.

나는 다른 곳에서 바디우의 사상을 비판한 적이 있다.[5] '사건'에 관한 그의 이론에는 심각할 정도로 문제가 많다. 하지만 바디우

■ **특이점**(singularity) 일반적으로 '어떤 기준을 상정했을 때 그 기준이 적용되지 않는 점'을 이르는 용어이며, 물리학과 수학 등에서 여러 의미로 사용된다. 예컨대 우주물리학에서는 빅뱅이나 블랙홀과 관련해 '중력의 세기와 밀도가 무한대가 되는 하나의 점'을 특이점이라 한다.

는 가장 긴요한 점, 즉 믿음이란 세상사에 대한 설명이기에 앞서 충실한 헌신의 약속이라는 점을 정확히 파악하고 있다. 물론 믿음 역시 도덕적 규범처럼 세상 돌아가는 모습에 대한 설명을 포함한다는 사실은 두말할 나위가 없다. 사유재산이 철폐된다면 도둑질을 금하는 법령을 발표할 이유가 없으며, 북극에는 이민금지법이 필요치 않다. 그러나 믿음을 단지 '증명될 수 없는 어떤 명제들을 받아들이는 일'로 축소할 수는 없다. 예를 들어, 사람들을 움직여 인종차별이 없는 사회의 가능성을 믿게 만드는 것은 일련의 명제들이 아니라 일련의 헌신이다. 그들이 피부색 때문에 일자리를 얻지 못한다는 사실을 깨닫고 마음이 움직여 행동에 나서려면 그에 앞서 이미 정의라는 개념과 정의의 실현 가능성에 어느 정도 헌신하고 있어야 한다. 사실에 대한 인식만으로는 정의 실현을 위한 행동을 유발하기에 충분치 않다.

    키르케고르는 『죽음에 이르는 병』에서 "결국, 믿는 사람은 사랑에 빠진 사람이다."라고 했다. 이는 종교적 신앙을 지닌 사람에게만 해당되는 말이 아니다. 성 안셀무스는 이성 자체가 하느님에 근원을 두고 있으므로 우리는 믿음을 통해서만 완전히 이성적인 존재가 될 수 있다고 했다. "나는 이해하기 위해서 믿는다."라는 안셀무스의 유명한 주장에도 그런 의미가 포함돼 있는데, 이 말은 사회주의나 페미니즘을 믿는 사람들에게도 맥락을 달리해 적용할 수 있다. 예컨대 당신이 여성해방운동에 뜨거운 관심을 가질 때 가부장제의 작동 방식에 대해 더 깊이 알게 된다. 관심이 없다면 거들

떠나 보겠는가. 모든 이성적 추론은 어떤 믿음과 끌림, 기질과 성향, 관심, 기존의 헌신 등의 범위 안에서 이루어진다. 파스칼이 설파했듯이, 성자들은 우리가 사물에 대해 알 수 있으려면 먼저 그것들을 사랑해야 한다고 가르친다. 대상에 관심이 끌려야만 그걸 완전히 알게 되기 때문일 것이다.[6] 아우구스티누스와 아퀴나스에게도 사랑은 진리의 전제조건이다. 우리가 진리를 구하는 이유는 우리의 육신에 본디부터 진리에 대한 욕구가 깊이 새겨져 있기 때문이며, 이 욕구는 하느님을 향한 갈망의 표현이다. 아퀴나스는 우주에 관한 추론을 통해 하느님의 존재를 증명하지만, 그 유명한 증명들은 하느님에 대한 믿음을 당연한 일로 전제한다. 증명의 목적은 가령 지금까지 알려지지 않았던 행성의 존재를 입증하는 식으로 하느님의 존재를 증명하는 데 있지 않고, 믿는 사람들에게 그들의 신앙이 자연계의 관점에서도 타당하다는 걸 보여주는 데 있다.

따라서 기독교 정통 교리에서 믿음은 진정한 지식을 가능케 해주는 것이며, 이 점은 일상의 삶에도 어느 정도 적용된다. 또한 혁명이론은 대중의 혁명운동을 통해서만 완성될 수 있다는 블라디미르 레닌의 주장과도 맥이 통하는 바가 있다. 지식은 적극적인 참여를 통해서 얻어지고, 적극적 참여를 위해서는 믿음이 있어야 한다. 믿음이 행동을 유발하는 것은 분명하다. 그러나 행동을 거치면서 믿음의 내용이 분명히 규정되기도 한다. 나아가, 우리는 흔히 사람에 대해서보다는 사물에 대하여 아는 걸 지식이라고 생각하기 때문에 믿음과 지식이 서로 얽히는 또 다른 방식에는 눈길이 가지 않기 쉽다. 누군가를 믿을 때에만 우리는 위험을 감수하면서 그에게 자신을 완전히 드러낼 수 있으며, 그 결과로 우리 자신에 대해 진정으로 알게 된다는 점 말이다. 여기서 이해 가능성은 도덕적 개념인 가용성(可用性)과 밀접한 관계가 있다. 이는 지식과 미덕이 함께 가는 여러 경우 중 하나다. 셰익스피어의 「자에는 자로」의 3막 2장에서 공작이 남을 중상하는 루치오에게 말한 바와 같이, "사랑하고 있다면 더 잘 알 것이고, 잘 안다면 더 깊게 사랑할 것이다."

 결국은 오직 사랑을 통해서만(믿음도 사랑의 한 형태다) 낭만이라는 불안정한 매력과 욕망이라는 어수선한 환상을 떨쳐내고 상황을 있는 그대로 파악하는 거의 불가능한 목표를 성취할 수 있다. 이런 유의 냉철하고 객관적인 현실주의에는 온갖 종류의 미덕이 필요하다. 오류를 감수하는 자세, 사심 없는 마음, 겸손함, 너그러운 정신, 근면과 끈기, 협동 정신과 양심적인 판단 따위 말이다. 아퀴나스는 모든 미덕이 사랑에서 나온다고 믿었다. 사랑은 미몽에서 깨어난 냉철한 현실주의의 궁극적인 형태이며, 그렇기에 사랑과 진실은 쌍둥이다. 둘 다 유쾌하지 않은 경우가 많다는 점에서도 사랑과 진실은 일치한다. 급진주의자들은 권력자들이 우리에게 선전하는 것보다 진실이 훨씬 고약하리라고 의심한다. 또 신약성경에서 말하는 사랑이 우리를 어떤 지경에 빠뜨릴 수 있는지는 이미 앞에서 보았다. 어떤 의미에서 냉정함은 지식의 죽음을 뜻할 수도 있다. 욕망이나 끌림 같은 게 없으면 알고자 하는 노력 자체를 하지 않게 된다. 그러나 진정으로 뭔가를 알기 위해서는 욕망의 덫과 계략들을 이겨내려고 애써야 한다. 우리가 알아내려고 힘쓰는 것을 환상 때문에 왜곡하거나, 지식의 대상을 우리 자신의 나르키소스적 이미지로 환원시키지 않도록 경계심을 늦추지 말아야 한다.

  오늘날 사회주의에 대한 믿음을, 성모 마리아가 영혼과 육신을 모두 지닌 채 승천했다는 별스러운 믿음보다 더 상식에서 벗어난 것으로 여기는 사람들이 적잖다. 그런데도 왜 어떤 이들은 많은 사람이 이성적이며 확실하다고 여기는 증거들에 맞서 아직도 이런 정치적 신념에 집착하는 걸까? 내가 생각하기에 그 이유는 사회주의가 워낙 훌륭한 사상이어서 사회주의 스스로의 자기파괴적 노력에도 불구하고 사람들이 그것을 버리게 만들기기 지극히 어렵기 때문만은 아니다. 주위 어디를 둘러봐도 고통에 몸부림치고 있는 이 세상이 우리에게 주어진 유일한 선택이라고 그냥 받아들일 수는 없기 때문이기도 하다. 비록 경험적으로 보면 그게 유일한 선택일 가능성도 충분하지만 말이다. 또한, 한두 가지만 개혁한다면 지금의 현실이 가장 좋은 게 아니냐고 생각하는 고집불통들을 어쩌면 저럴 수 있을까 당혹스러워하며 바라보게 되기 때문이며, 사회주의라는 비전에서 물러서는 일은 인간에게 가장 소중한 힘과 능력이라 여겨지는 것을 배신하는 일이 되기 때문이다. 아울러, '세상이 이래서는 안 된다'는 원초적인 확신을 도저히 떨쳐낼 수 없기 때문이기도 하다. 발터 벤야민이라면 최후의 심판 날의 관점이라고 했을 이 같은 시각으로 세상을 보는 일이 금융업자에게는 어리석은 짓이고 증권업자에게는 걸림돌이라는 사실을 뻔히 알면서도 그러게 된다. 사회주의를 버리지 못하는 이유는 또한 그 비전에는 우리 존재의 저 깊은 곳에 호소하여 열정적인 동의를 끌어내는 무언가가 있기 때문이고, 그걸 느끼지 못한다면 진정한 나 자신이 아닐 터이기 때문이다. 그리고 인류를 위한 사회주의의 이상을 너무도 사랑하기에 거기서 물러설 수 없고, 버리고 떠날 수도 없으며, 안 된다는 대답을 결코 받아들일 수 없기 때문이기도 하다.

위의 이유들 중 어느 하나도 이성에 어긋나지 않는다. 이 세상이 벌써 핵에 의해 황무지가 돼버렸거나 사회주의가 이미 지상에 실현되었는데도 우리가 알아차리지 못한 게 아니라면 말이다. 이 이유들은 다만 과학적 관찰이나 일상의 인식과는 종류가 다른 것일 따름이다. 개인의 자유라는 가치에 대한 디치킨스의 믿음도 이 점에서는 마찬가지다. 거기에도 과학적 근거는 없으며, 디치킨스가 그런 근거를 제시해야 할 이유 또한 전혀 없다. 그렇다고 그들이 자신의 믿음에 대한 증거를 제시하지 않아도 된다는 뜻은 아니다. 우리가 지닌 믿음 중에는 의심의 여지가 없이 입증하지는 못해도 무리 없이 받아들일 만한 게 아주 많다. 사실 반(反)정초주의자 ▪

▪ **정초주의**(定礎主義, foundationalism) 세계에 관한 우리의 지식이 더 이상 의심할 여지가 없고 증명할 필요도 없는 기초적이고 확실한 믿음들의 토대 위에 자리 잡고 있다는 생각을 말한다. 우리는 이 토대를 근거로 하여 온갖 명제들을 제기하고 증명하면서 지식과 진리의 체계를 구축한다는 것이다.

들은 우리의 믿음이나 지식 중 어떤 것도 완벽하게 정당화될 수 없다고 주장한다. 누구든 동의하지 않을 수 없는 것만을 증거라 한다면 그 기준을 채울 만한 증거는 거의 없다. 토마스 아퀴나스도 하느님의 존재가 설명하거나 증명하지 않아도 저절로 알 만큼 명백하다고는 믿지 않았다.

우리의 지식과 믿음 전부가 허구라는 얘기는 물론 아니다. 절대적인 정당화, 즉 증거에 대한 갈망은 신경증일 뿐이지 칭찬해야 할 끈기가 아니다. 침대 밑에 코브라 둥지가 없는지 5분마다 한 번씩 확인하는 짓이나, 비트겐슈타인의 『철학적 탐구』에 나오는 사람처럼 일간신문에서 읽은 게 사실임을 확인하려고 같은 신문을 다시 사서 찾아보는 행위와 다를 바 없다. 증거의 요구는 어느 선에서 끝나야 하며, 대체로 어떤 믿음에 기대면서 끝나게 마련이다.

지식과 믿음을 근거 짓는 이 문제에 관해 크리스토퍼 히친스는 생각을 달리하는 듯하다. 히친스는 『신은 위대하지 않다』에서 자신과 같은 무신론자에 대해 "우리의 믿음은 믿음이 아니다. 우리의 원칙들은 신앙이 아니다."라고 말한다.[7] 따라서 디치킨스류의 자유주의적 인본주의는 믿음이 아니다. 그렇다면 예컨대 인간의 합리성이라든지 자유에의 열망 따위를 그들은 믿지 않으며, 폭정과 압제의 사악함을 확신하지 않고, 신화와 미신 아래에서 허덕이지 않는 상태가 인간에게 최선이라는 뜨거운 신념도 없다는 얘기가 된다. 히친스는 자신과 같은 세속적 자유주의자가(그가 신보수주의의 동반자이기도 하다는 사실은 여기서 그냥 넘어가 주기로 하자) "오로지 과학과 이성만을 신봉하는 것은 아니다."라고 언명한다. 이는 그가 믿음을 과학에 근거한 명제들과 비교하지 않는다는 말이 되는데, 실상 히친스는 자신의 믿음과 다른 이들의 믿음을 비교하고 있을 뿐이다. "우리〔세속적 자유주의자〕는 과학에 어긋나거나 이성을 능욕하는 모든 것을 불신한다."라고 그는 말한다. 한데 대부분의 기독교인은 자신의 믿음이 과학과 모순된다고 생각하지 않는다. 오히려 어떤 의미에서는 과학이 끊임없이 모순을 빚는 대상은 과학 자체이며, 그 과정이 바로 과학의 발전이라고 하는 주장이 더 그럴싸해 보인다. 히친스는 합리적인 믿음과 비합리적인 믿음을 구분하지 않는다. 이성을 능욕하는 모든 것을 불신해야 한다는 그의 믿음이 합리적인 믿음의 한 예라면, 모든 믿음이 맹목적이라는 그의 믿음은 비합리적인 믿음의 사례다.

우리 조상들이 자신만만하게 짜 맞춘 중요한 과학적 가설 중 많은 것이 한 줌의 먼지로 변해버렸으며, 오늘날 소중히 여겨지는 과학 이론들 중 다수도 똑같은 운명에 처할 가능성이 크다는 사실을 디치킨스는 굳이 지적하려 애쓰지 않는다. 이성의 능욕을 말한다면, 미국의 이라크 침략에 대한 히친스의 요란스러운 지지가 바로 이성의 능욕이라 생각하는 사람이 많다. (도킨스는 명예롭게 이라크 전쟁을 강력히 반대했다.) 테레사 수녀부터 테헤란의 카페까지 모든 것에 대해서 자기 의견을 거리낌 없이 내뱉어온 그 수다스러운 칼럼니스트가 이상하게도 이라크 침략에 관해서는 갑자기 얌전을 부리며 "2003년 4월에 사담 후세인 정권이 무너진 경위에 관해 여기서 내 입장을 자세히 밝힐 생각은 없다."라고 몸을 사린다. 도대체 왜? 결국 히친스는 그 전쟁을 조금은 다루게 되지만, 미국의 잔혹한 행위나 석유를 향한 서구의 끝없는 욕망 같은 문제에 대해서는 요령을 부리며 은근슬쩍 넘어간다.

히친스는 그가 마르크스주의자였을 때 자신의 견해를 '믿음의 문제'로 보지 않았다고■ 말함으로써, 그가 당시에는 부정의(不正義)도 과학적으로 입증될 수 있다고 생각했던 건 아닐까 하는 궁금증마저 갖게 한다. 가장 실증주의적인 마르크스주의자라도 그런 생각에는 움찔했을 것이다. (히친스는 이제 마르크스주의자가 아니지만 자신이 과거에 '못지않게 급진적'이라고 술회하는데, 그를 급진적이라고 보는 사람보다는 「타이타닉」의 여주인공 케이트 윈슬렛을 적(敵)그리스도■라고 생각하는 이가 더 많을 법하다.) 같은 책의 뒤쪽에서 히친스는 '믿음의 사람들'을 빈정대며 언급하지만, 표현의 자유와 제국주의적 침략을 동시에 옹호하는 자신도 당연히 믿음의 사람으로 분류될 수밖에 없다는 사실은 깨닫지 못하는 모양이다. 표현의 자유와 제국주의적 침략 어느 쪽도 그게 명백하게 좋은 거라고 실험실에서 증명할 수 없지 않는가. 히친스가

■ **믿음의 문제**로 보지 않았다고 해당 구절은 다음과 같다. "마르크스주의자였을 때, 나는 내 주장을 믿음의 문제로 보지 않았다. 하지만 마르크스주의가 모든 것을 설명해주는 통일장 이론 같은 것인지도 모른다는 확신은 갖고 있었다."
■ **적(敵)그리스도**(antichrist) '가(假)그리스도, 거짓 그리스도'라고도 하며 기독교에서 세계의 종말 직전에 나타날 악마를 일컫는다. 적그리스도는 표징과 기적을 행하는 유혹자로서 잠시 동안만 세계를 지배하며, 이후 진짜 그리스도가 강림하여 적그리스도를 지옥으로 떨어뜨리게 된다.

3. 믿음과 이성 **165**

이처럼 약간 우스꽝스러운 지적 혼란에 빠지는 까닭은 모든 믿음을 맹목적 믿음이라 가정하는 경향을 보이기 때문이다. 우리가 친구나 자식에게 갖는 믿음까지 맹목적일까? 실제로 많은 사람이 자기 자식들을 맹목적으로 믿는다. 그러나 이는 잘못이다. 예를 들어, 누구도 자신의 열네 살짜리 아들이 연쇄살인범일 가능성을 미리 배제할 수는 없다. 원칙적으로 이 같은 가능성까지 열어놓고, 필요할 경우엔 증거를 평가해야 하고, 증거가 완벽해 보인다면 자식에 대한 믿음을 버릴 수밖에 없다. 범인이 다른 누구 아닌 내 아들이라는 점이 엄연한 사실을 바꾸지는 못한다. 모든 연쇄살인범은 누군가의 아들이다.

히친스는 『신은 위대하지 않다』에서 인본주의자는 '불변의 믿음 체계'에 얽매이지 않기 때문에 종교의 신자들과는 다르다고 말한다. 그렇다면 그는 언제라도 인간의 자유에 대한 믿음을 버릴 수 있고, 정치적 독재자와 이슬람 자살폭탄테러범에 대한 혐오감까지 포기할 수 있다는 얘기인지 모르겠다. 물론 히친스는 다른 사람들의 도그마■는 지극히 의심하고 자신의 도그마는 진정으로 신봉하는 사람임이 드러난다. 그런데 본디 '가르쳐지는 것'을 뜻하는 도그마 자체엔 잘못된 게 없다. 자유와 관용에 관한 자유주의적 원리는 도그마이지만 그래서 문제되는 바가 전혀 없다. 문제는 열린 마

■ **도그마**(dogma) 독단적인 신념이나 학설, 그런 것의 체계, 그리고 이성적이거나 논리적인 비판과 증명이 허용되지 않는 교리나 교의·교조 따위를 두루 이르는 말이다. 라틴어와 그리스에서의 어원적 의미는 '진실이라고 생각되는 것, 좋다고 생각되는 것, 견해, 철학자의 신조' 등이다.

음과 관용을 주장하고 실천하는 데 좁은 마음과 불관용의 요소들이 개입하고야 만다는 자유주의의 역설이다. 자유주의도 그 토대를 이루는 원칙들과 관련해서는 지나치게 관대할 수가, 즉 지나치게 자유주의적일 수가 없는 것이다. 서구 국가들이 반자유주의적인 적을 공정하게 대우할지 아니면 씨를 말릴지를 두고 망설이곤 하는 데는 그 같은 연유도 있다. 이 모든 점은 토니 블레어가 영국 총리일 때 한 말, 자기해체적 언어의 전형이라 할 다음의 말에서 극명하게 드러난다. "우리의 관용은 영국을 영국답게 만드는 요소의 하나입니다. 그러므로 거기에 따르든지, 아니면 이곳에 오지 말아야 합니다." 히친스는 "자기들이 옳다고 확신하는" 사람들을 싫어하지만, 대부분의 글에서 히친스 자신이 그런 사람으로 보인다. 그가 자신의 자유주의적-인본주의적 가치들에 대해 잠정적이라고 한 것은 새빨간 거짓말이다. 히친스는 결코 그렇게 생각하는 사람이 아니며, 그래야 할 하등의 이유도 없다. 게다가, 모든 걸 아는 체하는 사람들을 그가 정말로 미워한다면 네오콘으로 알려진 저 근본주의자 무리 몇몇과 어떻게 붙어 다닐 수 있겠는가?

 지금까지 나는 다른 주제들과 함께 이성이 우리의 궁극적 토대가 아니라는 점을 몇몇 측면에서 검토해보았다. 예컨대 이성은 우리의 헌신을 필요로 하는데, 그 헌신 자체가 이성으로 환원될 수 없다. 언제라도 우리는 "진리를 찾아내는 일을 왜 그토록 바람직하게 여겨야 하지?"라고 스스로에게 물을 수 있다. 잘 알다시피 니체는 결코 바람직하지 않다고 생각했으며, 헨리크 입센과 조지프 콘래드도 비슷한 의심을 품었다. 니체라면 "진리에 대한 이처럼 집요하고 냉혹한 의지 뒤에는 과연 어떤 원망과 악의, 불안, 혹은 지배욕이 숨어 있을까?" 하고 물었을 법하다. 댄 하인드는 "예수가 하느님의 아들이라는 사실적 근거가 없듯이, 우리에게 진리를 찾아내 공유해야 할 도덕적 의무가 있다는 주장 또한 사실적 근거가 없다."라고 말한다.[8] 따라서 우리가 이성을 옹호하게 되려면 이성 자체만이 아닌 다른 무엇에 의해 고무되어야 한다. 조르주 소렐이나 쇼펜하우어 역시 이성을 그토록 존중해야 할 자명한 이유가 없다고 생각했다.

합리성의 본질과 위상에 대한 문제 제기에는 정당한 것들이 많으며, 이는 결코 비합리성에 대한 굴종을 뜻하지 않는다. 예를 들어보자. 이성은 미(美)와 상상력의 영역, 직관과 감각과 정서의 영역을 어느 정도까지 포괄하는가? 이성은 어떤 의미에서 대화적이라 할 수 있을까? 합리적인 근거란 어떤 것을 말하나? 자유와 자율, 자기결정 따위의 가치들은 이성에 내재적인가? 이성은 실체적인 건가 절차적인 건가, 공리처럼 자명한가 논란의 여지가 있는가, 도구일 따름인가 그 자체가 목적인가? 또 다음과 같은 질문도 할 수 있다. 모든 것을 포괄하고 모든 것을 설명하려는 이성의 속성에 비추어 볼 때 이성은 자신이 역사를 통해 축출 대상으로 삼아온 신화의 한 변형이라고 할 수 있지 않을까? 이성은 일차적으로 객관적 사물에 대한 지식과 사람에 대한 지식 중 어느 쪽을 본떠야 하나? 합리적인 자아는 초자아 및 일차적 과정■과 어떤 관계에 있을까? 더 나아가, 우리가 엄밀한 이성적 추론을 시작하기 전에 이미 세계는 원칙적으로 이해 가능했다는 사실을 어떻게 보아야 하나? 우리의 이성이 추론하는 방식은 우리가 행동하는 방식을 따른다는 말이 사실일까? 이성은 디치킨스 같은 자유주의적 합리주의자들이 그러듯이 상식 및 중용과 짝지어야 하나, 아니면 존 밀턴이나 자코뱅 당원들이 그랬듯이 혁명과 짝지어야 하나? 그 밖에, 이성이란 미네르바의 부엉이처럼 황혼이 깃들어야 날기 시작하는지, 이성은 인간의 동물적 속성과 대비되는 건지 아니면 그런 속성의 일부로 보아야 하는지 등등 논의할 거리가 숱하다.

데니스 터너에 따르면 아퀴나스에게 "합리성은 우리의 동물적 속성이 취하는 형태이며⋯⋯우리에게 육신은 곧 지적 존재의 재료다."9)■ 이런 의미에서 신학은 일종의 유물론이다. 우리가 이성적으로 추론하는 까닭은 인간이라는 물질적 피조물의 속성이 그러하기 때문이다. 우리는 동물임에도 '불구하고' 이성적인 게 아니라 동물이기 '때문에' 이성적이다. 천사가 말을 할 수 있다 해도 우리는 그의 말을 이해할 수 없을 터이다. 리처드 도킨스가 이런

■ **일차적 과정**(primary process) 무의식적인 정서나 본능적 충동에 의해 지배되는 원시적, 비합리적, 희망적 생각이나 사고를 뜻하는 정신분석 용어다.
■ **합리성은 우리의 동물적 속성이 취하는 형태이며⋯⋯우리에게 육신은 곧 지적 존재의 재료다.** 터너 책의 같은 부분에 나오는 다른 표현을 빌려 좀 더 설명하자면, 아퀴나스에게 인간은 동물이되 하느님을 인식하는 동물이며 이성은 인간이라는 동물이 하느님을 아는 방법이다. 우리의 동물적 속성 자체가 본질상 합리적인 것이지, '동물 더하기 이성이 곧 인간'은 아니다. 인간은 그 몸 자체에 의미가 깃들어 있는 동물이다. 따라서 인간의 육신은 곧 지적 존재의 재료다.

유의 생각들에 관심을 가지고 있을 가능성은 거의 없다. 그의 합리주의적 자기만족은 조너선 스위프트가 멋들어지게 통박(痛駁)했던 유형의 자기만족이 아닌가. 크리스토퍼 히친스 또한 그런 생각을 곰곰이 해봤을 리 없다. 그는 뛰어난 저널리스트지만 이론에 능한 편은 아니어서 추상적인 생각보다는 짐바브웨의 정치를 다루는 데 더 익숙하기 때문이다.

극작가 로버트 볼트의 희곡 「사계절의 사나이 A Man for All Seasons」에서 주인공 토머스 모어는 가톨릭 신자의 입장에서 이성을 옹호하면서, 인간은 "그 정신의 혼란 속에서도 슬기롭게 하느님을 섬기도록" 창조되었다고 주장한다. 국왕에 대한 새로운 충성 서약문이 발표됐을 때 모어는 간절한 심정으로 딸에게 서약문의 정확한 문구를 묻는다. ▪ 딸은 성급하게, 표현 따위야 아무러면 어떠냐며 서약의 '정신' 또는 원칙이 중요하다고 말한다. 그러자 모어는 가톨릭 신자이자 의미의 유물론자답게 "서약은 말들로 이루어진 거니까 받아들일 수도 있겠지."라고 답한다. 하지만 그런 모어도 왜 분별 있게, 즉 '이성적'으로 왕에게 순종하지 않느냐는 딸의 면박을 듣고는 "글쎄……결국은 그건 이성의 문제가 아니야. 결국은 사랑의 문제지."라고 말한다. 결국은 이성이 물러서는 것

▪ **모어는 간절한 심정으로 딸에게 서약문의 정확한 문구를 묻는다.** 이 대화는 투옥돼 있는 모어를 그의 처와 딸 마거릿 부부가 면회 온 장면에서 이루어진다. 새로운 충성서약은 헨리 8세의 말썽 많은 재혼을 계기로 만들어졌다. 헨리 8세는 영국 국교회를 만들어 교황과 대립했고 그 과정에서 가톨릭 신도인 토머스 모어가 반역죄로 처형당했다.

이다. 하지만 그 '결국'이 오기까지는 오랜 시간이 걸리게 마련이다.

철학자 피히테는 믿음이 모든 지식에 앞서며 지식의 토대라고 했다(종교적 신앙은 여기서 제외됐다). 하이데거와 비트겐슈타인에게 지식은 우리와 세상의 실제적인 얽힘에 내재한 가정들 아래에서 효력을 지니는데, 이 가정들은 결코 명확히 정식화되거나 주제화될 수 없다. 비트겐슈타인은 『확실성에 관하여』에서 "우리의 언어게임들의 근저에는 우리의 행위가 놓여 있다."라고 말한다.[10] 실천적 요령이 지식에 선행한다. 모든 이론화는 정도야 어떻든 삶의 실제 형태들을 토대로 하고 있다. 일부 포스트모던 사상가들은 이성이 이처럼 삶의 방식에 깊이 연루돼 있느니만큼 그 삶의 방식을 제대로 비판할 수 없다고 주장한다. 비판자는 현재 자기 삶의 방식에서 비판의 조건들을 끌어내야 하는데, 비판자가 면밀히 검토하려는 게 바로 그 삶의 방식 아니냐는 것이다. 따라서 '총체적' 비판은 애초부터 배제되며, 그에 따라 근원적인 정치 변혁의 가능성도 배제된다. 그러나 어떤 상황을 비판하려 할 때 반드시 문제의 상황에서 벗어나 있어야 하는 건 아니다. 게다가 안에 있느니 바깥에 있느니 하는 구분 자체가 언제든 무의미해질 수 있다. 세상과 불가분하게 얽혀 있는 동시에 그 세상과 비판적 거리를 둘 수 있다는 점이 인간이라는 피조물 고유의 특징이기 때문이다.

모든 형식적 추론의 버팀목을 이루는 맹목적 확신 사항, 즉 당연시되는 진리들은 과학에서도 다른 분야 못지않게 확연히 드러난다. 예컨대 '자연스러운' 설명만이 용인된다는 공준(公準)■은 과학에서 당연하게 여기는 가정이다. 이것은 현명한 가정일 수 있다. 터무니없는 설명을 배제해 주는 게 사실이기 때문이다. 하지만 어디까지나 공준일 따름이지 증명 가능한 진리에서 나온 결론이 아니다. 가령 과학자의 현미경에 갑자기 사탄의 우두머리 루시퍼가 충혈된 눈으로 사악하게 쏘아보는 모습이 들어왔다면, 혹은 적어도 엄격히 통제된 조건하에서 그런 상을 여러 차례 보았다면, 과학의 관례에 따라 해당 과학자는 자연스러운 설명만이 용인된다는 공준을 버리든지 루시퍼는 자연 현상의 하나라고 결론짓든지 해야 한다.

이처럼 과학은 다른 형태의 지식들과 마찬가지로 이런저런 믿음들을 이용한다. 그런 점에서만큼은 과학에 의혹의 눈길을 던지는 포스트모더니스트들이 으스댈 만하다. 물론 예로부터 인본주의자들은 과학자들을 그리 곱지 않게 봐왔고, 포스트모더니즘에 와서는 단지 그 논거만이 바뀌었다는 점에 유의해야 하지만 말이다. 옛날에 과학자들이 목깃에 비듬이 그득하고 시인 랭보를 영화 주인공 람보로 착각하는 지독한 촌뜨기로 생각됐던 데 비해, 이제는 절대적 진리의 권위주의적 수호자들로 치부된다. 이런 견해에 따르면 과학자들은 객관성이라는 고약한 이데올로기를 선전하는 사람들이며, 객관성은 과학자들의 이데올로기적 편견에 공평무사라는

■ **공준** 공리(公理)처럼 자명하지는 않으나 증명이 불가능한 명제로서 학문적 또는 실천적 원리로 인정되는 것을 말한다.

껍데기를 씌운 개념에 불과하다. 옛날에는 과학의 반대말이 인본주의였지만 이제는 이른바 문화주의(culturalism), 즉 '자연'을 억압하고 지워버리려 안달하면서 급진적인 포즈를 취하는 포스트모던한 신조가 과학의 반대말이 됐다.

위와 같은 과학의 희화화를 굳이 받아들이지 않더라도 우리는 과학이 다른 모든 인간사와 마찬가지로 근거 없는 가정과 무의식적인 편견, 무조건 당연시되는 진리, 스스로가 물들어 있기에 객관적으로 평가할 수 없는 믿음 따위만이 아니라 선입견과 당파성으로도 얼룩져 있다는 사실을 알 수 있다. 종교와 마찬가지로 과학 또한 절차와 가정들의 단순한 집합체에 그치지 않는 하나의 문화다. 리처드 도킨스는 과학이 종교의 결정적 문제점인 신앙에서 자유롭다고 천명한다. 그러나 찰스 테일러가 지적하듯이, "과학자들의 작업에는 증거에 바탕을 두지 않은 가정이 '전혀' 없다는 주상 자체가 두말할 필요 없이 '맹목적인' 믿음, 한 순간도 일말의 의심조차 품지 못하는 맹신을 반영한다."11) ■ 지금 이 순간 성모 마리아가 한 손에 아기 예수를 안고 뉴헤이번의 하늘에 나타나 다른 손으로 태연하게 지폐를 살포한다 해도, 예일 대학교 실험실에서 연구 중인 과학자들 중 누구 하나 창밖으로 머리를 내밀지조차 않을 법하다. 적어도 평판대로 행동한다면 말이다.

■ **과학자들의 작업에는 증거에 바탕을 두지 않은 가정이 '전혀' 없다는 주장 자체가 …… 맹신을 반영한다.** 테일러의 글에서 이 인용문에 바로 이어지는 문장은 "종교의 신자들 중에도 이 정도로 의심 없는 이는 찾기 힘들다."이다.

아직도 저 밖에는 과학의 눈이 들여다보기를 꺼리는 망원경들이 무척 많다. 과학에도 나름대로 대제사장이 있고 신성불가침의 대상이 있으며 숭배되는 경전이 있을 뿐 아니라, 이데올로기적인 배제도 있고 이견을 억누르기 위한 의식들도 있다. 그러니만큼 과학이 종교의 대척점에 있다고 보는 것은 어리석은 일이다. 푸코 식으로 말하면, 시대에 따라 과학적으로 진리 체계 내부에 있다고 인정된 주제들이 있는가 하면 그렇지 못한 주제들도 있다. 예컨대 나는 달이 인간의 행동에 큰 영향을 미친다는 게 진실임을 알고 있는데, 그건 내가 약간 달에 물든 괴짜여서 하늘을 보지 않고도 보름달인 줄을 알아차리기 때문이다(그렇다고 달을 보며 짖거나 뺨에 털이 돋는 일까지는 없다). 하지만 기업의 연구지원금을 소중히 생각하는 과학자들이 이런 널리 알려진 현상을 연구하려고 달려들지는 의문이다. 문학비평가가 영국의 전통 동요 「거위야 거위야」를 주제로 세 권짜리 책을 내려는 일과 비슷할 테니까.

도킨스의 『만들어진 신』은 과학의 실패와 재앙에 대해서는 입을 너무나 굳게 다물지만(예컨대 종교재판을 모질게 비난하면서도 히로시마 원폭 투하에 대해서는 함구한다), 연극 공연에서부터 경제 운용에 이르기까지 인간의 흥미로운 행위들이 거의 그렇듯이 과학도 그 홍보대사들이 주장하는 것보다 훨씬 불확실하고 위험하며 변칙적이고 행운에 의존한다는 점을 우리 대부분은 알고 있다. 과학에 종사하는 사람들 다수는 확실하다고 믿는 가설을 보존하기 위해 터무니없는 짓까지 서슴지 않는다는 사실 또한 우리는 안다.

한데 『만들어진 신』의 저자는 자신이 그토록 믿어 의심치 않는 과학이 오류를 범하기 쉽다는 점에 대해서는 한두 번 어렴풋이 언급하는 데 그칠 뿐이다. 과학과 기술이 인류에게 초래한 끔찍한 일들에 대해서는 물론 철저히 침묵한다. 종교재판소를 화학전과 맞바꾼 셈이다. 인류의 종말이 실제로 닥친다면 전능한 신의 작품이기보다 과학기술의 결과일 가능성이 훨씬 크다. 우주의 불길한 조짐, 하늘의 불타는 표징, 임박한 지구의 파멸 등을 얘기해온 종말론의 기나긴 역사에서, 분노한 신의 역할은 전혀 없이 순전히 우리 힘으로만 종말을 빚어낼 수 있으리라고 생각해본 적은 없었다. 이제 그런 지경에 이르렀으니 디치킨스처럼 인류를 찬양하는 치어리더들은 자부심을 가져도 될 법하다. 충분히 성숙해서 뭐든 자급자족할 수 있는 우리 인간 스스로도 얼마든지 지구를 태워버릴 수 있는데 분노한 하느님이 왜 필요하겠는가?

과학에 대해 유보적이라고 해서 사물을 올바르게 파악하려는 노력—성실하고 열정적인 자세로 고달픈 가운데도 신념을 버리지 않고 헌신하는 지극히 윤리적인 노력—의 가치를 깎아내리려는 것은 아니다. 정치적인 삶에서는 이런 힘들고 따분한 작업이 생사를 가르기도 한다. 억압받는 사람 중 회의론자가 많지 않은 까닭이 여기에도 있다. 한데, 모든 정치가 궁극적으로 믿음에 바탕을 둔다는 주장 또한 이런 입장과 전혀 모순되지 않는다. 사물을 올바르게 이해하려는 노력은 종교의 역사와 함께한 것이기도 하다. 찰스 테일러의 지적에 따르면 사적인 이해관계에 좌우되지 않고 과학적 객관성을 지니는 근대적 주체는 전근대의 종교적 금욕주의와 그것이 표방한 '세상에 대한 경멸'■에 기원을 둔다.12) 이러한 인식론에서는 흥미롭게도 세상에 대한 앎이 세상에 대한 거부를 수반한다. 하지만 스스로의 해방과 복지를 위해 세상 속의 자기 처지를 제대로 파악하지 않으면 안 되는 사람들이 있다. 그들에겐 어떤 의미로든 객관성이 절실하게 필요하다. 보다 처지가 좋아서 그리 안달할 이유가 없는 일부 사람들은 객관성이란 환상일 따름이라고 거리낌 없이 주장하는데, 포스트모더니스트들도 이 부류에 속한다.

따라서 과학은 믿음과도 관계가 있다. 과학과 신학의 공통점은 이뿐만이 아니다. 교회가 그 역사적 사명을 저버렸듯이, 과학도 본래의 사명을 배신한 경우가 적지 않다. 내가 20년 동안 펠로■로 재직했던 옥스퍼드 대학교 워덤 칼리지는 17세기 말엔 유명한 로열 소사이어티■ 즉 왕립 자연과학학회의 본부가 있던 곳이다. 학회의 초기 지도자 중 하나인 존 윌킨스는 워덤 칼리지의 학장이었고 올리버 크롬웰의 매제였다. 옥스퍼드 대학교의 여타 칼리지들과 달리 워덤은 의회파와 왕당파 간의 내전에서 진보적인 입장

■ **세상에 대한 경멸**(contemptus mundi) 중세를 지배했던 생각의 하나로, 세속 즉 이 세상은 선하고 성스러운 것에 대한 우리의 욕구를 억누름으로써 하느님으로부터 숨으려고 드는 헛된 노력의 결과이며 이승의 삶은 내세를 향한 준비 과정일 따름이라는 견해를 뜻한다.
■ **펠로**(fellow) 영미의 대학에서 '펠로'라는 명칭은 맥락에 따라 특별연구원, 장학금 급비 연구원, 평의원, 특별교우 등을 가리키며, 옥스퍼드와 케임브리지 등 몇몇 학교에서는 정식 펠로들이 각 칼리지의 이사회를 구성한다.
■ **로열 소사이어티**(Royal Society) 본디 이름은 'The Royal Society of London for the Improvement of Natural Knowledge'이다. '영국학사원'으로도 번역된다.

을 취했고, 그 때문에 수난을 당했다. 정치에 관한 워덤 칼리지의 전통적인 독자 노선은 펠로 중 하나였던 프레더릭 해리슨을 비롯한 19세기 영국 실증주의자들의 노동조합 지지에서부터 20세기에는 모리스 바우라 학장(과학에 대한 경멸을 숨기지 않았다)의 블룸즈버리 그룹* 식 비순응주의에 이르기까지 꾸준히 이어졌다. 급진적인 영국 학교 하나가 이런 전통을 이어받는다면 얼마나 좋을까. 워덤의 정치적 반골 기질은 고위 성직자와 군주에 대한 충성보다 사상과 탐구의 자유를 소중하게 생각한 급진적 과학의 전통에 뿌리를 두고 있다. 과학을 불신하는 포스트모던한 회의주의자들은 이 같은 진보적 역사를 망각하는 경향이 있다. 과학이 특정한 사회사의 일부라는 사실을 추상적 사고에 빠진 합리주의자들이 너무나 쉽게 잊는 것처럼 말이다. 종교가 그랬듯이 과학도 많은 부분이 혁명적인 기원을 저버리고 초국적기업과 군산복합체의 말 잘 듣는 도구로 전락하고 말았다. 그렇다고 과학이 인간의 해방에 기여한 역사까지 잊어서는 안 된다. 자유주의와 사회주의, 그리고 종교와 마찬가지로 과학도 <u>스스로</u>의 훌륭한 전통에 비추어 심판받아야 한다.

■ **블룸즈버리 그룹**(Bloomsbury Group) 20세기 초에 작가 버지니아 울프 등이 주도한 영국의 작가·철학자·예술가 집단이다. 모임의 장소가 런던 블룸즈버리 구에 있는 집들이어서 이런 이름이 붙었다. 이들은 모든 종류의 거짓을 포함한 기존 관념들에 대해 '대상을 가리지 않는 불손한 태도'로 문제를 제기했다. 버지니아 울프 외에 그녀의 남편인 작가 레너드 울프, 전기작가 리턴 스트레이치, 작가 E. M. 포스터, 미술평론가 클라이브 벨, 경제학자 존 메이너드 케인스, 미술가 덩컨 그랜트와 로저 프라이 등 많은 지식인이 이 그룹에 속했다.

오늘날 종교를 싫어하는 사람 중에는 신념이라는 것 자체를 미심쩍어하기 때문에 그러는 이들도 있다. 볼테르가 종교를 불쾌하게 생각했던 이유와는 사뭇 다른 셈이다. 다원주의의 시대에 신념은 관용의 정신과 어긋난다고 여겨지곤 하는데, 사실 신념이란 우리가 용인해야 할 대상 중 하나이며 신념과 관용은 서로의 존재 조건이다. 포스트모더니즘은 확신이라는 개념을 무척 싫어해서, 대단치도 않은 이 일상적 개념을 놓고 온갖 이론을 동원해 소동을 피운다. 그런 면에서 포스트모더니즘과 근본주의는 동전의 양면을 이룬다고 할 수 있다. 근본주의 역시 확신에 대해서 야단을 떨지 않는가. 깎아내리는 게 아니라 치켜세운다는 점이 다를 뿐이다. 일부 포스트모더니스트들은 모든 확신이 권위주의적이라고 의심하며, 따라서 무언가를 열정적으로 믿고 주장하는 듯한 사람들을 경계한다. 이 점에서 포스트모더니즘은 무엇보다 파시즘과 스탈린주의에 대한 과잉반응의 하나라고 할 수 있다. 20세기의 전체주의 정치는 동시대의 진실에 무차별 공격을 가했을 뿐 아니라, 뒤이은 세대들 사이에서도 진실의 처지가 위태로워지는 데 적잖은 역할을 했다. 이런 상황에서는 무언가에 대해 굳은 믿음을 지니는 것과 어떤 좋지 않은 믿음을 지니는 것의 구분이 위험할 정도로 애매해져서, 신념 그 자체가 독단으로 비난받는 지경에 이르게 된다.

확신이 파괴를 불러올 수 있음은 사실이다. 그러나 확신은 해방을 안겨줄 수도 있다. 자크 데리다는 확정적인 것을 거의 병적으로 싫어한 나머지 이 점을 파악하지 못한 듯하다. 임금이 방금 깎였다는 사실을 당신이 확실히 안다고 해서, 그것도 확신의 하나이니까 억압적이라고 할 수 있겠는가. 한편 자유주의자들은 다른 사람에게 나름의 신념을 허용해야 한다는 신념을 지니고 있다. 대체로 자유주의자들은 타인이 지닌 신념의 내용보다는 신념 자체에 초점을 둔다. 심지어 그들은 자신의 신념보다 다른 사람의 신념을 위해 더 열성을 보이기도 한다. 따라서 우리 시대는 지나치게 믿는 사람과 지나치게 안 믿는 사람, 밀란 쿤데라의 표현을 빌리면 천사 같은 사람과 악마 같은 사람의 양 진영으로 나뉜다.[13] 양쪽 모두 상대에게서 존재의 이유와 힘을 얻는다. 우리 시대에는 또 가치보다 사실을 중시하는 기술관료적 이성과 사실을 가치로 대체하는 근본주의적 이성이 맞서고 있기도 하다.

믿음은 그게 어떤 종류든 기본적으로 선택의 문제가 아니다. 우리는 뭔가를 믿겠다고 의식적으로 결정하는 경우보다는 그냥 이미 믿고 있는 경우가 더 많다. 아니면 적어도 이미 특정한 방향으로 마음이 기울어져 있기 때문에 그쪽을 믿겠다는 의식적 결정을 내리게 된다. 이것이 결정론■의 문제가 아니라는 점은 새삼 말할 필요도 없다. 그보다는 벗어나지 못할 정도로 무언가에 사로잡힌 상태와 연관된다. 믿음은 본디 의지에 좌우되는 게 아니다. 적어도 현대 사회가 그토록 물신화한 의지의 기능과는 별 관계가 없다. 의지에 대한 숭배는 미국의 특징이다. 마음만 먹으면 무엇이든 가질

■ **결정론**(determinism) 도덕적 선택을 포함한 모든 사건은 앞서 존재하는 원인에 의해 전적으로 결정된다는 이론이다.

수 있고 무엇이든 이룰 수 있다느니, 안 된다는 소리는 절대 하지 말라느니, 누구나 되고 싶은 사람이 될 수 있다느니—이런 게 바로 아메리칸 드림이라는 망상이다. 적잖은 미국인에게 '불가능'은 금기어다. 부정적인 자세는 사상 범죄로까지 여겨진다. 사회주의 리얼리즘 이후로 병적인 낙관주의가 이처럼 팽배했던 때가 없었다. 인간의 무한한 능력에 대한 이 파우스트적 믿음을 희망이라는 미덕과 혼돈해서는 안 된다. 하지만 그 같은 믿음이 존재하는 한 우리는 신념의 형성에 대한 주의주의적(主意主義的)▪ 오해에서 벗어나지 못한 채 인간의 믿음을 계속해서 이른바 의지의 행위로 잘못 해석하게 될 것이다.

믿음이 궁극적으로 선택의 문제가 아님을 기독교에서는 은총(恩寵)이란 개념으로 나타낸다. 기독교의 관점에서는 세상 자체가 선물이듯 믿음 또한 선물이다. 이는 기독교인들이 하느님을 믿어야 할 이유를 낱낱이 꼽으면서 믿는 게 아니라는 의미도 된다. 한데 따지고 보면 우리가 건강의 중요성이나 개인의 지고함, 혹은 진지함의 중요성 따위를 왜 믿는지 그 이유들을 모두 알고 있는 사람도 없다. 알아야 한다고 생각하는 사람은 초(超)합리주의자들뿐이다. 믿음은 의식적인 행위만은 아닌 까닭에 생각만으로 믿음을 버리는 경우는 흔하지 않다. 그러려면 다른 많은 부분들도 함께 변

▪ **주의주의**(voluntarism) '주의설'이라고도 하며 심리학에서는 의지가 정신생활을 주도한다고 보는 입장을, 철학에서는 지성이 아닌 의지를 존재의 근본 원리나 실체라고 보는 사상을 이른다. '의지주의'라고 옮기기도 한다.

해야 한다. 예컨대 평생 보수적으로 살아온 사람이 어떤 생각 하나가 머릿속에 떠올랐다고 갑자기 혁명가로 변신하지는 않는다. 그렇다고 도킨스가 부당하게 주장하듯이 믿음이 증거를 외면한다는 뜻은 아니며, 자신이 믿어온 바에 대한 사람들의 생각이 바뀔 수 있음을 부인하는 것도 아니다. 식사 코스의 첫 음식을 정하듯이 믿음을 선택할 수야 없지만, 문학이론가 스탠리 피시 같은 신(新)실용주의자들이 흔히 생각하듯이 우리가 믿음의 무력한 포로에 불과하지는 않다. 결정론이 주의주의의 유일한 대안은 아니다. 여기서 요점은, 우리 내면에 깊이 뿌리 내린 믿음을 바꾸려면 마음을 바꾸는 일만으로는 충분치 않고 그 이상의 무엇이 있어야 한다는 것이다. 합리주의자들은 믿음(특히 다른 사람의 믿음)의 끈질김을 비합리적인 옹고집으로만 치부할 뿐, 이성을 포용하는 동시에 초월하는 어떤 내면적 깊이를 나타내는 표지로는 해석하지 않는 경향이 있다. 우리가 몰두하는 믿음들은 우리의 정체성을 구성하는 요소도 되기 때문에, 기독교에서 예로부터 회심(回心)■이라 부른 과정—이는 그저 의견을 바꿔치우는 일과는 차원이 다르다—이 없이는 믿음을 바꿀 수 없다. 다른 사람의 믿음이 말도 안 되는 걸로 보이기 쉬운 데에는 이런 까닭도 있다. 실제로도 말이 안 되는 경우가 종종 있기는 하지만.

■ **회심** 기독교에서 회심(conversion)은 죄스러운 생활 태도에서 탈피하여 하느님에게 귀의하는 일을 가리킨다.

4

문화와 야만

    나 자신까지 포함해서 전혀 그럴 법하지 않은 사람들이 갑자기 하느님을 들먹이게 된 까닭은 무엇일까? 기술적 전문화로 치닫는 21세기에 신학이 다시 고개를 치켜들 줄을 누가 예상했겠는가? 조로아스터교나 신플라톤주의가 널리 되살아났을 경우에 못잖게 놀라운 현상이다. 내가 사는 곳의 서점이 느닷없이 '무신론' 서가를 만들더니, 지금쯤은 '온건한 침례교파적 성향의 선천적 회의주의자'라는 이름의 서가를 구상 중일지도 모르는 이유가 뭘까? 우리가 탈신학적이고 탈형이상학적인 시대, 심지어 탈역사적이라고까지 하는 시대로 자신만만하게 진입하던 차에 하느님 문제가 느닷없이 되불거진 일을 어떻게 봐야 하는가? 이런 현상을 쌍둥이

건물의 붕괴와 광신적인 이슬람주의자들 탓으로만 돌릴 수 있을까?

내 생각에는 그렇지 않다. 적어도 그게 큰 몫을 차지하지는 않는다. 예컨대 종교에 대한 디치킨스의 모멸은 세계무역센터의 폐허에서 움튼 게 아니다. 신에 관한 논쟁이 부분적으로 그 사건에서 실마리를 얻기는 했으나, 이는 좋은 일이 못 된다. 지적인 논쟁이 슬픔과 증오, 병적인 흥분, 굴욕감, 복수의 충동, 그리고 뿌리 깊은 인종주의적 공포심과 환상에서 시작된다면 최선의 결과를 기대하기가 어렵기 때문이다. 그러나 북아일랜드에서 30년이나 지속된 분쟁이 교황의 무오류성을 놓고 벌어진 게 아니듯이, 9·11도 사실 종교 문제에서 비롯된 사태가 아니다. (도킨스가 『만들어진 신』에서 북아일랜드의 분쟁을 기독교 신·구교의 갈등으로 보는 오류를 그대로 답습하는 사실만 봐도 종교에 대한 그의 강박관념을 충분히 짐작할 수 있다.) 급진적 이슬람주의자들은 대체로 자기네 종교에 대한 이해가 턱없이 부족하다. 게다가 앞에서도 보았듯이 그들 행동의 동기가 대부분 정치적이라는 증거가 얼마든지 있다.

9·11 사태의 원인을 종교에서, 즉 광신석 이슬림에서 찾는 그럴싸하지만 피상적인 주장은 다른 이유에서도 문제가 있다. 우선 이슬람 근본주의와 서구 문명의 맞섬에는 '피와 불'■만이 아니라 서구 자체의 모순, 즉 믿음에 대한 욕구와 그 고질적 불능 사이의 모

■ **피와 불** 성경에 나오는 표현을 원용한 것이다. 구약의 「요엘」과 「에스겔」, 신약 「사도행전」 등의 조금씩 다른 맥락에서 언급된다.

순까지도 한몫을 하고 있다는 점이다. 지금 서구 세계는 절대적 진리와 그 토대에 대해 아무런 의문도 품지 않는 철저하게 '형이상학적인' 적수와 정면으로 대결하고 있다(그들도 자기네의 믿음에 문제를 제기하면 좋으련만!). 게다가 현 시점은 서구 문명이 후기근대—원한다면 탈근대라고 불러도 좋다—의 절정에서 가능한 한 아무것도 믿지 않으면서 삶을 대충 꾸려가야 하는 때가 아닌가. 서구는 니체 이후의 정신세계에 사로잡힌 채 실리적인 물질주의와 정치적 실용주의, 도덕적이고 문화적인 상대주의, 철학적 회의주의 등을 마구잡이로 뒤섞으면서 과거의 형이상학적 토대를 열심히 훼손하고 있는 듯하다. 이 모든 것이 말하자면 풍요에 대해 치르는 값이다.

저간의 상황을 두고, 서구가 거대담론들을 내버리고 있던 시점에 하필 이슬람주의 테러라는 새로운 거대담론이 돌출하여 서구를 당혹케 했다고 하는 것은 적절치 않다. 이는 두 사건의 관계를 올바로 이해하지 못한 말이며, 상황을 실제보다 훨씬 역설적으로 보이게 만든다. 자본주의가 이제 유일한 선택이 됐다는 뜻으로 사방에서 떠들어대는 '역사의 죽음'이라는 명제는 세계 지배를 꿈꾸는 서구의 오만을 그대로 보여주는데, 바로 이 같은 침략적 정책이 급진적 이슬람이라는 형태의 반발을 불러일으켰고, 따라서 역사가 끝났다는 주장의 허위성이 입증됐다. 역사의 막을 내리려던 시도 자체가 역사의 막을 다시 올려준 셈이다. 역사에서 이런 현상이 처음은 아니다. 아무튼 소련과 동구권이 몰락한 이후 세계 전역에서 아무런 제재 없이 이익을 추구할 수 있다고 확신한 서구 세계는 끝내 한도를 넘어섰고, 새로이 일어선 적대자와 맞닥뜨리게 됐다. 거대담론은 이제 끝났다는 포스트모더니즘의 주장도 그 와중에 신용을 잃고 말았다. 모든 이데올로기가 영원히 끝장난 듯 보이던 참에, 세계 무대에서 주도권을 잃어가던 미국이 고약하기 이를 데 없는 종류의 신보수주의를 들고 나옴으로써 이데올로기가 새 삶을 누리게 된 것이다. 이류 공상과학 소설에 나오는 인물들처럼, 소규모의 광신적이고 독단적인 패거리가 백악관을 점령하고는 세계 지배를 향한 잘 짜인 계획을 착착 실행에 옮겼다. 사이언톨로지 신도들이 다우닝 가의 영국 총리 관저를 접수한다거나 『다빈치 코드』에 빠진 사람들이 프랑스 대통령 관저인 엘리제 궁의 복도를 순찰한다는 얘기만큼이나 믿기지 않는 일이지만, 엄연한 현실이었다.

발달한 자본주의는 본질상 불가지론적이다. 따라서 믿음이 부족하기 때문에, 넘쳐나는 믿음과 맞부딪칠 때면—그게 외부의 것이든, 아니면 다양한 토착 근본주의들처럼 내부의 것이든 간에—유난히 무력하고 지리멸렬해 보이기 십상이다. 현대의 시장사회는 세속적이고 상대주의적이며 실용적이고 물질주의적인 경향을 띤다. 이 사회가 믿는 것 때문만이 아니라 행하는 짓 때문에도 그러하다. 사실 이 같은 태도들과 관련해서 해당 사회에는 선택의 여지가 별로 없다. 문제는 이런 문화적 풍토에서는 정치적 권위가 부분적으로 의존하는 형이상학적 가치들이 침식되기 쉽다는 점이다. 자본주의는 그런 가치들을 쉽게 버릴 수도 없고 너무 진지하게 끌어안을 수도 없다. 언젠가 미국의 아이젠하워 대통령은 코미디언 그라우초 막스의 어법을 빌려 다음과 같이 말한 바 있다. "깊은 종교적 믿음에 기반을 두지 않은 정부는 무의미합니다. 그 믿음이 어떤 거든 아무 상관이 없습니다."[1] 이런 관점에서는 종교적 믿음이란 필수적이면서도 공허하다. 미국의 정치인들은 연단에서 툭하면 하느님을 들먹이지만, 세계은행의 위원회 모임 같은 데서는 하느님을 거론하면 곤란하다. 벽지를 고르면서 플라톤의 이데아나 헤겔의 세계정신을 들먹이는 일과 다를 바 없을 테니 말이다. 기독교의 우파 이데올로그들도 시장이 형이상학을 밀어내고 있음을 나름대로 의식하고는 형이상학적 가치들을 제자리에 돌려놓으려고 노력하는데, 여기서도 포스트모던한 상대주의가 편협한 근본주의를 낳는 결과가 빚어진다. 아무것도 믿지 않으려는 사람들이 뭐든지 믿으려는 사람들과 내통하는 셈이다. 이런 모순들은 이슬람주의 테러가 준동하기 시작하면서 극도로 첨예해졌다. 믿음의 필요성이 그 어느 때보다 절실해졌는데도 서구적 삶의 방식은 그들에게서 믿음의 동기를 대부분 앗아버리고 있기 때문이다.

경제적 자유주의는 인간과 공동체들을 마구 짓밟고, 그 과정에서 사회·문화적 자유주의로는 도저히 제어할 수 없는 유형의 폭력적인 반발을 불러일으킨다. 이런 의미에서도 테러리즘은 자유주의적 자본주의에 내재된 모순을 선명하게 비춰준다. 앞에서 이미 보았듯이 자유주의적 다원주의는 구성원들이 지닌 믿음의 내용에는 상당 부분 무관심할 수밖에 없다. 자유주의 사회의 특징은 어떤 고유한 믿음에 있다기보다 구성원들이 자유롭게 믿음을 지니도록 허용해야 한다고 믿는 데 있기 때문이다. 이런 문화에서 사람들은 남들이 실제로 무엇을 믿든 간에 그것이 자유와 관용의 원칙 자체를 위협하지 않는 한 건설적 무관심이라 할 태도를 보인다. 자유주의 사회의 최고선(最高善)은 무언가를 믿는 사람들이 어떤 간섭도 받지 않도록 하는 것이다. 당신이 피를 흘리며 길가에 쓰러져 있는데도 영국인들이 무덤덤하게 지나간다면 그건 그들이 몰인정해서가 아니라 당신의 사적인 일에 간섭하고 싶지 않아서라는 얘기와 같은 맥락이다.

이 같은 문화에서는 믿음에 대해 순전히 형식적이고 절차적으로 접근하는 태도가 배양되며, 여기엔 너무 확고하게 자리 잡은 믿음이나 정체성과는 비판적 거리를 두려는 경향이 포함된다. 그런 의미에서 자유주의 사회를 제어하기 힘들고 영원히 결론 나지 않는 기나긴 논쟁에 비유할 수 있는데, 이는 자유주의가 지닌 가치의 근원인 동시에 취약성의 원인이기도 하다. 외부의 공격 앞에서 탄탄한 국민적 합의를 이끌어내는 일이 다른 어떤 형태의 국가에서보다 자유민주주의 국가에서 더 힘들다. 사회가 다문화적이 되면 특히 그렇다. 믿음에 대한 자유주의의 미온적 태도는 정치적 위기를 맞았을 때, 그중에서도 형이상학적 믿음에 철저히 매몰된 적과 맞닥뜨렸을 때 약점으로 작용하기 쉽다. 우리는 흔히 한 사회의 정신적 힘을 보여주는 지표로 다원성을 내세우지만, 때로는 다원성이 정치적 권위를 약화시킬 수도 있다는 얘기다. 특히 다원주의를 지적 소심성의 한 형태라 생각하는 광신자들을 상대할 경우에 그럴 가능성이 커진다. 일부 미국인들이 즐겨 들먹이는 바 이슬람 급진주의자들이 서구의 자유를 시기한다는 주장은, 그들의 은밀한 갈망이 카페에 앉아 마약을 하면서 철학자 질 들뢰즈의 책을 읽는 거라는 생각만큼이나 터무니없다.

경제적 자유주의가 사회를 황폐하게 만들면 소외된 집단들 중 일부는 배타적인 정체성이나 단호한 원칙에 집착함으로써 불안감을 달랠 수밖에 없다. 그들의 신념이 지나치게 극단적인 형태를 띤다 해도 그 원인의 일부는 발달한 자본주의가 그들에게 다른 대안을 제시하지 않는 데에 있다. 대안 제시가 없는 까닭은 무엇보다도 체제가 시민들에게서 얻어내고자 하는 동의가 시민 스스로의 믿음과는 그다지 상관이 없는 자동적이며 체제에 내장된 종류의 동의이기 때문이다. 발달한 자본주의는 그 체제 아래 사는 사람들에게 정신적인 참여를 많이 요구할 필요가 없다. 열정은 권장할 미덕이 아니라 두려워할 대상이다. 사람들이 잠자리에서 나와 일터로 가고, 소비하고 세금을 내며 경찰관과 싸우려 들지 않는 한, 그들의 머리와 가슴속에 무슨 생각과 감정이 오가는지는 대부분의 경우 지극히 부차적인 문제일 뿐이다. 체제의 권위는 대체로 이데올로기적 믿음에 기대지 않고 실리적이며 물질적인 방향에서 확보된다. 구세군과 달리 체제는 믿음으로 굴러가는 게 아니다. '정상적인' 상황에서는 이런 점도 체제에 유리하게 작용한다. 사람들에게 믿음을 지나치게 요구하면 역풍을 맞기도 쉽기 때문이다. 하지만 정치적 격동기에는 그 이점이 크게 줄어든다.

문학비평가 캐서린 갤러거에 따르면, 소설을 읽는 일은 내용에 대한 '전적인 믿음에 얽매이지 않는' 것으로서, 무엇보다도 상상력을 발휘하는 행위다.[2] 소설이 허구라는 사실을 알면서도 읽는 데에는, 그 이야기를 믿는 동시에 믿지 않는 '모순적인 고지식함 (ironic credulity)'이 상당 부분 관여한다고 갤러거는 주장한다. 이런 측면에서, 영국이 낳은 위대한 소설가 중 하나인 새뮤얼 리처드슨이 자신의 소설 『클라리사 Clarissa』가 실화로 생각되는 걸 바라지 않았으나 그렇다고 서문에서 허구임을 밝히지도 않았다는 사실은 무척 흥미롭다(갤러거가 이 점까지 언급하지는 않았다). 『클라리사』가 실화로 여겨졌다면 본보기로서의 위상이 약화되고, 따라서 도덕적인 힘 또한 약해졌을 수 있다. 반면에 순전한 허구로 여겨졌다면 도덕적 힘이 치명상을 입었을지 모른다. 모든 사실주의 소설은 이처럼 미묘한 줄타기를 해야 한다. 내용에 보편성을 부여하면서도 그 작품만의 특별함을 잃지 말아야 한다는 얘기다. 아무튼 갤러거의 주장은, 세상사에 훤한 만큼 이야기의 전개에 회의를 느끼기 쉬운 독자들로 하여금 뭐든 잘 믿어버리는 허구의 주인공에게 우월감을 느끼도록 해주는 게 소설이라는 것이다. 따라서 소설 읽기는 일종의 투기사업이 되어*, 독자는 성급한 투자를 삼가면서 선택의 여지를 남겨두고 또 다른 가능성들도 모색하게 된다. 독자는 소설의 인물들이 진짜라고 믿지 않으므로 여유롭게 그들의 이모저모를 살피는 가운데 그럴싸한 인물들에 무릎을 치고 그들을 짜 맞추는 작가의 솜씨에 감탄하곤 한다. 갤러거는 "이처럼 융통성 있는 정신상태가 근대적 주체성의 필수조건이었다."라고 말한다.3) 감정이입과 동일시에 대한 아이러니한 거부를 통해 소설은 이데올로기에 대한 일종의 대안이 된다. 아니면 적어도 어떤 유형의 이데올로기에는 대안이 된다고 할 수 있겠는데, 이는 모든 이데올로기가 아이러니와 자기반성에서 벗어나 있지는 않기 때문이다. 예를 들어 자신이 형편없는 성차별주의자임을 인정하는 일은 얼마든지 가능하다.

다문화주의■의 가장 신통찮은 유형은 다양한 차이들을 그냥 받아들일 뿐이지 대체 무엇이 어떻게 다른지를 알아보는 데는 별 관심을 보이지 않는다. 즉 동일한 주제에 관해 수많은 이견이 있다는 사실 자체가 긍정적이라고 생각하는 경향이 있다. 이런 다문화주의자들은 '나치에 의한 유대인의 홀로코스트가 정말로 일어났는지'에 관한 논쟁에서도 이견이 많은 게 좋은 일이라 생각하는지 무척 궁금하다.■ 그처럼 경박한 다원주의는 타인의 믿음에 대해 강력하게 이의를 제기하는—예컨대 터무니없는 헛소리라든지 일고

■ **소설 읽기는 일종의 투기사업이 되어** 갤러거의 같은 글에 따르면 독자는 소설 속에서 벌어질 일을 미리 추정해보고, 인물들의 행위가 낳을 수 있는 결과가 뭔지, 내용에 대한 다른 해석은 없는지 등을 두루 고려한다. 요컨대 독자는 소설 속의 인물들을 내려다보면서 그들의 행위와 이야기의 전개에 대해 추측하고 투기한다. 갤러거는 여기서 'speculate(추측/투기)'라는 단어를 중의적으로 쓰고 있다.

■ **다문화주의**(multiculturalism) 1970년대에 서구 사회에서 등장한 개념으로, 비서양문화를 비롯한 다양하고 이질적인 소수파 문화, 주변문화들을 차별하거나 지배문화에 동화시키려 들지 말고 평등하게 대하며 장려하자는 입장을 말한다.

의 가치도 없는 쓰레기라든지 하는 말로 비난하는—관습을 마비시키는 경향을 띤다. 이 같은 말을 할 권리는 누구에게나 보장되어야 하는데도 말이다. 그러니 신념에 따라 남의 해골을 부숴버릴 수도 있는 사람들을 상대하는 법을 훈련하는 데 다문화주의는 적합지 않다. 크리스토퍼 히친스의 종교 비판에서 마음에 드는 부분의 하나가 뭔가 하면, 종교가 유해하고 구역질나는 것이라는 자기 생각을 거리낌 없이 토로한다는 점이다. 마르크스주의를 버린 사람의 입장에서 히친스는 "종교는 독이다."라는 말이 마오쩌둥이 티베트 사람들과 문화를 공격할 때 내건 구호라는 사실이 약간 민망할지도 모르겠는데, 그럼에도 자기 의견을 굽히지 않은 것은 옳은 일이다. 누군가의 믿음이라는 이유 하나만으로 모든 믿음을 무조건 존중할 필요는 없다. 귀에 거슬리는 비판이면 곧바로 '학대(abuse)'로 규정해버리는 사회는 분명히 문제가 있는 사회다. '학대'는 최근 미국에서 가장 유행하는 단어 중 하나다. 누군가에게 열띤 논쟁을 건다거나 타인이 듣기 싫어하는 불쾌한 정치적 사실을 입에 올리는 일 따위의 '용서할 수 없는' 행위가 모두 학대로 치부된다.

믿음이 지금처럼 범람하는 데는 불가지론적인 후기자본주의 문명 자체도 일조를 했다. 근본주의가 태동할 여건을 조성하는 데 후

■ **나치에 의한 유대인의 홀로코스트……무척 궁금하다.** 이글턴의 이 말은 홀로코스트가 전혀 일어나지 않았거나 적어도 그 규모와 방식이 지금까지 알려진 것과는 다르다는 주장을 가리키는 것이다. '홀로코스트 수정주의'라고 자칭하기도 하는 이런 주장들은 1960년 초반부터 서유럽·영미·아랍세계 등에서 꾸준히 제기되어 논쟁을 불러일으켰다.

기자본주의가 큰 역할을 했기 때문만은 아니다. 이성이 지나치게 지배적이고 타산적이며 도구적이 되면 급기야 너무나 천박해져서 합리적인 믿음이 번성할 수 있는 토대 역할을 못하기 때문이기도 하다. 그 결과 믿음은 신학자들이 신앙주의라고 부르는 유형의 비합리주의로 타락하면서 이성에 완전히 등을 돌려버린다. 이런 상황에서는 광신에 빠지기 쉽다. 합리주의와 신앙주의는 좌우만 바뀐 거울상처럼 서로 닮았다. 이차원적 이성과 믿음에 입각한 현실관이 대칭으로 마주보고 있는 셈이다. 기독교 신학자 존 밀뱅크는 "이성이 후퇴한 곳에 믿음이 밀려드는 듯하며, 이는 흔히 폭력적인 결과를 낳는다."라고 말한다.[4] 이성이 가치 때문에 골치가 아프다면 믿음은 사실과 곧잘 부딪친다. 신보수주의는 신앙주의의 일종으로, 이데올로기적 열정에 사로잡혀 현실이라는 사소한 문제에는 신경을 쓰지 않는다. 근본주의는 천박한 기술적 합리성 —중요한 영적 문제들을 냉소적으로 일체 외면함으로써 편협한 사람들이 그것을 독점하도록 허용하는 합리성—의 압박에 내몰려 광신에까지 이른 사람들의 믿음이라 할 수 있다.

앞에서도 말했듯이 이성이 진정한 것이 되기 위해서는 이성 자체가 아닌 다른 무엇에 기반을 두어야 한다. 그러나 그 기반이 사랑과 성실, 평화로운 공동체 같은 게 아니라 주로 물질적 이익과 정치적 지배라면 믿음과 이성은 서로 헛돌면서 스스로를 희화화해 냉혹한 신앙주의와 합리주의로 전락하고 말 것이다. 진정한 믿음의 결핍이 믿음의 과잉으로 이어지는 또 다른 경우가 여기서도 보인다. 서구 세계가 평화와 정의와 친교라는 복음을 정말로 믿는다면 아랍 아이들을 죽음으로 내모는 데 그토록 많은 시간을 들이지 않을 테고, 따라서 아랍인들이 알라의 이름 아래 항공기를 몰고 핵발전소로 돌진할지도 모른다고 그토록 걱정할 필요도 없지 않겠는가. 무슬림들 역시 자기네 종교를 보다 잘 이해한다면 그런 행동을 생각지도 않을 터이다. 이런 가치들이 참으로 널리 퍼진다면 세상이 한층 좋아질 게 틀림없다. 팔레스타인과 이스라엘 간의 갈등도 정의에 따라 마무리될 것이다. 인류는 자신을 자연의 지배자가 아니라 자연을 책임지고 돌보는 자로 여기게 될 것이다. 전쟁이 사라지고 평화가 오며, 관용의 정신에 따라 가난한 나라들을 짓누르는 엄청난 부채가 탕감될 것이다. 또 서로에 대한 책임감이 이기적인 개인주의를 몰아낼 것이다. 이런 변화가 일어나기 위해서는 믿는 사람들 스스로가 자신이 내거는 가치들을 진지하게 여겨야 한다. 한데 그럴 가능성은 지극히 희박하다.

 경제적 자유주의는 대규모의 전 지구적 인구 이동을 촉진했고, 그로 인해 서구에서 이른바 다문화주의가 탄생했다. 여기에도 모순이 하나 있는데, 다름이 아니라 자본주의가 세계적인 규모로 번창할수록 국민에 대한 국가의 장악력을 위협하게 된다는 점이다. 문화는 권력이 우리 삶의 구체적인 경험들과 결합하여 우리를 더 확고히 장악하도록 해줌으로써 권력을 안정시키는 역할을 한다. 그렇지 못한 권력은 삶에서 유리된 냉담한 것으로 비치기 때문에 국민의 절대적 충성을 이끌어내지 못한다. 권력이 충성을 확보하려면 자신을 문화에 새겨 넣어야 한다. 그러니 수많고 다양한 문화들에서 동시에 기반을 잡아야 하는 권력은 큰 어려움에 처할 수밖에 없다. 영국의 국방 및 안보 체제에서 핵심적 역할을 하는 어느 정책연구소가 최근 내놓은 보고서는 "다문화주의에 대한 잘못된 존중" 탓에 "이민 공동체들에 단호하게 규칙을 제시하지" 못해 정치적 극단주의자들과 싸울 힘이 약화되고 있다고 주장했다. 주목해야 할 문제는 사회의 파편화 현상으로, 다문화 국가인 영국은 역사와 정체성, 목표, 가치관 등에서 점점 더 분열되고 있다고 이 보고서는 경고했다. 요컨대 영국이 테러로부터 지키려는 자유주의적 가치들을 잠식하는 것은 바로 영국의 자유주의적 가치들이라는 얘기다.

이른바 '영국적인 가치'를 두고 벌어진 영국 내의 논쟁을 보자. 영국적 가치를 주장하는 사람들은 새로 보금자리를 튼 이민자들에게 그런 가치를 심어줘야 한다고 주장한다. 한데 이런 주장에는 극복할 수 없는 문제가 하나 있다. 영국적 가치라는 게 존재하지 않는다는 점이다. 세르비아적 가치나 페루적 가치 따위도 없다. 어떤 나라도 정의와 인간애, 공정성, 동정심 등을 독점할 수 없다. 물론 문화에 따라 특정한 종류의 가치를 다른 가치들보다 소중하게 여기기도 하는 건 사실이다(예컨대 아랍권에선 타인에 대한 환대를, 영국에선 감정의 절제를 소중히 생각한다). 그러나 환대가 그 본질에서 아랍적인 가치는 아니고 발끈 화를 내지 않는 절제가 영국적인 가치도 아니다. 관용과 동정심은 사디즘이나 성적 질투와 마찬가지로 세계 어느 구석에서든 찾아볼 수 있다. 북한이나 사우디아라비아 같은 나라는 개인의 자유 같은 도덕적 가치를 경시하는 데 비해, 영국과 미국 등지에서는 낯선 사람을 환영하고 가난한 사람을 돌보라는 도덕적 명령을 잘 지키지 않는다. 이런 차이들이 있다고 해서 그 가치들의 보편적 성격까지 부인할 수는 없다.

　급진적 계몽사상이 이루어낸 큰 업적 중 하나는 어느 민족이냐를 가지고 사람의 미덕과 악덕을 판정하기를 거부한 데 있다. 보스니아가 아니라 보스턴에서 태어났다고 해서 도덕적으로 낫다는 말은 성립되지 않는다. 물론 어떤 종류의 미덕은 분쟁과 결핍과 분파 간의 증오로 얼룩진 사회에서 자란 사람보다 유복한 환경에서 자란 사람에게서 발견하기가 더 쉬울 수 있다. 그러나 어렵지 않게 길러진 미덕을 지닌 사람보다는 힘겨운 상황에서도 어떻게든 너그러움을 베풀고 용기를 발휘하며 용서할 줄 아는 사람이 훨씬 더 칭찬받아 마땅하다. 그런 사람들은 진정 눈부신 미덕을 발휘할 기회도 더 많을지 모른다. 영국의 해트필드나 미국의 햄프턴스 같은 곳에서 안온하게 살아가는 사람들에겐 대체로 주어지지 않는 기회들 말이다.

　문화적 차이의 논리 아래 보편적 가치의 존재를 부정하는 포스트모더니스트들은 정부의 군사 정책을 지지하면서 열변을 토하는 사람들, 군인들의 수호성인인 성 게오르기우스의 열렬한 팬들과 자기도 모르는 사이에 한통속이 될 수 있다. 근본적인 도덕적 가치관에서 영국으로 이주해 온 평범한 무슬림 치과의사와 영국에서 태어난 배관공은 별 차이가 나지 않는다. 누구도 거짓말과 사기를 미덕이라 생각지 않을 테고, 아이들은 자주 흠씬 두들겨 패야 제대로 큰다고 주장하지도 않을 것이다. 양자의 관습과 신조들이 다른 거야 당연하다. 그러나 어떤 삶이 좋은 삶이냐는 문제에서는 놀라울 정도로 생각이 비슷하다. 종교적 도덕성과 관련해서도 알라와 하느님 사이에는 종이 한 장 두께의 차이도 없다. 사실 이 점은 디치킨스가 종교적 도덕성을 그토록 혐오하는 이유 중 하나다.

따라서 문화의 다양성이 어째서 권력층에게 문제가 되는지를 쉽게 이해할 수 있다. 다문화주의가 기존 질서에 위협이 되는 이유는 그것이 테러리스트를 키우기에 적합한 환경을 제공하기 때문이기도 하지만, 현저하게 분열적인 정부 정책을 시민들이 받아들이도록 만들기 위해서는 상당히 탄탄한 문화적 합의가 필요하기 때문이기도 하다. 문화라고 하면 주로 제인 오스틴의 소설 『맨스필드 파크 Mansfield Park』나 모차르트의 오페라 「마술피리 The Magic Flute」 따위를 떠올리는 사람들이 문화로서의 언어와 의복과 종교적 관습 등을 격렬하게 토론하기 시작했다면 정치적 위기가 임박했다고 생각해도 무방하다.

레이먼드 윌리엄스와 E. P. 톰슨 같은 신좌파(New Left) 사상가들이 '공통의 문화'■에 대한 신념을 지니고 있었듯이, 영국 총리들도 공통의 문화가 필요하다고 믿는다. 다만, 총리들이 공통의 문화라는 말로 뜻하는 바는 모든 사람이 자기들과 같은 믿음을 지녀야 한다는 것이다. 그래야 누구도 런던 지하철 역에서 폭탄을 터뜨리지 않을 테니까. 하지만 실제로는 어떤 문화적 믿음이든 많은 수의 이주자들에게 확산시키다 보면 변형이 되게 마련이다. 소박한 '통합' 의 논리는 이 점을 인식 못하고 있다. 백악관이나 다우닝가, 엘리제 궁에서는 그들의 믿음이 다른 사람들에게 퍼뜨려지는 과정에서 도전받거나 변형될 수 있다는 생각조차 하지 않는다. 이런 관점에서는 공통의 문화란 의문의 여지가 없다고 여겨지는 기존의 가치관에 이방인들을 끼워 넣는 문화로, 그들의 색다른 풍습은 이 예정된 조화를 위협할 부분들만 빼고 유지하도록 허용한다. 그런 정책은 한편으로는 새로운 이주자들을 사회에 철저히 편입시키고, 다른 편으로는 간섭 않고 내버려둔다. 과도한 독점욕과 과도한 불간섭이 손잡고 간다. 이와 달리 공통의 문화를 보다 급진적으로 해석하면, 모두가 똑같은 것을 믿는 문화가 아니라 모두가 동등한 지위를 갖고 서로 협력하여 공통된 삶의 방식을 결정하는 문화라는 뜻이 된다.

공통의 문화가 지금은 주변에서 맴도는 문화전통들을 포용하게 될 경우, 우리가 이루어낼 수 있는 문화는 현재의 것과 무척 다를

■ **공통의 문화**(common culture) 이 개념은 문화민주주의를 지향하는 윌리엄스와 톰슨의 논의에서 중요한 위치를 차지한다. 바로 뒤에서 설명되듯이, 공통의 문화에 대한 두 사람의 생각과 지배체제의 생각은 큰 차이를 보이는데, 이는 윌리엄스의 다음과 같은 말에서도 뚜렷이 드러난다. "공통의 문화라는 개념은 단순히 동의만 하는 사회를 의미하는 게 결코 아니다. 그저 순응만 하는 사회는 더더욱 아니다. …… 공통의 문화를 말할 때 우리가 요구하는 것은 의미와 가치들을 창출하는 일에 모두가 공통으로 자유롭게 기여하는 참여의 과정 바로 그것이다." 라고 말한다. 그러니 여기서 '공통' 이란 최대한의 민주적 참여와 평등을 의미하지 균질화된 획일성을 가리키는 게 아니다.

터이다. 우선 훨씬 다채로운 문화가 될 것이다. 모든 구성원이 적극적으로 참여해서 이뤄내는 문화는 새로운 사람들을 자기 방식대로만 받아들이는 획일적인 문화에 비해 더 혼성적이고 덜 균일하게 마련이다. 이런 의미에서 평등은 차이를 만들어낸다. 영국적인 것이라는 하나의 우산 아래에 다양한 문화들을 모아놓는 데 그치지 말고, 있는 그대로 받아들인 각 문화의 정체성들을 용광로에 넣고 무엇이 새롭게 탄생하는지를 지켜보자는 얘기다. 영국식 혹은 미국식 삶의 방식이 기성품 영국 문화나 미국 문화에 순응하겠다고 맹세하는 무슬림만을 받아들이지 않고 물질주의와 쾌락주의, 개인주의에 대한 독실한 무슬림들의 비판을 수용한다면 서구 문명은 분명히 좋은 방향으로 변할 것이다. 이는 무슬림 등 다른 문화권에서 온 사람들이 그들만의 내밀하고 매력적인 풍습을 누리도록 내버려두고는 안전거리를 유지한 채 박수만 보내는 종류의 다문화주의와는 사뭇 다른 전망이다.

우리 시대에 벌어진 일 중 하나는 하느님이 문명의 편에서 야만의 편으로 돌아선 것이다. 하느님은 이제 머리를 짧게 깎고 푸른 캐주얼 재킷을 입은 서구의 하느님이 아니다. 설령 하느님의 그런 이미지가 아주 사라지지는 않았다 해도 거의 유일하게 미국에서나 통할까, 포르투나 카디프, 볼로냐■에서는 아니다. 오늘의 하느님

■ **포르투나 카디프, 볼로냐** 포르투는 포르투갈, 카디프는 웨일스, 볼로냐는 이탈리아의 도시다.

은 검은 피부의 분노하는 하느님이며, 존 로크와 존 스튜어트 밀을 탄생시키긴 했어도 오래전에 그 사실을 잊어버린 하느님이다. 더 나아가 우리는 새로운 형태의 야만이 문화라는 이름으로 불린다고 말할 수 있다.■ 아직도 '문명과 야만의 충돌'을 얘기할 수는 있지만, 같은 주제의 좀 더 세련된 형태는 '문명과 문화 간의 갈등'이라고 부른다. 여기서 문명이 보편성과 자주성, 번영, 다원성, 개성, 합리적 추론, 그리고 아이러니에 바탕을 둔 자기회의 등을 포괄한다면, 문화는 모든 무분별한 충성과 헌신—간이나 췌장처럼 우리 안에 내장돼 있어서 극한상황에서는 누구라도 죽일 수 있게 만드는 충성과 헌신—을 뜻한다. 문화는 관습적이고 집단적이며 열정적, 자연발생적이자 무분별하고, 아이러니를 모르며 합리성에서 벗어나 있다. 따라서 서구 세계에는 문명이 있고 나머지 세계에는 문화가 있다고 하는 게 놀랄 일이 아니다. 보다 명확하게 말하면, 식민 국가들은 문명이지만 현 식민지나 과거의 식민지 대부분은 문화라는 얘기다.

사실 문화와 문명을 절대적으로 구분할 수는 없다. 특정한 삶의 방식이라는 의미에서 문화는 문명의 이른바 보편적 가치들을 매개해주는 것이기 때문이다. 문화는 보편적 가치들이 실천적 이성의 형태들로 구체화되는 방식이며, 이런 과정이 없으면 문명의 원칙

■ 더 나아가 우리는 새로운 형태의 야만이 문화라는 이름으로 불린다고 말할 수 있다. 여기서 이글턴은 주류 사회의 인식과 개념 설정, 논의 구도 따위를 이죽거리고 있다. 따라서 '야만' 같은 표현에는 '이른바'라는 말을 덧붙여 읽어야 한다.

들은 지나치게 추상적인 수준에 머물러 실효성을 갖지 못한다. 보다 현실적인 차원에서 짚어보자. 초국적 거대기업들은 한 지역에 국한되지 않고 자연히 문화라곤 전혀 없지만, 예컨대 스리랑카의 콜롬보나 방글라데시의 치타공 같은 데에서 전통적으로 상거래가 어떻게 이루어져 왔는지는 면밀하게 살펴야 한다. 다문화주의는 세계 전역에서 이익을 거둬들이기 위해서라도 문화적 차이에 민감해야 한다는 의미도 지닌다. 하지만 문명과 문화 간에는 깊은 반목이 존재하고, 서구의 문화 패권주의자들은 그런 반목을 동서의 축과 점점 더 연계시키고 있다. 그들은 서구 문명이 문화들로 온통 채워졌다는 점을 잊고, 이슬람 극단주의자들의 배타적인 문화가 무슬림 문명 전체를 대표하지 않는다는 사실 또한 망각한 것이다.

따라서 우리 시대에 가장 절박한 문제의 하나는 문명이 문화 없이 존재할 수 없음에도 문화와 공존하기가 쉽지 않다는 데에 있다. 문명은 고귀하지만 연약하고, 문화는 조야하지만 강력하다. 문명은 물질적인 이익을 지키기 위해 살상하는 반면, 문화는 정체성을 지키기 위해 살상한다. 문명이 실용주의와 물질주의에 젖어갈수록 그것이 감당 못하는 정서적이고 심리적인 욕구들을 채울 임무가 문화에 더 많이 주어지고, 문명과 문화 간의 반목은 한층 깊어진다. 보편적인 가치를 특정한 시대, 특정한 공간에서 구현해야 할 문화가 결국은 보편적 가치를 공격하게 된다. 요컨대 문화는 억압된 것의 격렬한 회귀라 할 수 있다. 문화는 문명보다 국지적이고 직접적, 자연발생적이며 합리성과 무관하다고 여겨지기 때문에 둘 중에서 더 미학적인 개념이다. 자기네 고유의 문화를 기리고 지키려는 유형의 민족주의는 언제나 가장 시적(詩的)인 종류의 정치로, 전에 누군가 말했듯이 '문학인들의 발명품'이다. 하기는 아일랜드의 위대한 민족주의자이며 시인이었던 파드릭 피어스를 위생위원회에 배치하지는 않았을 것이다.

종교는 문화와 문명 양쪽에 다 관여한다. 종교의 가공할 힘은 여기에도 기인한다. 문명으로서 종교는 교리이고 제도이고 권위이며, 형이상학적 추론이고 초월적 진리다. 또한 성가대이고 성당이다. 반면에 문화로서의 종교는 신화이고 의식(儀式)이며, 미개한 비합리주의이자 자생적인 감정이고, 어둠의 신들이다. 기독교는 문화로 시작했으나 그 후 문명의 문제가 되었다. 대체로 미국에서는 종교가 아직까지 문명의 문제인 반면에 영국에서는 문화적인 사안으로, 사회주의나 다위니즘 따위에보다는 늦은 오후의 가벼운 식사라든지 나막신 춤 같은 전통적인 삶의 방식에 더 가깝다. 그래서 너무 진지하게 받아들이면 오히려 곤란하다(지극히 영국적인 도킨스가 이런 점에서는 전혀 영국인답지 않다). 여왕의 사제가 하느님의 어린 양 그리스도의 피로 죄를 씻어냈느냐고 누군가에게 묻는 일은 상상조차 할 수 없다. 우스갯소리에서 영국인이 말하듯, 종교가 일상생활에 간섭하기 시작하면 종교를 포기해야 할 때가 온 것이다. 여론조사를 보면 대부분의 영국인은 종교가 덕보다는 해를 더 많이 끼쳤다고 생각한다. 지극히 합리적인 견해 아닌가. 미국의 댈러스 같은 데서는 씨도 먹히지 않겠지만.

문화의 관점에서 믿음이란 사람들이 의지에 따라 선택할 수 있는 게 아니기 때문에, 문화에 대한 일방적 주장이 합리적인 토론을 대체하는 경우가 많다. 문화의 이 같은 측면에 대한 문명 옹호자들의 비판은 정당하다. 전통을 고수하는 일부 사회에서 현재의 어떤 행위를 정당화할 때 조상들도 그렇게 했다는 이유를 내세우면 그만이듯이, 일부 문화주의자들은 문화적 특성을 근거로 행위를 정당화할 수 있다고 생각한다. 여기서 문화 자체는 도덕적으로 중립적이거나 긍정적인 것으로 간주된다. 그러나 이런 가정은 아이슬란드나 중앙 아프리카 아잔데족의 문화, 해상공동체의 문화 등에 대해서는 성립돼도 오토바이 폭주족이나 네오파시스트들, 사이언톨로지 신도들의 문화에는 성립되지 않는다. 아이자즈 아마드의 지적에 따르면, 어떤 사람들에게는 문화란 내가 '누구인지'에 따라 내가 '어떻게 사는지'가 결정된다는 걸 의미하는데, 이것은 생물학적 인종주의와 상통하는 논리다.[5) 스코틀랜드에서 태어날지 스리랑카에서 태어날지를 선택할 수는 없다 해도, 가톨릭의 예수회에 들어가거나 제4인터내셔널■ 안에서 파블로 경향■의 조직원이 되는 일은 선택이 가능하지 않은가. 여기서 우리의 행동 방식도 결국은 스스로 선택하는 게 아니라는 반론이 따를 수 있다. 문화가

■ **제4인터내셔널**(Fourth International, FI) 트로츠키파 조직들로 구성된 국제적인 사회주의 운동 조직이다. 스탈린이 만든 제3인터내셔널(코민테른)에 대항하기 위해 1938년 창설했다.
■ **경향**(tendency) 좌파 정치단체에서 흔히 써온 용어로, 한 집단 내부에 형성된 이념적·이론적 분파를 뜻한다.

인간 삶의 궁극적 근거로서 정체성 자체를 결정한다고 전제하면 이런 주장이 꽤 그럴싸할 수밖에 없다. 따라서 문화를 핑계로 합리적인 논쟁뿐 아니라 도덕적인 책임에서도 어느 정도 벗어나려 들게 된다. 어떤 지역의 사람들이 호랑이를 잡기 위해 함정을 파는 일이나 우리가 순항 미사일을 제작하는 일이나 모두가 나름의 삶의 방식 아니냐는 식이다. 디치킨스가 다른 건 몰라도 문화주의자는 결코 아니라는 점은 높이 살 만하다. 오히려 문화주의자의 반대쪽으로 너무 치우친 게 문제다.

포스트모던한 사상가들은 정초(定礎) 혹은 토대■라는 개념을 무척 못마땅하게 여긴다. 그러나 사실은 이 개념 자체보다는 그에 대한 전통적 해석들을 싫어한다. 그래서 종래의 토대를 문화라는 새로운 유형의 토대로 대체한다. 문화가 새롭게 절대적이자 최종적인 개념적 마침표로, 다시 말해 '초월적 시니피앙'■으로 등장하는 것이다. 문화는 우리가 그 아래로 파고 들어갈 수 없는 맨 밑바닥, 더 이상 빠져나올 수 없는 최후의 외피, 그 너머를 내다볼 수 없는 궁극적 지평이다. 한데 이와 같은 주장이 하필이면 '자연'이—그

■ **정초 혹은 토대**(foundation) 'foundation'은 맥락에 따라 기초 또는 토대·근거를 구축하는 일, 즉 정초를 뜻하기도 하고 그렇게 놓은 토대 자체를 뜻하기도 한다. 정초주의에 관한 3장의 옮긴이 주도 참조하라.

■ **초월적 시니피앙**(transcendental signifier) 다른 모든 시니피앙[記標]들의 '자연스럽고 올바른' 작동에 최종적 근거가 된다고 여겨지는 어떤 형이상학적이고 위계적인 원칙이나 개념들을 가리킨다. 예를 들면, 절대적인 것으로 간주되는 '진리' '하느님' '알라' '이성' '존재' 같은 개념, 그리고 다양한 정치 이데올로기 등이 모두 초월적 시니피앙이다. '초월적 기표'로도 흔히 번역된다.

것이 죽어가는 듯하다는 사실이 근년 들어 관심의 초점이 되기 전에는 한물 간 개념에 불과했던 '자연'이—인간 문화 전체를 언제 끝장내버릴지 모르는 시점에 제기됐다는 점은 역설적이다. 결국은 자연이 항상 문화보다 우세하게 되어 있다. 죽음이라는 무기가 있는 한 그렇다.

문화라는 관념에서는 무언가 신성한 기운이 느껴진다. 따지고 보면 문화는 쇠약해가는 종교적 신앙의 세속적인 대안 노릇을 두 세기 남짓이나 해오지 않았는가. 문화가 종교를 대체한다는 생각이 터무니없지만은 않다. 종교와 마찬가지로 문화도 궁극적인 가치와 직관적 확신, 신성한 전통, 보증된 정체성, 공유된 신념과 상징적 행위, 그리고 초월의 느낌 등의 요소를 지니기 때문이다. 이제는 남녀를 불문하고 많은 사람이 종교가 아니라 문화에서 '무정한 세계의 감정'을 찾는다. 심지어 일부에게는 문화가 아편의 역할을 대신한다. 이런 점은 문화를 문학과 예술로 생각하든(이것은 소수 의견이다) 소중한 삶의 방식으로 생각하든 마찬가지다. 둘 중 앞쪽 입장과 관련해서는, 대부분의 미학적 개념이 신학에서 옮겨온 것이라는 점에 주목할 필요가 있다. 신비롭고 자립적이며 스스로의 동력을 지닌다고 간주되는 예술작품은 불가지론의 시대에 맞춰진 하느님의 형상이다. 하지만 문화가 종교의 대체물 역할을 온전히 해낼 수는 없는 게 사실이다. 지난 두 세기 동안 문화 개념이 그토록 버거운 부담 아래 허덕인 이유가 여기에도 있다. 예술작품이 우리를 구원할 수는 없다. 예술작품은 수정되고 치유되어야 할 것들에 우리가 좀 더 민감해지도록 해줄 뿐이다. 또한 삶의 방식이라는 의미의 문화에 대한 찬양은 구속(救贖) 개념을 너무 한정되게 변형한 것일 따름이다.

문명의 가치들이 비록 보편적이라 해도 특정한 거주지와 이름, 즉 인간 문명의 우편용 주소 역할을 하는 지구상의 어떤 구역이 필요하다고 주장함으로써 문화와 문명의(이를 '독일인과 프랑스인의'로 옮기는 사람들도 있을 법하다) 융화를 모색해볼 수도 있다. 물론 그 구역은 지금까지 서구였다. 서구가 '문명들 중 하나'인 건 사실이지만, 동시에 문명의 진수(眞髓)이기도 하지 않은가. 프랑스가 많은 나라 중 하나에 불과하지만 지성의 진수이듯이 말이다. 이게 지나친 서구지상주의 같다면, 언뜻 보아 훨씬 덜 우월주의적인 논리도 찾을 수 있다. 주로 철학자 리처드 로티와 결부되는 것이다. 여담이지만 '로티(rorty)'란 단어는 『옥스퍼드 영어사전』에서 '떠들썩한, 활기찬, 거친, (말투 등이) 저속한, 잘 노는' 등의 뜻으로 정의되는데, 이는 내가 기억하는 로티의 모습과는 좀 다르다. 아무튼 로티 등의 주장에 따르면, 서구 문명 역시 국지적이고 우연적이라는 의미에서 하나의 '문화'임을 인정할 수 있으되 그와 동시에 서구의 가치들은 실제로 보편성을 지닌 양 권장해야 할 가치들이라고 주장할 수 있다. 문학비평가 스탠리 피시에게서도 비슷한 논리들이 보인다.[6]

이런 논리가 의미하는 바는, 서구의 가치가 보편적 가치의 모든 효력을 고스란히 지닌 듯이 행동하면서도 그 가치들이 철저하게 비판받지는 않도록 보호막을 치겠다는 것이다. 어떻게 비판에서 벗어나느냐 하면, 그 가치들이 합리성의 토대 위에 서 있다고 주장하지 않기 때문이다. 서구 문명도 무수한 문화 중 하나일 뿐이라고 보는 게 바로 이런 효과를 낸다. 우리 삶의 방식을 합리적으로 변호할 생각을 대담하게 포기하고 문화주의적인 변호를 택하는 건데, 그 대가로 삶의 방식이 위험할 정도로 근거를 상실할 수는 있다. 그래도 이때 '문화'와 '문명'은 멋들어지게 부합한다. 서구 세계가 문명화됐음은 두말할 나위가 없지만, 그 문명성은 문화적 역사의 우연성 속에서 서구 세계에 찾아온 것이므로 그에 대한 합리적 근거를 제시할 필요가 없다. 따라서 문화와 문명 양쪽의 좋은 점을 모두 취할 수 있게 된다. 야만과는 달리 문화의 개념은 배척되지 않는다. 문화는 문명에 편입되어 문명이 근본적인 도전을 받지 않도록 보호하는 역할을 한다.

앞에서 나는 이성만이 야만적 비합리주의를 억누를 수 있지만 그러기 위해서는 이성보다 뿌리가 깊은 믿음의 힘과 근원들을 끌어들여야 한다고 주장했다. 한데 이 같은 믿음은 우리가 물리치려는 비합리성과 불안할 정도로 닮은꼴일 수 있다. 유럽이 2차 대전 동안에 겪은 상황이 그랬다. 합리주의와 자유주의적 인본주의가 강력하게 비합리적인 근원에서 힘을 길어 올린 파시즘을 과연 물리칠 수 있을까? 아니면 사회주의가 자처하듯이 파시즘 못잖게 깊은 신념의 힘을 지닌 적수만이 그것을 꺾을 수 있는 걸까? 사회주의의 관점에서 보면 자유주의적 합리주의는 극히 피상적인 신조에 불과하기 때문에 당면한 문제를 해결할 능력이 없다. 반면 자유주의의 관점에서 보면 사회주의와 파시즘은 불안하리만큼 비슷한 부분이 많다. 토마스 만의 훌륭한 소설 『파우스트 박사Doktor Faustus』는 이런 딜레마의 알레고리로 읽을 수 있다. 그러나 이성과 그것의 타자에 관한 문제는 그의 또 다른 소설 『마의 산The Magic Mountain』의 주된 주제다. 이 작품에서는 삶과 죽음, 긍정과 부정, 에로스와 타나토스, 신성과 외설 등 모든 것이 치밀하게 얽혀 있다. 삶의 본능과 죽음의 본능 간의 투쟁은 자유주의적 합리주의자이자 계몽주의적 휴머니스트인 세템브리니와 예수회 수사이지만 공산주의자로 부르주아적 계몽주의에 반항하는, 사악해 보이는 나프타의 끝없는 갈등 형태로 그려진다.

철저한 모더니스트인 나프타는 자유주의적 근대성에 뿌리를 둔 세템브리니의 사고방식에 악마적으로 반발한다. 나프타는 희생과 극단성, 영적인 절대주의와 종교적 열정, 신비주의, 비인격성, 교조주의, 죽음의 예찬 등 요컨대 디치킨스에게는 인간의 가장 추악한 면을 상징한다고 보일 모든 것을 주창한다. 나프타는 어둡고 원시적이며 피로 물든 문화의 샘에서 자신의 삶을 길어 올리는 반면에, 교양 있는 세템브리니는 이성과 진보, 자유주의적 가치와 유럽적 정신을 옹호하는 밝은 사람이다. 『파우스트 박사』에서는 자유주의적 사고방식을 지녔지만 무력한 인물인 작중 화자 차이트블롬과 소설의 중심에 우뚝 서 있고 악마에게 영혼을 판 예술가 아드리안 레버퀸이 이와 비슷한 대비를 보인다.

『마의 산』의 등장인물 중 누가 제일 디치킨스의 마음에 들었을지는 불을 보듯 환하다. 그러나 소설 자체는 인물에 대한 판정에서 좀 더 미묘하다. 삶을 예찬하는 세템브리니는 사실 죽음을 앞두고 있으며, 그의 세계주의는 따지고 보면 유럽중심주의의 일종일 따름이다. 나프타의 냉소적인 시각에서는 세템브리니의 진보주의 자체가 낡디낡은 폐물이다. 소설의 배경인 1차대전이 19세기의 드높던 희망을 몽땅 무너뜨리지 않았는가. 이런 점에서, 사건이 일어나는 요양원에 입원한 환자 중 누구도 치유되지 못하는 것 같다는 점은 주목할 만하다. 나프타가 병적으로 죽음과 사랑에 빠졌다면, 세템브리니의 낙관적인 인본주의는 죽음을 억압하면서 번성한다. 건강과 문명을 예찬하는 세템브리니는 질병과 타락을 생각만 해도 끔찍해하며, 그런 상태를 지켜보는 일은 더더욱 못 견딘다. 인간다움에는 본디 병듦이 따른다는 진실을 받아들이지 못하며, 사악함과 탈선은 인간 조건으로부터의 비합리적 일탈인 동시에 인간 조건의 구성 요소이기도 하다는 사실을 알지 못한다.

『마의 산』의 주인공 한스 카스토르프가 결국 깨닫게 되는 것은 '삶 속의 죽음' 즉 삶과 죽음의 얽힘에는 나프타의 방식도 아니고 세템브리니의 방식도 아닌 또 다른 유형■이 있다는 점이다. 그것은 한없이 연약하고 죽음을 면할 수 없는 인간의 운명을 인식하고

■ **나프타의 방식도 아니고 세템브리니의 방식도 아닌 또 다른 유형** 토마스 만 자신의 말에 따르면, 카스토르프는 질병과 죽음을 통과하지 않고서는 진정한 지식과 건강, 그리고 삶에 이르지 못한다는 점을 깨닫는다. 카스토르프의 이러한 각성은 『마의 산』을 철학적 소설이자 성장소설(혹은 교양소설)로 규정하는 데 중요한 요소다.

그런 인간다움을 겸허하게, 조금의 오만도 없이 인정하는 데 있다. 이 같은 비극적 인본주의는 세템브리니와 달리 죽음의 파괴성을 받아들인다. 동시에 나프타와도 달리 죽음을 숭배의 대상으로 삼기를 거부한다. 죽음의 필연성에 복종할 때만 우리는 충만하게 살 수 있다. 소설에 나오는 유명한 폭설 장면에서, 사랑과 동료애를 향한 카스토르프의 감동스러운 유토피아적 환상의 중심에는 어린아이의 사지를 찢어내는 끔찍한 장면이 도사리고 있다. 이는 문명 자체를 떠받쳐주는 피의 제물을 상징한다.■ 꿈을 통해 나름의 통찰을 얻은 한스 카스토르프는 자신의 생각이 죽음에 지배당하는 것을 거부한다. 그는 곰곰 생각한 끝에 결론짓는다. 죽음보다 강한 것은 이성이 아니라 사랑이며, 오직 사랑에서만 문명의 아름다움이 샘솟을 수 있다고. 이성은 너무 추상적이고 비인격적인 힘이어서 죽음을 이겨낼 수 없다. 하지만 그 사랑이 진정한 것이 되기 위해서는 "피의 제물을 항상 묵묵히 인정하는" 사랑이어야 한다. 우리는 아름다움과 이상주의, 그리고 진보를 향한 열망을 높이 평가해야 하지만, 그 뿌리에는 많은 피와 비참함이 있었다는 사실 또

■ **문명 자체를 떠받쳐주는 피의 제물을 상징한다.** 이는 소설 제6장 후반 '눈'이라는 소제목이 붙은 부분에 나오는 꿈 이야기다. 갑자기 폭설에 휘말린 카스토르프는 죽음에 이를 수 있는 잠에 빠져들고, 꿈을 꾼다. 꽃이 만발한 아름다운 초원, 남쪽 바닷가의 사랑스러운 젊은이들의 모습 등으로 시작된 꿈의 이미지는 그로테스크한 장면들로 이어지고, 고대 사원의 신관인 두 마녀가 아이를 찢는 끔찍한 희생제의로 끝난다. 작가도 말하고 있듯이 이 장면은 자연의 원초적이자 파괴적인 힘을 상징한다. 다행히 꿈에서 깨어나 요양원으로 돌아온 카스토르프는 그 꿈을 곱씹으면서 죽음이 우리의 생각을 지배하도록 허용해서는 절대 안 된다는 생각에 이른다. 자비와 사랑 때문이다.

한 마르크스나 니체 식으로 시인해야 한다. 한데 얼핏 보기에 '진보'의 사도들은 이런 지혜에 이르지 못한 듯하다.

문화가 종교의 역할을 적절히 대신하지 못한다면 정치의 역할도 대신할 수 없다. 근대성에서 탈근대성으로의 이행은 인간 삶의 중심이 정치에서 문화로 이동했다는 믿음과도 직결된다. 포스트모더니즘은 물질적 이해관계보다는 생활양식에 더 예민하다. 일반적으로 말해, 석유보다는 정체성을 논하는 데 더 능하다는 얘기다. 문화주의의 한 형태로서 포스트모더니즘은 얄궂게도 급진적 이슬람주의와 비슷한 데가 있다. 급진적 이슬람에서도 궁극적으로 문제가 되는 것은 믿음과 가치관이라고 주장하기 때문이다. 사회학자이며 중동 전문가인 아세프 바야트는 말한다. "이슬람주의자들이 보기에 제국주의는 군사적 정복과 경제 지배로만 나타나는 게 아니다. 제국주의는 무엇보다 먼저 세속적 사고방식, 부도덕성, 낯선 언어와 심볼 마크와 이름들, 음식과 패션 등의 유포를 통한 문화적 지배로 모습을 드러낸다고 그들은 본다. …… [따라서] 자체의 도덕과 이데올로기로 똘똘 뭉친 배타적 공동체의 건설이 하위주체들■의 사회적 해방을 대체하기에 이르렀다."7) 탈근대의 전형적 사례라 하겠다.

■ **하위주체들**(the subaltern) 탈식민주의(postcolonialism) 이론가들이 많이 쓰는 용어다. 학자에 따라 개념 규정이 조금씩 다르지만 일반적으로 '종속적 집단, 민중'을 뜻한다(영어 'subaltern'은 원래 '지위가 낮은 사람, 하급 장교' 등을 가리킨다). '하위집단, 하층민'으로도 번역하며, 일부 학자는 그냥 '서발턴'으로 표기하기도 한다.

나는 다른 책에서 서구의 포스트모더니즘이 부분적으로는 혁명적 정치의 실패에서 비롯됐다고 주장했다.[8] 그와 유사하게 이슬람 급진주의는 서구의 약탈적 정책에 대한 반발로서만 생겨난 게 아니라, 앞에서도 지적했듯이 다양한 형태를 띠었던 무슬림의 세속주의, 자유주의, 민족주의와 사회주의가 궤멸한 데서 비롯된 것이기도 하다. 이슬람 근본주의는 무슬림 좌파 세력의 패배—여기엔 서구가 적극 기여했다—에 대한 맹렬한 반응이라는 성격이 짙다. 그러니 이슬람 근본주의의 출현은 어떤 의미에서 서구의 자업자득이라 할 수 있다. 일부에서는 종교적 언어가 정치적 담론을 대체하고 있는 실정이다. 이는 종교와 정치를 하나로 결합하고자 하는 기독교 해방신학과는 정반대라고도 할 수 있다. 바야트가 지적하듯이, 급진적 이슬람주의자들이 자기네 사회를 이슬람화하려 드는 데 반해 해방신학의 투사들은 국가를 기독교화려는 시도를 전혀 하지 않았다. 급진적 이슬람과 비슷한 문화주의는 서구의 이데올로그인 새뮤얼 헌팅턴에게서도 보이는데, 큰 영향을 미친 저서 『문명의 충돌』에서 그는 문명을 주로 문화적이고 종교적인 차원에서 정의하고 있다(헌팅턴은 정의하기조차 어려운 이 문명이라는 야수의 숫자가 얼마나 되는지도 정확히 모른다).

정치가 이 땅에서 고통받는 사람들의 처지를 바꿔놓겠다고 하면서도 지금까지 그들을 결집하지 못했다면, 문화가 정치를 대신하여 그 과업을 이루어낼 수 없다는 점도 거의 확실하다. 문화는 우리가 앞으로 어떻게 될 수 있는지보다 우리가 지금 무엇이며 과거에는 어떠했는지를 확인하고 주장하는 일에 너무 치중한다. 그렇다면 종교는 어떨까? 우리가 기독교 세계라고 부르는 것은 스스로를 문화와 문명의 통일체로 여겨왔다. 종교가 지금까지 인류가 이루어낸 가장 강력하고 끈질기며 보편적인 상징형식(symbolic form)■이라면 그건 부분적으로 이 때문이기도 하다. 절대적이고 보편적인 진리와 무수히 많은 사람들의 일상적 관습을 그처럼 직접적으로 연결시킨 상징형식이 종교 이외에 또 있었는가? 심원하기 이를 데 없는 생각들과 지극히 구체적인 인간 현실을 그처럼 긴밀하게 짝지어놓은 삶의 방식을 종교 말고 찾을 수 있는가? 종교적 믿음은 인간의 내면과 초월적 권위를 직접 이어주는 핫라인이다. 이는 문화의 옹호자들이 부러운 눈으로 바라볼 수밖에 없는 엄청난 업적이다. 그러나 억압받는 사람들을 해방시키는 데는 종교도 문화만큼이나 무력하다. 게다가 대부분의 경우 종교는 그런 역할에 조금의 관심도 보이지 않는다.

근대가 진행되면서 문화와 문명은 차츰 깊이 갈라져 나갔다. 종교적 믿음이 점점 더 사적인 영역 또는 일상적 문화의 영역으로 밀려나는 가운데 정치적 주권은 세속국가의 손으로 넘어갔다. 자유

■ **상징형식** 이 개념은 독일의 문화철학자 에른스트 카시러가 '상징형식 철학'의 이름 아래 상세하게 설명한 바 있다. 그에 따르면, 우리가 살고 있는 세계는 신화와 종교, 언어와 예술, 과학과 기술 등 다양한 상징형식들의 세계다. 일정한 생성 법칙에 따라 구성되는 상징형식들은 끝없이 만들어지고 분화해가며, 시대에 따라 주도하는 상징형식이 달라진다. 신화와 종교, 예술 따위 상징형식은 그 내적인 일관성과 법칙성의 측면에서 과학과 다를 바 없는 객관성을 지닌다. 상징형식은 주체와 세계의 본질 사이에 가로놓인 일종의 장막 같은 것, 그것 없이는 주체가 세계를 구성할 수 없는 공기층 같은 것이다.

주의 국가는 정당성을 확보하기 위해 종교를 이용하기는 했지만, 종교적 믿음은 자유주의 국가가 마음 편히 다룰 수 있는 수준을 넘어서는 것이었다. 예술과 성(性)이라는 다른 두 상징영역과 더불어, 종교는 세속의 권력에서 어느 정도 놓여나게 됐다. 이들 세 상징형식의 사사화(私事化)는 뚜렷이 양면적인 결과를 낳았다. 한편으로 이들은 대안적 가치의 소중한 원천으로서 정치적 비판의 근거 노릇을 하게 됐고, 다른 편으로는 공공 영역에서 분리되면서 점차 병적인 기운을 띠게 됐다.

이런 맥락 속에서 현재 지배적인 세계화 체제는 달갑지 않은 선택에 직면해 있다. 먼저, 적의 절대주의를 앞에 두고 자신들 고유의 실용주의가 지닌 장점을 계속 믿자니 무척 위험할 것만 같다. 그렇다고 서구의 근본주의자들이 주장하는 대로 자체의 형이상학적 가치들에 의지하자니 그 가치들은 예전에 비해 한층 때 묻고 신뢰성이 떨어지는 듯해 보인다. 미국의 미시간 주 홀랜드 같은 소도시에서라면 하느님을 하늘 위의 위대한 최고경영자로 생각할지 모르나, 독일의 뮌스터나 영국의 맨체스터에선 이런 시각을 받아들일 리 없다. 서구 세계가 위기에서 벗어나려면 과연 철저하게 형이상학적이 되어야 하는 걸까? 그렇다고 할 경우 자유주의적인 세속적 가치들을 크게 다치지 않으면서, 그리하여 반자유주의적인 적들로부터 지킬 가치가 있는 것들이 남아 있도록 하면서, 형이상학적이 될 수 있을까?

마르크스주의가 문화와 문명의 화합에 대한 전망을 제시한다면 그건 무엇보다도 마르크스주의의 창시자가 낭만주의적인 인본주의자인 동시에 계몽주의적 합리주의의 후계자였기 때문이다. 마르크스주의는 문화와 문명 모두에 관한 것이다. 감각적 개별성과 보편성, 노동자와 세계시민, 지역적인 헌신과 국제적 연대, 육신을 지닌 개개인의 자유로운 자기실현과 인간 모두가 범세계적으로 협동하는 사회, 이 모두 관련된 사상이다. 그러나 마르크스주의는 우리 시대에 엄청난 정치적 좌절을 겪었고, 출구를 잃은 급진적 충동들이 이동해 간 곳 중 하나가 하필이면 신학이다. 오늘날 신학의 몇몇 영역에서는 들뢰즈와 바디우, 푸코와 페미니즘, 마르크스와 하이데거 등을 거론하는 매우 세련되고 활기찬 논의가 진행 중이다.

이런 현상은 그다지 놀랍지 않다. 신학이 주장하는 진리들 중 받아들이기 어려운 게 많다 해도, 끊임없이 전문화되어 가는 세상에서 아직 남아 있는 가장 야심찬 이론적 영역의 하나가 바로 신학이기 때문이다. 신학은 인간의 본질과 운명 그 자체를 주제로 삼아 생명의 초월적 근원이라고 상정되는 존재와 연관시켜 연구하는 학문이 아닌가. 분석철학이나 정치학에서는 제기하기 어려운 의문들이다. 신학이 현실적인 쟁점들과 동떨어져 있다는 점이 여기서는 유리하게 작용한다. 따라서 오늘날 우리는 아주 묘한 상황에 처해 있다. 디치킨스가 올바로 지적하듯이 신학이 해결책이라기보다는 문젯거리로 점점 더 여겨지는 세계에서, 부분적으로나마 해답을 찾는 데 기여할 수 있는 비판적 사고를 진작하는 것 역시 신학이다. 종교의 잔혹성과 부조리에도 불구하고 세속적 좌파는 종교에서 배울 바가 있다. 안 그래도 새로운 발상이 절실하게 필요한 좌파에서 이처럼 좋은 선물을 놓고 트집만 잡고 있어서는 안 된다.

이제부터라도 한쪽이 다른 쪽의 말에 귀를 기울일까? 디치킨스가 이 책을 읽고 바울이 다마스커스로 가던 길에서 겪은 일 ■이 무색할 정도의 깨달음을 얻을까? 신학 용어를 두 개나 써서 대답한다면, 차라리 지옥에서 희망을 찾는 편이 나을 법하다.■ 각자의 입장이 아직 너무나 확고해서 대화의 여지가 없기 때문이다. 일부 자유주의자들이 생각하는 바와는 달리 상호이해란 아무 때나 가능한 게 아니고 나름의 물질적 조건이 필요하다. 한데 이른바 테러와의 전쟁이 지금처럼 계속되는 한 그런 조건이 갖추어질 가능성은 없어 보인다.

나 같은 사람들과 디치킨스의 차이는 결국 자유주의적 인본주의와 비극적 인본주의의 차이로 귀착된다. 디치킨스류의 사람들은 우리가 신화와 미신의 해로운 유산을 떨쳐내기만 하면 자유로워질 수 있다고 주장하지만, 내가 보기엔 이런 주장 자체가 신화다. 너그러운 신화이긴 하더라도 말이다. 비극적 인본주의도 자유주의적

■ **바울이 다마스커스로 가던 길에서 겪은 일** 바울이 그리스도 교도들을 박해하기 위해 다마스커스로 가던 중 부활한 예수를 만나 그 자리에서 개심했다는, 신약성서 「사도행전」에 나오는 사건을 가리킨다.
■ **차라리 지옥에서 희망을 찾는 편이 나을 법하다.** 원문은 "Not a hope in hell."로, '전혀 가망없다'는 뜻의 관용적 표현이다. '지옥'과 '희망'이 모두 종교에서 흔히 쓰는 말이라는 점을 빗대어서 한 농담이다. 두 단어를 살리기 위해서 뜻이 비슷한 우리말 관용구로 옮기지 않았다.

인본주의와 마찬가지로 인류의 자유로운 번영을 염원하되, 그 같은 이상은 우리가 최악의 것들을 직시할 때에만 실현될 수 있다고 주장한다. 인간에 대한 긍정이 궁극적으로 가치 있으려면, 왕정복고 이후 미몽에서 깨어난 밀턴처럼 인간이 애당초 구원할 만한 가치가 있는 존재인지를 진지하게 고민하고, 조너선 스위프트의 소설에서 거인국의 왕이 무슨 생각으로 인간을 구역질나는 해충이라고 했는지를 이해할 수 있는 그런 긍정이어야 한다. 비극적 인본주의는 사회주의적인 것이든 기독교나 정신분석학의 관점에 선 것이든 간에, 인간은 자기 비우기와 근본적인 개조를 통해서만 바로 설 수 있다고 주장한다.[9] 그렇게 변화된 사회가 미래에 반드시 태어나리라는 보장은 없다. 그러나 교조적 자유주의자, '진보'의 광신자들, 이슬람 공포증에 사로잡힌 지식인들이 변화의 길을 끈질기게 방해하지 않는다면 그런 미래가 조금은 더 빨리 찾아올지 모른다.

옮긴이의 글

종교는 사랑인 것을

　모든 것이 문화로 인정받는 세상이 되면서 언젠가부터 종교가 부흥하기 시작했다. 이런 흐름에 맞서 리처드 도킨스의 『만들어진 신』과 크리스토퍼 히친스의 『신은 위대하지 않다』가 엉국과 미국에서 폭발적인 반응을 불러일으키며 베스트셀러가 됐다. 그들의 손에서 종교는 백해무익한 것으로 전락하고 말았다. 논리학에서 말하는 '성급한 일반화의 오류'를 범하고, 무딘 환원주의의 오류에 빠진 것인지도 모른다. 이런 의미에서 테리 이글턴은 "내 조상들이 온 삶을 바친 믿음이 무가치하고 쓸모없다는 비난에 맞서 조상들의 입장을 대변할 필요도 있다. 수많은 사람이 오랜 세월을 지켜온 교리라면 그럴 만한 이유가 있으리라고 생각하는 게 민주주의 정신에 맞다."라고 선언하면서 종교를 옹호하고 나선다.

　그렇다고 마르크스주의자인 이글턴이 단순한 호교론자(護敎論

者)가 된 것은 아니다. 이른바 합리주의의 이름 아래 종교를 비판하는 사람들, 자신의 종교만이 옳다고 생각하는 배타적인 종교인들, 그 모두에게 반갑지 않은 독설이 끊이지 않는다. 이글턴은 도킨스와 히친스처럼 종교를 환원주의적 합리주의의 입장에서 비난하는 사람들을 비판하는 데서 그치지 않고, "서구의 문화 패권주의자들에 의해 평화와 정의와 동정이란 교리가 무참하게 짓밟히고 모략당한 수많은 무슬림을 위해서도 작은 힘을 보태고 싶다."며 기독교 근본주의에서 비롯된 새로운 형태의 인종차별을 고발한다. 요컨대 종교에서 정치 문제로 넘어가면서 이슬람 근본주의가 기독교 근본주의에 대한 반발이라고 해석한다.

어쩌다 종교가 이 지경에 이르렀을까? 이글턴의 해석에 따르면 종교가 '사랑'을 잃었기 때문이다. 예수는 우리에게 적을 사랑하고, 겉옷만이 아니라 속옷까지 벗어주며, 왼뺨을 맞으면 오른뺨까지 내주라며 비현실적이기 짝이 없지만 혁명적인 사랑을 가르쳤다. 그러나 기독교가 제도화되면서 이런 혁명적 사랑은 철저히 배신당했다. 조금만 깊이 생각하고 주변을 둘러보면 종교적 교리나 이데올로기와 사랑에 빠진 사람이 태반이지 인간을 사랑하는 사람을 찾아보기는 힘들다. 세계화로 인한 성장지상주의도 일종의 이데올로기이다. 이글턴이 오죽하면 "기독교인이 되는 최상의 이유 중 하나는······미국 같은 나라들에 팽배한 노동의 맹신을 거부한다는 것일 터이다. 진정으로 문명화된 사회라면 해도 뜨기 전에 잘난 사람들이 조찬 모임을 갖는 따위의 일이 벌어지겠는가."라고 말했겠는가.

  어떤 관점에서 읽느냐에 따라 이 책에서 얻는 교훈이 달라진다. 책의 원제는 '이성과 믿음과 혁명'이며 거기에 '신에 관한 논쟁을 생각한다'라는 부제가 붙었지만, 종교에 관한 이글턴의 논증들은 더 나은 미래를 위해 개인의 이해관계를 넘어서서 혁명적으로 변하라고 우리 모두에게 말하기 위한 수단에 불과하다. 예일대 종교학 교수 데일 마틴의 말처럼 여기엔 "온갖 종류의 사람들을 화나게 만들" 주장이 숱하게 들어 있다. 그러나 무엇보다도 오늘의 세상을 객관적이고 공정한 입장에서 비판하고 있어 누구나 읽어볼 만한 책이다. 이른바 지도자라는 사람들이 인간을 사랑하는 대신에 이데올로기와 사랑에 빠져 허우적대는 시대이기에 더욱 그렇다.

충주에서, 강주헌

추천의 글

더욱 종교적인 더욱 급진적인

―――――――――――

　기독교 성서에는 두 가지 신이 등장한다. 구약성경에 등장하는 신, 즉 모세의 신은 권위적이고 질투가 많은 존재다. 신은 제 명령을 잘 따르면 기뻐하고 상을 주지만 어기면 크게 화를 내며 벌을 준다. 자신을 섬기지 않는 사람들이나 사회에 대해선 아예 어떤 사회인가 어떤 사람인가와 무관하게 차갑고 잔혹하다. 모세의 신은 자신들이 신과 계약을 맺은 유일한 백성이라는 선민의식에 젖은 이스라엘 사람들의 배타적인 민족 신이다. 반면 예수는 신이란 우리에게 명령하고 우리를 누르는 분이 아니라 우리를 이해하며 우리와 대화하려 하는 분이라고 말한다. 모세의 신이 행여 화를 낼까 두려워 엎드려 눈치를 살펴야 하는 권위적인 아버지라면 예수의 신은 마주보며 대화하고 위로받고 의지할 수 있는 엄마다. 예수를 통해 신은 비로소 인류 보편의 신이 된다.

그러나 기독교가 종교체제를 갖추고 사회적 영향력을 강화하기 시작하면서, 말하자면 예수의 정신을 잃어가면서 기독교의 신은 서서히 모세의 신으로 회귀한다. 특히 4세기에 기독교가 로마의 국교가 된 이후 기독교의 신은 대개 세상을 지배하는 권력자와 부자의 신으로 군림해왔다. '이스라엘 민족'이 차지하던 자리를 '기독교 체제'가 대신했을 뿐이다. 지난 오랜 세월 동안, 그리고 오늘 우리가 살아가는 세상에서 수많은 불의와 참혹이 신의 이름으로 자행된다. 부시의 신, 이명박의 신의 이름으로.

대체 신은 어떤 존재인가? 동학을 비롯한 한국 민간 사상과 종교의 신관은 우리에게 가르침을 준다. 신은 우리가 사는 세계의 외부에서 절대적인 힘으로 우리를 관장하는 존재가 아니라, 오히려 내 안에 '본디의 나'로 존재한다. 신을 섬긴다는 건 지금 나를 뒤덮어버린 이런저런 부질없는 집착과 욕망들을 씻어내고 본디의 나로, 신의 모습대로 돌아가는 것이다. 가장 인간적인 모습은 곧 신의 모습이다. 신은 내 안에 존재하듯 다른 모든 '내 안'에도 존재한다. 신을 섬긴다는 건 곧 이웃을 내 몸처럼 섬기는 것이다. 예수가 말한 그대로.

그런 신관은 기독교라는 종교가 들어오면서 모조리 미신으로 치부되었고 흔적조차 찾기 어렵다. 종교가 진정 종교적인 것들을 말살하는 기막힌 상황은 서양세계와 그 정신이 세상을 지배하게 된 이후 매우 일반적인 상황이 되었다. 양식 있는 사람이라면 당연히 그런 종교를 인정하기 어렵다. 그러나 양식 있는 사람이라면 그런 상황에 대해 정당한 분별력을 가져야 한다. 진정 종교적인 것들을 말살하는 종교에 대한 반감은 당연하지만, 그런 반감이 진정 종교적인 것에 대한 무작정한 부정으로 비약하는 어리석음에 빠져선 안 된다.

그러나 많이 배우고 젠 체하는 적잖은 사람들이 그런 어리석음에 빠지거나, 심지어 그런 어리석음을 부추겨 세속적 명성을 얻고 책을 팔기까지 한다. 이 책이 '디치킨스'로 한데 묶어 비판하고 있는 리처드 도킨스와 크리스토퍼 히친스는 그중 '저명한' 사람들이다. 사실 그들은 종교가 뭔지 제대로 모른다는 점에서 그들이 비판해 마지않는 사람들, 즉 진정 종교적인 것들을 말살하는 사람들과 같다. 테리 이글턴은 감탄을 자아내게 하는 통찰과 유머가 넘치는 필치로 그들의 무지와 오만을 차근차근 폭로한다.

이글턴은 이 책이 한국의 독자들에게 애초 의도하지 않은 매우 각별한 의미를 갖는다는 사실을 알지 못할 것이다. 지구상에서 좌우 분별이 없는 대표적인 나라가 미국과 한국이다. 두 나라에선 극우 성격이 짙은 보수주의가 우파로, 자유주의 우파가 좌파로 불린다. 미국에서 공부한 사람들이 한국의 지배계층과 교육을 장악하고 있기 때문이다. 좌우 분별이 없으니 좌파의 존립이 어렵고 좌파의 힘이 적으니 좌파가 맡아야 할 고통받는 사람들의 현실은 더욱 공공연하게 무시된다. 이 책은 좌가 뭐고 우가 뭔지, 왜 오래전에 폐기된 것으로 알려진 좌파적 상상력이 여전히 유효한지에 대해 또렷하고 깊이 있는 식견을 제공한다.

이글턴은 잘 알려진 사회주의자인데 사회주의와 기독교 신앙이 어떻게 함께할 수 있는가, 의문을 갖는 사람도 있을 것이다. 그 역시 기독교 신앙에 대한 오해에서 기인한다. 자본주의 체제의 모순을 극복하는 일과 이웃을 네 몸과 같이 사랑하라는 예수의 핵심 메시지는 상당 부분 겹쳐진다. 기독교 신앙은 '사회주의 이상'의 것이지 '사회주의에조차 못 미치는' 어떤 게 아니다. 여러 가지 면에서 우리로 하여금 세상을 보는 눈을 환히 밝혀주는 책이다.

김규항
고래가그랬어 발행인

주

1장 인간 쓰레기

1) 나는 회고록 *The Gatekeeper*(London: Allen Lane/Penguin, 2001)에서 괜한 인정을 베풀어 이 교장 선생의 이름을 '데이미언'으로 바꿨다가 학교 때 그에게 당한 사람 여럿에게서 잔소리를 들어야 했다. 들어 마땅한 얘기였다. 그래서 여기서는 실명을 드러내기로 했다.
2) 내 회고록 *The Gatekeeper*는 '반(反)자서전'이라고 부를 수도 있을 유형의 책이다.
3) Herbert McCabe, *Faith Within Reason*(London: Continuum, 2007), p.76.
4) Christopher Hitchens, *God Is Not Great*(London: Atlantic, 2007), p.282. (한국어판:『신은 위대하지 않다』, 알마, 2008)
5) John C. Lennox, *God's Undertaker: Has Science Buried God?* (Oxford: Lion, 2007), p.62.
6) Rowan Williams, "How to Misunderstand Religion," 2007년 10월 13일 웨일스의 스완지 대학교에서의 강연.
7) John C. Lennox, *God's Undertaker*, p.62에서 재인용.
8) John Gray, "The Atheist Delusion," *Guardian*, 2008년 3월 15일자.
9) 여기서 '유대-기독교'라는 용어는 단지 문화적이고 신학적인 어떤 연속성을 가리키기 위해 사용한 것이지 유대인들에 대한 어쭙잖은 '포용'의 제스처로, 혹은 무슬림을 배제하는 보수적 이데올로기의 암구호로 쓴 것이 아니다.
10) Charles Taylor, *Sources of the Self*(Cambridge:Cambridge University Press, 1989), pp.13-16, 81-83, 211-47.
11) 내 책 *An Essay on Evil* (한국어판 2010년 출간 예정)에서도 이런 주제를 다루었다.
12) *New York Times*, 2008년 5월 19일자.
13) Herbert McCabe, *Faith Within Reason*, p.108.
14) Alain Badiou, *Saint Paul:The Foundation of Universalism* (Stanford: Stanford University Press, 2003), pp.55-56. (한국어판:

『사도 바울: '제국'에 맞서는 보편주의 윤리를 찾아서』, 새물결, 2008)

15) Daniel Schwartz, *Aquinas on Friendship*(Oxford: Clarendon, 2007), p.6.
16) Terry Eagleton, *After Theory*(London: Allen Lane/Penguin, 2003), Ch. 6.
17) Karl Marx, "Contribution to the Critique of Hegel's Philosophy of Right," in *Karl Marx: Early Writings*, ed., T. B. Bottomore(London: C. A. Watts, 1963), p.44.
18) Dan Hind, *The Threat to Reason*(London: Verso, 2007), p.22에서 재인용.
19) Gilbert Achcar, "Religion and Politics Today," *Socialist Register* (London, 2008), p.59.

2장 배신당한 혁명

1) Terry Eagleton, "Lunging, Flailing, Mispunching," *London Review of Books*, 2006년 10월 19일자, p.32.
2) Denys Turner, *Faith, Reason and the Existence of God*(Cambridge: Cambridge University Press, 2005), p.230.
3) Stephen Mulhall, *Philosophical Myth of the Fall*(Princeton, N.J.: Princeton University Press, 2005), p.22.
4) Daniel C. Dennet, *Breaking the Spell: Religion as a Natural Phenomenon*(London: Penguin, 2007), p.9.
5) 예컨대 Kermode의 *The Sense of an Ending*(Oxford: Oxford University Press, 1967)과 *The Genesis of Secrecy*(Cambridge, Mass.: Harvard University Press, 1979)는 철저히 세속적인 비평가라도 신학적 쟁점들을 섬세하게 파악할 수 있다는 사실을 잘 보여준다.
6) Karl Barth, *Church Dogmatics* vol. 4, Part Ⅰ (Edinburgh: T. and T. Clark, 1961), p.531. (한국어판: 『교회교의학』 시리즈, 대한기독교서회, 2003 이후 발간 중)
7) Herbert McCabe, *Faith Within Reason*(London: Continuum, 2007), p.46.
8) Melvin Hill, ed., *Hannah Arendt: The Recovery of the Public World* (New York: St. Martin's, 1979), p.334-335.
9) Dan Hind, *The Threat to Reason*(London: Verso, 2007) 참조.

10) Charles Taylor, *A Secular Age*(Cambridge, Mass.: Belknap Press of Harvard University Press, 2007), p.332.
11) John Milbank and Catherine Pickstock, *Truth in Aquinas*(London: Routledge, 2001)와 Fergus Kerr, *After Aquinas*(Oxford: Blackwell, 2002) 참조.
12) John E. Smith, "Faith, Belief and the Problem of Rationality" in *Rationality and Religious Belief*, ed., C. F. Delaney(Notre Dame, Ind.: Notre Dame Press, 1979)에서도 이 점을 지적하고 있다.
13) Richard Dawkins, *The God Delusion*(Boston: Houghton Mifflin, 2006), p.271. (한국어판:『만들어진 신』, 김영사, 2007)
14) Alastaire Crooke, "The Naïve Armchair Warriors Are Fighting a Delusional War," *Guardian*, 2008년 3월 24일자.
15) 나는 *Holy Terror*(Oxford: Oxford University Press, 2005)의 1장에서 이 문제를 자세히 다루었다. (한국어판:『성스러운 테러』, 생각의나무, 2007)
16) Walter Benjamin, "Theses on the Philosophy of History" in *Illuminations*, ed., Hannah Arendt(London: Collins/Fontana, 1973). (이 글은 '발터 벤야민 선집' 제5권『역사의 개념에 대하여 / 폭력비판을 위하여 / 초현실주의 외』, 길, 2007에 실려 있다.)
17) 같은 책, p.256.
18) Detlev Claussen, *Theodor W. Adorno: One Last Genius*(Cambridge, Mass.: Harvard University Press, 2008), p.338에서 재인용.
19) Max Horkheimer and Theodor Adorno, *Dialectic of Enlightenment* (New York: Herder and Herder, 1972) 참조. (한국어판:『계몽의 변증법』, 문학과지성사, 2001)
20) Rush Rhees, *Ludwig Wittgenstein: Personal Recollections*(Oxford: Basil Blackwell, 1981), p.101에서 재인용.
21) 언급된 지주는 아일랜드의 역사학자 Roy Foster의 아내 Aisling Foster의 선조인 것으로 보인다. 나는 가끔 Roy Foster의 글들을 급진적인 관점에서 비판한 바 있다. 역사는 반복된다고 해야 할지…….
22) Pankaj Mishra, "The Burmese Monks' Spiritual Strength Proves Religion Has a Role in Politics," *Guardian*, 2007년 10월 1일자.
23) Aijaz Ahmad, "Islam, Islamism and the West," *Socialist Register* (London: Merlin, 2008), p.12.
24) 같은 책, p.14.
25) 같은 책, p.29.

26) 같은 책, p.25.
27) 같은 책, p.26.
28) 같은 책, p.37.

3장 믿음과 이성

1) Robert Pape, *Dying to Win: The Strategic Logic of Suicide Terrorism* (New York: Random House, 2005) 참조.
2) Slavoj Žižek, *In Defence of Lost Causes*(London: Verso, 2008), p.31. (한국어판: 『잃어버린 대의를 옹호하며』, 그린비, 2009)
3) Herbert McCabe, *Faith Within Reason*(London: Continuum, 2007), p.13.
4) Alain Badiou, *Being and Event*(London, Continuum, 2005) 참조.
5) Terry Eagleton, *Trouble with Strangers*(Oxford: Wylie-Blackwell, 2008), Part 3, Ch. 9 참조.
6) Jean-Yves Lacoste, "Perception, Transcendence and the Experience of God," in *Transcendence and Phenomenology*, ed., Peter M. Candler Jr. and Conor Cunningham(London: SCM Press, 2007), p.15.
7) Christopher Hitchens, *God is not Great*(London: Atlantic, 2007), p.5. (한국어판: 『신은 위대하지 않다』, 알마, 2008)
8) Dan Hind, *The Threat to Reason*(London: Verso, 2007), p.64.
9) Denys Turner, *Faith, Reason and the Existence of God* (Cambridge: Cambridge University Press, 2005), p.232.
10) Ludwig Wittgenstein, *On Certainty* 참조(한국어판: 『확실성에 관하여』, 책세상, 2006), Anthony Kenny ed., *The Wittgenstein Reader* (Oxford: Blackwell, 1994), p.254에서 인용.
11) Charles Taylor, *A Secular Age*(Cambridge, Mass.: Belknap Press of Harvard University Press, 2007), p.835. 테일러는 여기서 비판한 도킨스 말의 전거를 밝히지 않았다.
12) Charles Taylor, *Sources of the Self*(Cambridge: Cambridge University Press, 1989), Part Ⅱ 참조.
13) Terry Eagleton, *Sweet Violence: The Idea of the Tragic*(Oxford: Blackwell, 2003), pp.258-59 참조.

4장 문화와 야만

1) Dan Hind, *The Threat to Reason*(London: Verso, 2007), p.70에서 재인용.
2) Catherine Gallagher, "The Rise of Fictionality" in *The Novel, Volume Ⅰ: History, Geography, and Culture*, ed., Franco Moretti(Princeton, N.J.: Princeton University Press, 2006), pp.336-63.
3) 같은 책, p.346.
4) John Milbank, "Only Theology Saves Metaphysics: On the Modalities of Terror" in *Beliefs and Metaphysics*, ed., Peter M. Candler Jr. and Conor Cunningham(London: SCM Press, 2007), p.455.
5) Aijaz Ahmad, "Islam, Islamisms and the West," *Socialist Register* (London: Merlin, 2008), p.21.
6) 예컨대 Richard Rorty, *Contingency, Irony, and Solidarity*(Cambridge: Cambridge University Press, 1989)와 Stanley Fish, *Doing What Comes Naturally*(Oxford: Oxford University Press, 1989) 등 참조.
7) Asef Bayat, "Islamism and Empire: The Incongruous Nature of Islamist Anti-Imperialism," *Socialist Register*(London: Merlin, 2008), p.43, 49.
8) Terry Eagleton, *The Illusions of Postmodernism*(Oxford: Basil Blackwell, 1996), Ch. 1 참조.
9) 이런 관점을 강력히 제시한 글로는 Raymond Williams, *Modern Tragedy* (London: Chatto and Windus, 1966), Part 1, Ch. 4를 참조할 것.

인명 해설

■ **갤러거, 캐서린** (Catherine Gallagher) 1945년생. 미국의 영문학자·문학비평가. 1980년대 이후 영미 문학비평의 주요 조류 중 하나로 대두한 신역사주의 계열의 비평가다. 저서로『근대적 신체의 형성』『영국 소설의 산업혁명』등이 있다.

■ **갤러해드** (Sir Galahad) 아서왕 전설에 나오는 원탁의 기사 중 한 사람. 역시 원탁의 기사인 랜슬롯의 아들이며, 매우 용감하고 고결한 사람으로 그려진다. 전설 속에서 그리스도의 성배(聖杯)를 찾아낸 것으로 얘기되는 세 기사 중 하나다.

■ **게오르기우스** (St. Georgius, 영미에서는 St. George) 275/281경~303. 초기 기독교의 순교자이자 14성인 가운데 한 사람이다. 그에 관한 전설에 따라 그림에서는 칼이나 창으로 용을 찌르는 백마를 탄 기사의 모습으로 흔히 그려진다.

■ **골딩, 윌리엄** (William Golding) 1911~1993. 영국의 소설가·시인·극작가. 신화와 고전문학, 기독교적 상징을 원용하는 수법과 우화적인 설정 등을 통해 인간 내면의 어둠을 주로 탐구했다. 1983년 노벨문학상을 받았다. 대표작은『파리대왕』『첨탑』등이다.

■ **괴델, 쿠르트** (Kurt Gödel) 1906~1978. 오스트리아 태생의 미국 수학자·논리학자. 아무리 엄밀하게 논리적인 수학체계라도 체계 내의 공리에 기초하여 증명하거나 반증할 수 없는 명제(문제)가 있으며 공리계의 무모순성은 증명될 수 없다는 '불완전성의 정리'를 발표하여 논리학 및 수학 기초론에 큰 영향을 미쳤다. 저서『집합론 공리와 선택공리 및 일반화된 연속체 가설 사이의 무모순성』은 현대 수학의 고전이다.

■ **괴벨스, 요제프** (Joseph Goebbels) 1897~1945. 독일의 정치가. 제3제국, 즉 나치스 정부에서 선전장관이었다.

■ **그레이, 존** (John Gray) 1948년생. 영국의 정치철학자이자 저술가.『자유주의』『정치철학에서의 자유 개념』『사민주의 이후』『자유주의의 두 얼굴』등의 저서가 있다.

■ **그린, 그레이엄** (Graham Greene) 1904~1991. 영국의 소설가·극작가. 현대 사회의 불안과 허무, 도덕적·정치적인 모호함과 양면성, 악의 만연 따위를 독특한 상상력으로 다루었다. 작품으로『제3의 사나이』『권력과 영광』『조용한 미국인』등이 있다.

■ **나세르, 가말 압델** (Gamal Abdel Nasser) 1918~1970. 이집트의 2대 대통령 (1954~1970). 1952년 쿠데타에 성공한 후 54년 대통령이 되었다. 수에즈 운하의 국유화를 선언하고 시리아와 함께 아랍연합공화국을 만들기도 하는 등 범아랍 민족주의의 강화에 기여했다.

■ **뉴턴, 아이작** (Isaac Newton) 1642~1727. 영국의 물리학자·수학자. 17세기 과학혁명의 상징적인 인물로, 만유인력의 원리를 확립하고 빛의 입자설을 주장했으며 반사망원경을 만드는 등 여러 분야에서 뛰어난 업적을 남겼다. 그의 책『자연철학의 수학적 원리』('프린키피아'라고도 함)는 근대과학에서 가장 중요한 저서로 꼽힌다.

■ **니체, 프리드리히** (Friedrich Nietzsche) 1844~1900. 독일의 철학자. 전통적인 서구 종교·도덕·철학에 깔려 있는 근본 동기를 밝히려 했으며, 철학에서 예술에 이르기까지 폭넓게 영향을 미쳤다. 기독교적, 민주주의적 윤리를 약자의 노예 도덕으로 간주하여 강자의 군주 도덕을 찬미하고, 그 구현자를 초인(超人)이라 불렀다. 신은 죽었다는 그의 주장은 20세기 유럽 지식인의 주요한 구호였다. 저서로『차라투스트라는 이렇게 말했다』『도덕의 계보』『인간적인 너무나 인간적인』『비극의 탄생』『권력에의 의지』『이 사람을 보라』등이 있다.

■ **데닛, 대니얼** (Daniel C. Dennett) 1942년생. 미국의 철학자. 인지과학 분야에서 혁신적인 연구를 해왔다. 저서로『브레인스톰』『이런, 이게 바로 나야!』『마음의 진화』『자유는 진화한다』『주문을 깨다』등이 있다.

■ **데리다, 자크** (Jacques Derrida) 1930~2004. 프랑스의 철학자. 궁극적인 확실성과 고정된 의미에 대한 '해체(deconstruction)'를 핵심적 방법론으로 제시하면서 서양철학의 형이상학적 전통을 근본적으로 비판했다. 철학뿐 아니라 문학·언어학·정신분석학 등 문화 전반에 큰 영향을 주었다.『글쓰기와 차이』『그라마톨로지에 대하여』『마르크스의 유령들』등 많은 저서가 있다.

■ **데모크리토스** (Democritos) BC 460경~BC 370경. 그리스의 철학자. 실재하는 것은 불생불멸의 아토마와 그것이 존재하는 장소로서의 공허뿐이라면서 원자설에 입각한 유물론을 제창했다. 많은 저서를 썼다지만 지금은 대부분 윤리학에 관한 단편들만이 남아 있다.

■ **데카르트, 르네** (René Descartes) 1596~1650. 프랑스의 수학자·과학자이며 철학자. 모든 것을 의심하는 방법론적 회의를 거친 뒤 '이처럼 회의하고 있는 내 존재는 명석하고 분명한 진리'라고 보고 "나는 생각한다. 고로 나는 존재한다."라는 명제를 철학의 제1원리로 삼아 근대 합리주의 철학을 정초했다. 정신과 육체가 서로 다른 종류의

실체라는 심신이원론도 그에게서 유래했다. 해석기하학의 창시자이기도 하다. 저서로 『방법서설』『성찰』『철학의 원리』 등이 있다.

■ **도킨스, 리처드** (Richard Dawkins) 1941년생. 영국의 진화생물학자이자 저술가. 진화에 대한 유전자 중심적 관점을 대중화했으며, 2006년의 저서 『만들어진 신』에서는 초자연적 창조자가 존재하지 않는 게 거의 확실하며 종교적 신앙은 굳어진 착각에 불과하다고 주장했다. 저서로 『이기적 유전자』『눈먼 시계공』『지상 최대의 쇼』『악마의 사도』 등이 있다.

■ **들뢰즈, 질** (Gilles Deleuze) 1925~1995. 프랑스의 철학자. 철학·문학·영화·미술 등 여러 분야에서 이론을 전개해 큰 영향을 미쳤다. 펠릭스 가타리와 공저한 『앙띠 오이디푸스: 자본주의와 분열증』『천 개의 고원: 자본주의와 분열증 2』 외에 『차이와 반복』『감각의 논리』『시네마』 등 여러 저서가 있다.

■ **디킨스, 찰스** (Charles Dickens) 1812~1870. 영국의 소설가. 영국이 낳은 가장 위대한 소설가로 평가되며 가진 자에 대한 풍자와 인간 생활의 애환을 폭넓게 그려 명성을 얻었다. 『올리버 트위스트』『위대한 유산』『두 도시 이야기』『데이비드 코퍼필드』 등 수많은 작품이 있다.

■ **라캉, 자크** (Jacques Marie-Émile Lacan) 1901~1981. 프랑스의 정신분석학자·정신의학자로 철학과 문학이론 등 다양한 분야에 큰 영향을 미쳤다. 프로이트에 대한 해석으로 명성을 얻었으며, 무의식이 언어와 같은 구조를 지니고 있음을 강조했다. 상상계·상징계·실재계의 구분이 유명하다. 저서로 『정신분석의 네 가지 근본 개념』『에크리』 등이 있다.

■ **러셀, 버트런드** (Bertrand Russell) 1872~1970. 영국의 철학자·수학자·사회비평가. 수리철학과 기호논리학을 집대성하여 분석철학의 기초를 쌓았다. 평화운동, 핵무장 반대운동을 비롯한 사회정치운동으로도 유명하다. 1950년 노벨 문학상을 수상했다. 저서로 『의미와 진리에 관한 탐구』『철학의 문제들』『나는 왜 기독교인이 아닌가』, 화이트헤드와 공저한 『수학원리』 등이 있다

■ **럼즈펠드, 도널드** (Donald Rumsfeld) 1932년생. 미국의 정치인·사업가. 1975~77년과 2001~2006년에 국방장관을 지냈다.

■ **레녹스, 존** (John Carson Lennox) 영국의 수학자이자 과학철학자. 대중적 저서로 『하느님의 장의사』가 유명하다.

■ **레닌, 블라디미르 일리치** (Vladimir Ilyich Lenin, 본디 성은 Ulyanov) 1870~1924. 러시아(소련)의 혁명가·정치가. 러시아 공산당을 창설하여 1917년

볼셰비키 혁명을 주도했고 소비에트 사회주의 공화국을 건설했다. 마르크스주의를 제국주의와 프롤레타리아 혁명에 관한 이론으로 발전시켜 국제적 혁명운동에 깊은 영향을 주었다. 저서로『무엇을 할 것인가』『제국주의론』『국가와 혁명』『유물론과 경험비판론』등이 있다.

■ **레비스트로스, 클로드**(Claude Lévi-Strauss) 1908~2009. 프랑스의 인류학자. 친족이론, 사고체계와 신화의 분석 등에서 구조주의를 제창하여 인류학뿐 아니라 20세기의 문학과 사상 분야에 큰 영향을 주었다. 저서로『친족의 기본 구조』『슬픈 열대』『야생의 사고』『신화학』 등이 있다.

■ **로렌스, D. H.**(David Herbert Lawrence) 1885~1930. 영국의 소설가 · 시인. 본능으로서의 성과 사랑을 주제로 새로운 남녀 관계의 윤리를 추구하고 인간의 총체성을 표현하고자 했다.『아들과 연인』『채털리 부인의 연인』『무지개』『목사의 딸들』 등 많은 작품이 있다

■ **로버트슨, 팻**(Pat Robertson) 1930년생. 미국 기독교 보수파의 목사이자 사업가 · 방송인. 1988년 공화당 대선 후보 경선에 나서기도 했다.

■ **로크, 존**(John Locke) 1632~1704. 영국의 철학자이자 정치사상가. 경험주의 이론을 확립하고 사회계약설 등을 제시하면서 의회제와 민주주의 사상의 발전에 공헌했다. 대표 저서는『인간오성론』『시민정부론』『통치론』『관용에 관한 편지』 등이다.

■ **로티, 리처드**(Richard McKay Rorty) 1931~2007. 미국의 철학자 분석철학에서 시작했으나 탈구조주의와 해석학 등을 수용하고 문학의 영역까지 섭렵하면서 미국 실용주의 철학의 전통을 되살렸다. 철학, 문학, 정치학, 종교, 과학, 법학, 윤리학 등 광범위한 영역에 걸쳐 글을 썼다.『철학 그리고 자연의 거울』『우연성, 아이러니, 연대성』『실용주의의 결과』『철학과 사회적 희망』 등의 저서가 있다.

■ **루슈디, 살만**(Salman Rushdie) 1947년생. 인도 태생 영국 소설가. 신화와 환상과 현실이 혼합되어 나타나는 마술적 사실주의와 포스트모더니즘 기법을 즐겨 쓴다. 작품『악마의 시』에서 예언자 마호메트를 불경하게 묘사해 1989년 이란의 최고 지도자인 아야톨라 호메이니가 그를 배교자로 규정하고 처형을 명한 사건으로 유명하다. 다른 작품으로『분노』『자정의 아이들』『무어의 마지막 한숨』 등이 있다.

■ **루이스, G. H.**(George Henry Lewes) 1817~1878. 영국의 철학자 · 비평가 · 극작가. 다재다능한 작가이자 다방면의 사상가로서 다윈주의, 실증주의, 종교적 회의주의 등을 놓고 벌어진 19세기의 많은 논쟁에 참여했다.『괴테의 생애와 작품』『생활과 정신의 문제들』 등의 저서가 있다.

■ **리비스, F. R.** (Frank Raymond Leavis) 1895~1978. 영국의 문학비평가. 윤리적 가치를 중시하면서 문학비평에 엄격한 기준을 도입했다. 아내와 함께 주재한 비평계간지 『스크루티니 Scrutiny』는 영국 문학에 깊은 영향을 끼쳤다. 『위대한 전통』 등 많은 저서를 남겼다.

■ **리처드슨, 새뮤얼** (Samuel Richardson) 1689~1761. 영국의 소설가. 인쇄업자가 본업으로, 50세 때 처녀작 『파멜라』를 발표했다. 서간체 기법을 도입해 소설의 극적 가능성들을 개척했다. 다른 작품으로 『클라리사』 『찰스 그랜디슨 경의 내력』 등이 있다.

■ **리처즈, I. A.** (Ivor Armstrong Richards) 1893~1979. 영국의 비평가·시인·수사학자. 신비평으로 발전하게 된 새로운 시 해석 방법에 큰 영향을 미쳤다. 저서로 『문학비평의 원리』 『수사학의 철학』 『의미의 의미』 등이 있다.

■ **릴케, 라이너 마리아** (Rainer Maria Rilke) 1875~1926. 오스트리아의 보헤미아 태생인 독일 시인·비평가. 서정시의 새로운 양식을 개발한 탁월한 시인으로서, 사람과 사물·풍경의 만남을 놓고 내면을 응시하여 본질을 이끌어내려 한 작품들이 많다. 작품에 시집 『두이노의 비가』 『형상시집』, 소설 『말테의 수기』, 에세이 『젊은 시인에게 보내는 편지』 등이 있다.

■ **마르크스, 카를** (Karl Marx) 1818~1883. 독일 출신의 철학자이자 역사가, 경제학자, 사회학자, 과학적 사회주의의 창시자다. 『자본』 『공산당 선언』 『독일 이데올로기』 『프랑스의 내전』 『경제학-철학 수고』 『정치경제학 비판 요강』 등 방대한 저작을 남겼다.

■ **마오쩌둥** (毛澤東) 1893~1976. 중국의 혁명가·정치가. 1921년 공산당 창당에 참여했고 1931년 이래 중국공산당의 지도자였다. 1949년 중화인민공화국 수립 후 59년까지 국가 주석을 지냈고, 그 후 사망할 때까지 당 주석으로 있으면서 1965년부터 문화혁명을 주도했다. 『모순론』 『실천론』 『신민주주의론』 『연합정부에 대해』 등의 논저가 있다.

■ **마하 고사난다** (Samdech Preah Maha Ghosananda) 1929~2007. 캄보디아의 불교 지도자. 크메르 루주와 폴 포트의 통치 시기에 거의 절멸됐던 캄보디아 불교를 재건하는 데 핵심적 역할을 했다. 티베트의 달라이라마, 베트남의 틱낫한 등과 함께 국제적으로 존경받는 고승이었다. 그의 가르침을 담은 책으로 『평화로운 영혼』 『걸음 걸음이 그대로 명상입니다』 등이 있다.

■ **막스, 그라우초** (Julius Henry 'Groucho' Marx) 1890~1977. 미국의 코미디언·영화배우. 형제들과 함께 유명한 코미디 팀인 '막스 브라더스'를 만들어 무대와

방송 및 영화에서 큰 인기를 끌었다. 출연 영화로 「코코넛」 「오페라에서의 하룻밤」 「몽키 비즈니스」 등이 있다.

■ **만, 토마스** (Thomas Mann) 1875~1955. 독일의 소설가·사회비평가. 인간 심리, 특히 예술가와 지식인들의 심리에 대한 통찰을 바탕으로 상징과 아이러니, 사회문화 비판이 두드러지는 작품들을 많이 썼다. 현대 독일의 양심을 대표하는 작가로 꼽히며, 1929년에 노벨 문학상을 받았다. 급진적 작가 하인리히 만이 그의 형이다. 작품에 『마의 산』 『파우스트 박사』 『요셉과 그 형제들』 『부덴브로크 가의 사람들』 『토니오 크뢰거』 등이 있다.

■ **매케이브, 허버트** (Herbert McCabe) 1926~2001. 영국의 도미니크 수도회 신부이자 신학자. 토마스 아퀴나스를 평생 연구했다. 테리 이글턴, 정치철학자 알래스데어 매킨타이어, 시인 셰이머스 히니 등 많은 지식인에게 영향을 주었다. 저서는 『새로운 창조』 『법과 사랑과 언어』 『가톨릭의 교리』 등이다.

■ **매큐언, 이언** (Ian Russell McEwan) 1948년생. 영국의 소설가. 인물에 대한 심리적 통찰, 극한상황이 보통사람들에게 미치는 영향의 탐구 등이 돋보인다. 『속죄』 『암스테르담』 『이런 사랑』 『시멘트 가든』 등의 작품이 있다.

■ **멀홀, 스티븐** (Stephen Mulhall) 1962년생. 영국의 철학자. 『자유주의자와 공동체주의자들』 『신앙과 이성』 『타락에 관한 철학적 신화』 『비트겐슈타인의 사적 언어』 등의 책을 썼다.

■ **모사데크, 모하마드** (Mohammad Mossadegh/Mosaddeq) 1882~1967. 이란의 정치가. 1951년 총리가 되자 곧 석유를 국유화하고 친서방적인 샤와 갈등하다 53년 쿠데타로 축출됐다.

■ **모어, 토마스** (Thomas More) 1478~1535. 영국의 정치가이며 인문주의자. 헨리 8세 때 대법관을 지냈으나 가톨릭 교도로서 국왕이 영국 국교회의 수장이 되는 데 반대하고 왕의 이혼에도 반대하다가 반역죄로 몰려 처형당했다. 유럽 사회를 풍자한 저서 『유토피아』가 유명하며, 미완성 역사서 『리처드 3세전』은 후대의 사가들에게 큰 영향을 미쳤다. 1935년 가톨릭교회의 성인 반열에 올랐다.

■ **무바라크, 호스니** (Hosni Mubarak) 1928년생. 이집트의 군인·정치가. 81년 부통령 시절 안와르 사다트 대통령이 암살되자 대통령에 올라 5선 대통령으로 2010년 현재까지 연임하고 있다.

■ **무질, 로베르트** (Robert Mathias Musil) 1880~1942. 오스트리아의 소설가. 섬세한 필치로 인간의 정신과 행위의 분열, 현실과 비현실의 이중성을 내포한 세계를 그렸

다. 미완성 장편인『특성 없는 남자』는 모더니즘 문학의 대표작 중 하나로 꼽힌다. 그 밖에『세 여인』등의 작품이 있다.

■ **미드, 마거릿** (Margaret Mead) 1901~1978. 미국의 문화인류학자. 주로 오세아니아의 원시 종족들에 관한 연구, 특히 심리 상태와 문화의 여러 양상, 성 행동에 대한 문화적 조절, 본성, 문화변동에 대한 연구로 유명하다. 저서로『사모아의 청소년』『세 부족사회에서의 성과 기질』등이 있다.

■ **밀, 존 스튜어트** (John Stuart Mill) 1806~1873. 영국의 철학자·경제학자·정치가. 고전적 자유주의의 대표적 이론가이며 공리주의자이기도 하다. 철학·경제·정치에서 종교·사회주의·여성문제와 과학적 방법론에 이르기까지 폭넓은 저작 활동을 했다. 자유에 관한 그의 이론은 아직도 시사하는 바가 크다. 공리주의 사상가 제임스 밀의 아들이다. 저서로『자유론』『공리주의』『여성의 예속』등이 있다.

■ **밀뱅크, 존** (John Milbank) 1952년생. 영국의 신학자. 세속적 사회이론은 폭력의 존재론에 바탕을 두고 있기 때문에 신학에 활용될 수 없다는 주장으로 논쟁을 불러일으켰다.『신학과 사회이론』『그리스도의 기괴성』(슬라보예 지젝과 공저) 등의 저서가 있다.

■ **밀턴, 존** (John Milton) 1608~1674. 영국의 시인. 정치적 자유, 공화제, 종교개혁 정신의 부흥 등을 주장하며 청교도혁명 후 올리버 크롬웰 정부에서 장관을 지냈다. 그의 산문들 역시 청교도혁명에 대한 해석 등으로 정치와 종교의 사상사에서 중요한 위치를 차지한다. 대표작은『실낙원』과『복낙원』『투사 삼손』등이다.

■ **바디우, 알랭** (Alain Badiou) 1937년생. 프랑스의 철학자. 마르크스주의와 자크 라캉의 이론에 뿌리를 두고 존재와 진리, 주체 등의 개념을 새로이 정립하는 철학적 작업을 지속하면서 조르조 아감벤, 슬라보예 지젝 등과 함께 유럽 지성계의 선두에 서 있다.『존재와 사건』『사도 바울』『비미학』『윤리학』등의 저서가 있다.

■ **바르트, 카를** (Karl Barth) 1886~1968. 스위스의 신학자. 하느님의 전적인 '타자성(他者性)'을 강조하면서 프로테스탄트 사상의 근본적 변화를 주도했다. 주 저서는 네 권으로 구성된『교회교의학』이다.

■ **바야트, 아세프** (Asef Bayat) 1950년대생. 이란 출신의 사회학자·중동 전문가. 영국·미국·네덜란드의 대학들에서 가르치면서 정치사회학, 사회운동, 도시학, 이슬람 및 중동 문제 등을 연구해 많은 글을 발표했다. 저서로『이란의 노동자와 혁명』『이슬람의 민주화』『정치로서의 삶』등이 있다.

■ **바우라, 모리스** (Cecil Maurice Bowra) 1898~1971. 영국의 고전학자. 날카로운

위트로 유명하다. 『고대 그리스 문학』『상징주의의 전통』『낭만적 상상력』 등의 저서가 있다.

■ **바울** (St. Paul, 그리스어로는 Paulos, 라틴어 Paulus) BC 5경~AD 67경. 그리스도의 사도 중 한 사람. 열두 제자의 일원은 아니었으나 가장 큰 활약을 한 인물이다. 본디 광신적인 바리새인들의 지도자로 초기 기독교에 대한 박해로 악명이 높았지만, 기독교도들을 박해하려고 다마스커스로 가던 중 부활한 예수를 만나 바로 개종했다고 한다. 이후 2만km에 이르는 전도 여행을 하면서 교회의 기초를 쌓고 로마에서 순교했다. 「로마서」「고린도서」「갈라디아서」 등 신약성서 27권 중 13권이 바울의 서간문이다. '바울로, 바오로' 등으로도 표기한다.

■ **버크, 에드먼드** (Edmund Burke) 1729~1797. 아일랜드 태생의 영국 정치가·정치사상가. 1790년 자코뱅주의에 반대한 『프랑스 혁명에 관한 성찰』을 발표해 보수주의의 옹호자로 부상했다. 다른 저서로『숭고와 아름다움의 이념의 기원에 대한 철학적 탐구』 등이 있다.

■ **베버, 막스** (Max Weber) 1864~1920. 독일의 사회학자·정치경제학자·법률가·정치가. 사회이론과 연구방법론, 그리고 사회학의 학문적 발전에 심대한 영향을 끼쳐 가장 위대한 사회과학자 중 하나로 꼽힌다. 예컨대 자본주의의 발전을 프로테스탄티즘과 관련지어 분석했으며, 사회적 권위의 다양한 유형을 인식하여 '카리스마적 권위, 전통적 권위, 법적 권위'로 범주화하고, 국가를 '합법적 폭력의 독점' 차원에서 규정했다. 그의 관료제 분석은 현대의 조직 연구에서도 유효하다. 현실 정치에도 깊이 참여해 베르사유 조약의 독일 측 협상자 중 하나였으며 바이마르 헌법의 초안 작성에 참여했다. 『프로테스탄트 윤리와 자본주의 정신』『직업으로서의 학문』『직업으로서의 정치』『경제와 사회』『사회학의 기본 개념들』『사회과학 방법론』『국가의 사회학』『러시아 혁명』 등 많은 저서가 있다.

■ **베이컨, 프랜시스** (Francis Bacon) 1561~1626. 영국의 철학자·정치가. 근대 경험론의 선구자로 관찰과 실험에 기초를 둔 귀납법을 확립해 과학의 방법론에 큰 영향을 주었다. 저서로 『신기관』『학문의 진보』『수상록』 등이 있다.

■ **벤야민, 발터** (Walter Benjamin) 1892~1940. 독일의 문예비평가·미학자. 보들레르, 프루스트 등의 작품을 번역했으며 유물론적 사유와 유대신학적 사유, 아방가르드적 실험정신에 바탕을 둔 연구와 저술 활동을 벌였다. 저서로 『독일 비애극의 원천』『기술복제 시대의 예술 작품』『베를린 연대기』『아케이드 프로젝트』 등이 있다.

■ **벨로, 솔** (Saul Bellow) 1915~2005. 미국의 소설가. 제2차 세계대전 뒤 미국 문

단의 중심 그룹이 됐던 유대계 미국 작가들을 대표하는 인물이며, 1976년 노벨 문학상을 받았다. 『허조그』『허공에 매달린 사나이』『오기 마치의 모험』『훔볼트의 선물』『오늘을 잡아라』 등의 작품이 있다.

- **볼테르** (Voltaire, 본명은 François-Marie Arouet) 1694~1778. 프랑스의 사상가·작가. 계몽주의 시대를 대표하는 인물로 18세기 유럽의 전제 정치와 종교적 맹신에 저항하고 진보의 이상을 고취했다. 『캉디드』『관용론』『철학사전』 등의 저서가 있다.

- **볼트, 로버트** (Robert Oxton Bolt) 1924~1995. 영국의 극작가이자 시나리오 작가. 헨리 8세와 토머스 모어를 주인공으로 한 희곡 「사계절의 사나이」로 잘 알려졌으며, 그 작품의 영화 시나리오와 「닥터 지바고」의 시나리오로 아카데미 상을 두 차례 받았다.

- **블레어, 토니** (Anthony Charles Lynton Blair) 1953년생. 영국의 정치가. 노동당을 이끌고 1997년부터 10년간 총리를 지냈다. 사민주의와 자유시장 자본주의 사이의 '제3의 길'을 주창한 것으로 유명하다. 저서로 『새로운 영국』『제3의 길: 새로운 세기의 새로운 정치』 등이 있다.

- **블레이크, 윌리엄** (William Blake) 1757~1827. 영국의 시인·화가·신비주의자. 신비적 향취가 높은 삽화와 판화 및 시 작품으로 영국 낭만주의의 선구자가 되었으며, 시대를 뛰어넘어 현대 감각에 연결되고 있다. 시집으로 『순수의 노래』『경험의 노래』『천국과 지옥의 결혼』 등이 있다.

- **블로흐, 에른스트** (Ernst Bloch) 1885~1977. 독일의 마르크스주의 철학자. '희망의 철학'으로 유명하며, 해방신학에 큰 영향을 주었다. 『희망의 원리』(전3권) 와 『저항과 반역의 기독교』 등의 저서가 있다.

- **비트겐슈타인, 루트비히** (Ludwig Wittgenstein) 1889~1951. 오스트리아 태생의 영국 철학자. 논리학 이론과 언어철학에 관한 독창적이며 중요한 철학적 사유체계를 제시했다. 저서로 『논리-철학 논고』『철학적 탐구』 등이 있다.

- **사르트르, 장폴** (Jean-Paul Sartre) 1905~1980. 프랑스의 철학자·소설가. 잡지 『현대』를 주재하면서 지식인 사회를 이끌었으며, 무신론적 실존주의를 제창했다. 문학자의 사회 참여를 주장하고, 공산주의에 접근했다. 1964년 노벨 문학상 수상을 거부했다. 저서로 소설 『구토』『자유에의 길』, 철학서 『존재와 무』『변증법적 이성 비판』, 희곡 『파리떼』 등이 있다.

- **섀프츠베리 백작** (Anthony Ashley-Cooper, 3rd Earl of Shaftesbury) 1671~1713.

정치가이자 철학자로 영국 이신론(理神論)의 대표자 중 하나. 도덕의 고유한 가치를 강조하여 진·선·미의 일치를 주장했다. 대표 저서는『인간·예절·의견·시대의 특성들』이다.

■ **셰익스피어, 윌리엄** (William Shakespeare) 1564~1616. 영국의 극작가이자 시인. 영문학 사상 최고의 문호로 꼽힌다. 희곡 38편, 소네트 154편, 서사시 2편 등이 전해진다. 4대 비극『햄릿』『리어왕』『오셀로』『맥베스』외에『베니스의 상인』『로미오와 줄리엣』『템페스트』『헨리 6세』『리처드 3세』『한여름 밤의 꿈』『말괄량이 길들이기』등 숱한 희곡 작품이 아직도 널리 상연된다.

■ **소렐, 조르주** (Georges Sorel) 1847~1922. 프랑스의 사회주의 사상가. 역사의 발전 과정에서 신화와 폭력이 적극적이며 창조적인 역할을 한다고 주장하면서 생디칼리슴(무정부주의적인 노동조합 지상주의)의 이론을 세웠다. 저서『폭력에 대한 성찰』이 유명하다.

■ **쇤베르크, 아르놀트** (Arnold Schoenberg) 1874~1951. 오스트리아 출신 미국 작곡가. 20세기 음악예술에 큰 영향을 미친 작곡가로, 무조성(無調性) 음악과 12음 기법을 창안했으며 알반 베르크와 안톤 베베른 등 중요한 작곡가를 길러냈다. 작품에 교향시「펠레아스와 멜리장드」, 현악 6중주「정화된 밤」, 칸타타「구레의 노래」등이 있다.

■ **쇼펜하우어, 아르투르** (Arthur Schopenhauer) 1788~1860. 독일의 철학자. 염세주의자로 널리 알려졌다. 헤겔의 관념론에 정면으로 반대하는 '의지의 형이상학'을 주창한 인물이며, 후대의 실존철학과 프로이트 심리학에도 영향을 끼쳤다. 저서로『의지와 표상으로서의 세계』『자연 속의 의지에 관하여』『윤리학』『도덕의 기초에 관하여』등이 있다.

■ **수카르노** (Sukarno) 1901~1970. 인도네시아의 초대 대통령(1949~1967). 권위주의적인 '교도(敎導) 민주주의'를 주장하면서 의회를 탄압했고, 한편에서는 군부와 공산주의 세력 간의 균형을 시도했다. 1965년 수하르토가 이끄는 쿠데타로 사실상 실각한 뒤 67년 공식적으로 대통령 직에서 물러났다.

■ **수하르토** (Suharto) 1921~2008. 인도네시아의 2대 대통령(1967~1998). 1965년 육군전략사령부 사령관으로서 군대를 이끌고 공산주의자들의 쿠데타라고 알려진 사태를 진압한 뒤 단계적으로 정권을 장악하고 30년 넘게 독재체제를 유지했다.

■ **슈뢰딩거 에르빈** (Erwin Schrödinger) 1887~1961. 오스트리아의 이론물리학자. 물질의 파동이론과 양자역학의 기초를 세우는 데 기여했다. 1933년 노벨 물리학상을

받았다. 저서로『생명이란 무엇인가』『정신과 물질』등이 있다.
- **스노, C. P.** (Charles Percy Snow) 1905~1980. 영국의 물리학자 · 소설가 · 행정가. 인문학과 자연과학 사이에 존재하는 심각한 단절을 다룬 저서『두 문화』로 특히 유명하며, 소설 작품으로는『이방인과 형제들』연작 등이 있다.
- **스위프트, 조너선** (Jonathan Swift) 1667~1745. 아일랜드의 작가 · 성직자. 풍자문의 대가로 꼽히며, 풍자소설과 역사소설 외에 에세이와 정치평론도 많이 썼다. 대표작은『걸리버 여행기』『통 이야기』 등이다.
- **스타이너, 조지** (George Steiner) 1929년생. 유럽 태생의 미국 문학비평가 · 소설가 · 철학자. 박학다식하고 여러 언어에 능통해 유럽과 영미의 많은 대학에서 가르치면서 언어와 문학과 사회에 관해 다양한 저술을 내놓았다.『톨스토이인가 도스토예프스키인가』『비극의 죽음』『바벨 이후』『창조의 문법』등이 유명하다.
- **스펜서, 허버트** (Herbert Spencer) 1820~1903. 영국의 사회학자 · 철학자. 진화론을 사회에 적용하는 등 지식의 종합을 통해 많은 영향을 끼쳤으며, 사회보다 개인이, 종교보다 과학이 우월함을 주장했다. 대표적 저서는『종합 철학체계』다.
- **스피노자, 베네딕트** (Benedict de Spinoza 또는 Baruch Spinoza) 1632~1677. 네덜란드의 유대인 철학자, 17세기 합리론의 주요 이론가로, 신과 관련해서는 일원론적 범신론을 주장했다.『에티카』『정치론』『데카르트 철학의 원리』등의 저서가 있다.
- **스힐레벡스, 에드바르트** (Edward Schillebeeckx) 1914~2009. 벨기에 출신의 세계적 신학자. 네덜란드 네이메헌의 가톨릭대학교에서 오랫동안 가르쳤고, 1962년부터 3년간 열린 제2차 바티칸 공의회에서 중요한 역할을 했다. 이 공의회는 교회의 본질과 사명을 숙고하고 그 개방성을 높였다고 평가된다.『성찬식』『나는 행복한 신학자다』등의 저서가 있다.
- **아널드, 매슈** (Matthew Arnold) 1822~1888. 영국의 시인이자 문학 · 사회비평가. 빅토리아 시대 최고의 비평가로 꼽히며, 이른바 야만인(귀족) 과 속물(상업적 중산층)과 민중의 취향과 예법을 비판하면서 '교양'의 옹호자가 되었다.『교양과 무질서』『문학의 근대적 요소에 대하여』등의 저서가 있다.
- **아도르노, 테오도어** (Theodor Wiesengrund Adorno) 1903~1969. 독일의 철학자. 비판이론으로 유명한 프랑크푸르트 학파의 일원이며 사회학 · 심리학 · 음악학 등에도 해박했다.『부정변증법』『미학이론』『미니마 모랄리아』등 많은 저서가 있다.
- **아렌트, 한나** (Hannah Arendt) 1906~1975. 독일 출신의 미국 정치철학자. 평등한 인간들의 집합적 정치행동에 상응하는 자유의 개념을 꾸준히 탐구했다.『인간의 조

건,『전체주의의 기원』,『혁명론』 등의 저서가 있다.

■ **아마드, 아이자즈**(Aijaz Ahmad) 인도의 마르크스주의 문학이론가이자 정치비평가.『이론상으로: 민족, 계급, 문학』,『우리 시대에: 제국과 정치와 문화』등의 저서가 있다.

■ **아슈카르, 질베르**(Gilbert Achcar) 1951년생. 레바논 태생으로 서유럽에서 활동하는 국제관계학자. 사회주의자이며 반전운동가이기도 하다. 프랑스의『르몽드 디플로마티크』지에 자주 기고한다.

■ **아우구스티누스**(Aurelius Augustinus) 354~430. 로마령 아프리카에 있던 도시 히포의 주교이자 교부철학자. 고대 그리스도교의 가장 위대한 사상가로 평가된다. 저서로『신국론』,『고백록』,『삼위일체론』등이 있다.

■ **아이스킬로스**(Aeschylos) BC 525/524~BC 456/455. 고대 그리스의 3대 비극시인 중 하나. 주로 운명에 저항하는 인간의 영웅적 자세를 묘사했다. 작품으로『오레스테이아』,『페르시아 사람들』,『결박당한 프로메테우스』따위가 있다.

■ **아이젠하워, 드와이트**(Dwight David Eisenhower) 1890~1969. 미국의 34대 대통령(1953~1961). 제2차 세계대전 중 유럽 주둔 연합군 최고사령관을 역임하고, 1952년 20년 만의 공화당 출신 대통령으로 당선된 뒤 한국전쟁 휴전조약을 이끌어냈다. 저서로『유럽 십자군』이 있다.

■ **아인슈타인, 알베르트**(Albert Einstein) 1879~1955. 독일 태생의 이론물리학자이자 철학자. 20세기 최고의 과학자·식식인 중 한 사람이다. 특수상대성이론, 일반상대성이론, 통일장이론 등 공간·시간·중력을 새롭게 해석한 이론들을 내놓았고, 1921년 노벨 물리학상을 받았다. 상대성이론 및 물리학에 관한 일련의 해설서 외에『나의 세계관』,『나의 노년의 기록들』,『생각과 견해』등의 저서가 있다.

■ **아퀴나스, 토마스**(Thomas Aquinas) 1225경~1274. 스콜라 철학의 대표자 가운데 한 사람. 이성과 신앙의 조화를 추구하여 방대한 신학 이론의 체계를 수립했다.『신학대전』,『자연의 원리들』,『이단논박대전』등 많은 저서를 남겼다.

■ **안셀무스**(Anselmus, 영어로는 Saint Anselm of Canterbury) 1033~1109. 이탈리아 태생의 영국 국교회 사제, 신학자. 스콜라 철학의 창시자로 꼽히며 신의 현존에 관한 '존재론적 증명'으로 유명하다.『모놀로기온』,『프로슬로기온』등의 저서가 있다.

■ **에우리피데스**(Euripides) BC 480경~BC 406. 고대 그리스의 3대 비극 작가 가운데 아이스킬로스와 소포클레스를 뒤이은 마지막 인물.『트로이의 여인들』,『메데이아』,『주신 바코스의 여신도들』등의 작품이 있다.

■ **에이미스, 마틴** (Martin Amis) 1949년생. 영국의 소설가. 포스트모던한 상황과 후기자본주의 사회의 부조리한 모습들을 특유의 신랄함과 블랙 유머로 그려낸다.『머니』『레이철 페이퍼스』『시간의 화살』 등의 작품이 있다

■ **오스틴, J. L.** (John Langshaw Austin) 1911~1960. 영국의 철학자. 일상언어를 세심하게 연구하여 인간 사고를 개별적으로 분석했다. '언어행위' 라는 개념을 처음 제시했다. 저서로『말과 행위』『감각과 감각 가능한 것』 등이 있다.

■ **엘리엇, T. S.** (Thomas Stearns Eliot) 1888~1965. 미국 출신의 영국 시인·극작가·문학비평가. 모더니즘 운동의 주도자로 20세기 문화에 큰 영향을 끼쳤다. 1948년에 노벨 문학상을 받았다. 시「황무지」「네 개의 4중주」「재의 수요일」, 시극「칵테일 파티」등의 작품이 있다. 뮤지컬「캣츠」의 바탕이 된 시집『노련한 고양이에 관한 늙은 주머니 쥐의 책』도 그의 저서다.

■ **엘리엇, 조지** (George Eliot, 본명은 Mary Anne Evans) 1819~1880. 영국의 소설가. 빅토리아 왕조 후기의 대표적인 여성 작가로, 인물의 내면과 심리적 갈등의 표현에 뛰어났다. 작품으로『플로스 강의 물방앗간』『사일러스 마너』『미들마치』 등이 있다.

■ **오스틴, 제인** (Jane Austen) 1775~1817. 영국의 소설가. 영국 중산계층의 일상생활을 주제로 유머와 풍자에 가득 찬 현대적이고 사실주의적인 작품을 썼다. 대표작으로『오만과 편견』『이성과 감성』『맨스필드 파크』『에마』『노생거 사원』 등이 있다.

■ **오웰, 조지** (George Orwell) 1903~1950. 영국의 소설가이자 저널리스트·비평가. 전체주의와 사회적 불의에 대한 지적이며 날카로운 비판, 명징한 언어에 대한 소신 등으로 유명하다.『1984년』『동물농장』『카탈로니아 찬가』『파리와 런던의 밑바닥 생활』『위건 부두로 가는 길』 등의 저서가 있다.

■ **와일드, 오스카** (Oscar Wilde) 1854~1900. 아일랜드의 시인이자 소설가·극작가. 19세기 말의 유미파를 대표한다. 작품에 소설『도리언 그레이의 초상』, 동화『행복한 왕자』, 희곡『살로메』『진지함의 중요성』『윈더미어 부인의 부채』 등이 있다.

■ **요한** (St. John)AD 6경~100경. 보통 '사도 요한' 으로 불린다. 형 야고보와 함께 예수의 열두 제자 중 하나이며, 기독교 전승에 따르면 신약성경 가운데「요한복음」과「요한 1, 2, 3서」「요한계시록」의 저자다(이와 다른 주장도 있다). 야고보·요한 형제는 베드로와 함께 예수 생애의 중요한 장면들에 등장한다. 예수 부활 후 그는 베드로와 나란히 예루살렘과 사마리아에서 포교 활동을 하는 등 초기 교회에서 중요한 역할을 했다.

성 요한이라는 명칭은 '세례 요한'(BC 6-2경~AD 36경)을 가리키기도 한다. 그는 예수의 사촌으로 광야에서 은둔 생활을 한 뒤 예언자로 명성을 얻었다. 하느님의 최후 심판이 가까왔다면서 심판에 대비하여 회개한 사람들에게 세례를 주었다. 예수는 그를 가장 위대한 예언자로 일컫고 자신도 그에게 세례를 받았다고 한다. 교회에서는 세례 요한을 그리스도의 선구자로 존경한다.

■ **우드하우스, P. G.** (Pelham Grenville Wodehouse) 1881~1975. 영국 출신 소설가·시인·극작가. 90권 이상의 책을 펴냈으며, 30편 이상의 희곡과 뮤지컬을 공저했고 20편 이상의 영화대본도 썼다. 대다수가 유머 작품이며 『왼발이 두 개인 사나이』에서부터 50여 년 뒤의 『아주 고마워요 지브스』에까지 줄곧 등장하는 지브스라는 인물이 유명하다.

■ **웰스, H. G.** (Herbert George Wells) 1866~1946. 영국의 소설가·역사가·사회비평가. 쥘 베른과 함께 '공상과학 소설의 아버지'로 불린다. 역사·정치·사회 비평 등 많은 분야의 저술을 남겼다. 『세계문화사대계』 『우주전쟁』 『타임머신』 등이 유명하다.

■ **윌리엄스, 레이먼드** (Raymond Williams) 1921~1988. 웨일스 출신의 영국 비평가·소설가. 신좌파(New Left)의 주요 지식인 중 하나로 정치·문화·문학·매스미디어 등 다양한 분야의 저술을 통해 사회주의적 문화예술 이론의 발전에 큰 영향을 미쳤다. 『기나긴 혁명』 『마르크스주의와 문학』 『문화와 사회』 『텔레비전』 『모더니즘의 정치』 등의 이론서 외에 소설도 여러 권 썼다.

■ **윌리엄스, 로원** (Rowan Williams) 1950년생. 성공회 신부이며 신학자로 2003년 캔터베리 대주교가 되었다. 『기독교 신학』 『그리스도의 재판』 『은총과 필연』 『도스토예프스키』 등 많은 저서가 있다.

■ **윌킨스, 존** (John Wilkins) 1614~1672. 영국의 성직자·자연철학자. 미터법의 창안자로 꼽히며, 로열 소사이어티 즉 왕립 자연과학학회의 초기 지도자이기도 했다. 대표 저서는 『실자(實者)와 철학적 언어에 대한 수상』이다.

■ **융, 카를 구스타프** (Carl Gustav Jung) 1875~1961. 스위스의 정신의학자로 분석심리학의 개척자. 저서에 『정신요법의 기본 문제』 『상징과 리비도』 『원형과 무의식』 등이 있다.

■ **입센, 헨리크** (Henrik Ibsen) 1828~1906. 노르웨이의 극작가·시인. 여성 문제와 사회 문제를 즐겨 다루면서 현대 사실주의 연극을 세우는 데 공헌해 '현대극의 아버지'로도 불린다. 작품에 『인형의 집』 『유령』 『민중의 적』 『페르귄트』 등이 있다.

■ **제임스, 헨리** (Henry James) 1843~1916. 미국 출신으로 영국에서 오래 활동한 소설가이자 문학이론가. 19세기 사실주의 문학의 핵심 인물 중 하나로 소설 형식과 기법의 혁신에 기여했다. 특히 심리 묘사에 뛰어났으며, '의식의 흐름' 기법의 선구자이기도 하다. 소설 『데이지 밀러』 『나사의 회전』 『미국인들』 『유령의 집』 『어느 여인의 초상』 등이 유명하다.

■ **존슨, 새뮤얼** (Samuel Johnson) 1709~1784. 영국의 시인 · 비평가 · 사전편찬자. 당대의 뛰어난 저술가이자 사상가, 재담가였다. 대저 『영어사전』과 소설 『라셀라스』, 비평적 전기 전집 『영국 시인들의 생애』 등을 남겼다

■ **지젝, 슬라보예** (Slavoj Žižek) 1949년생. 슬로베니아의 철학자 · 비판이론가. 헤겔과 마르크스, 라캉을 세 축으로 삼고 정치 · 영화 · 정신분석 등에 관해 종횡무진으로 논리를 펴는 다작의 저술가다. 『삐딱하게 보기』 『이데올로기라는 숭고한 대상』 『까다로운 주체』 『죽은 신을 위하여』 등 숱한 저서가 있다.

■ **체호프, 안톤** (Anton Chekhov) 1860~1904. 러시아의 극작가이자 소설가. 단편소설의 거장이며 19세기말 러시아 사실주의를 대표한다. 작품으로 소설 『6호실』 『귀여운 여인』 『위험한 손님』, 희곡 『벚꽃동산』 『갈매기』 『세 자매』 『바냐 아저씨』 등이 있다.

■ **칸토어, 게오르크** (Georg Ferdinand Ludwig Philipp Cantor) 1845~1918. 독일의 수학자. 집합이론을 세웠고, 무한히 크지만 서로 다른 수인 초한수의 개념을 소개했다. 『초한집합론 기초』 등의 연구서가 있다.

■ **키츠, 존** (John Keats) 1795~1821. 영국의 낭만주의 서정시인. 탐미주의적 예술지상주의를 추구했다. 「그리스 항아리에 부치는 송가」 「나이팅게일에게」 「엔디미온」 「성 아그네스 축일 전야」 「우울에 대한 송가」 등의 시가 유명하다.

■ **칸트, 임마누엘** (Immanuel Kant) 1724~1804. 독일의 철학자. 경험주의와 합리주의를 통합하는 입장에서 인식의 성립 조건과 한계를 확정하고 비판철학을 확립했다. 인식론 · 윤리학 · 미학에 걸친 그의 종합적이고 체계적인 작업은 뒤에 생겨난 철학들에 큰 영향을 주었다. 대표 저서는 『순수이성비판』 『실천이성비판』 『판단력비판』 『윤리형이상학 정초』 『영구평화론』 등이다.

■ **칼리굴라** (Caligula, 정식 이름은 Gaius Julius Caesar Augustus Germanicus) 12~41. 로마의 제3대 황제(37~41 재위). '칼리굴라'는 '작은 장화'라는 뜻의 별명이다. 즉위 초에는 환영을 받았으나 점차 독재자로서 방탕한 생활을 하고 원로원과 대립해 자신의 신격화를 요구하다 살해되었다.

■ **커모드, 프랭크** (Frank Kermode) 1919년생. 영국의 문학비평가·영문학자. 균형 잡힌 시각과 박학함, 명료한 분석 등으로 높이 평가받으며 영국 최고의 비평가 중 하나로 꼽힌다.『셰익스피어의 시대』『종말의 감각』『시, 서사, 역사』등 많은 저서가 있다.

■ **콘래드, 조지프** (Joseph Conrad) 1857~1924. 폴란드 출신 영국 소설가. 선원생활의 경험을 토대로 해양소설을 발표하여 이 분야의 새로운 지평을 열었다. 작품으로『로드 짐』『암흑의 핵심』『노스트로모』등이 있다.

■ **콩트, 오귀스트** (August Comte) 1798~1857. 프랑스의 철학자이자 사회학과 실증주의의 창시자. 과학을 통한 인간 지성의 개혁을 주장했다.『실증철학 강의』『실증정치체계』등의 저서가 있다.

■ **쿤데라, 밀란** (Milan Kundera) 1929년생. 체코 출신 프랑스 소설가·극작가·시인. 체코슬로바키아에서 정치적 박해를 받다가 75년 프랑스로 망명했다. 정치비평과 성애, 풍자 등을 결합한 다양한 작품을 발표했다. 대표 소설로『참을 수 없는 존재의 가벼움』『웃음과 망각의 책』『농담』『생은 다른 곳에』등이 있다.

■ **크롬웰, 올리버** (Oliver Cromwell) 1599~1658. 영국의 군인·정치가. 청교도 혁명 때 국왕 찰스 1세에 맞선 의회 진영의 장군으로 혁명의 성공에 기여했으며, 이어 수립된 공화국을 이끌었다. 호국경으로서 엄격한 청교도주의 독재를 실시하면서 해상권 확보 정책 등으로 영국을 다시 유럽 열강의 지위로 끌어올렸다.

■ **크리스테바, 쥘리아** (Julia Kristeva) 1941년생. 불가리아 출신의 프랑스 지성인. 철학, 정신분석학, 문학비평, 사회학, 소설 창작 등 다양한 분야에서 저술 활동을 해온 페미니스트다. 저서로『세미오티케』『사랑의 역사』『무사들』『여성과 성스러움』등이 있다.

■ **클라크, 아서 C.** (Arthur Charles Clarke) 1917~2008. 영국의 SF 작가·발명가·미래학자. 아이작 아시모프, 로버트 하인라인과 함께 공상과학 소설의 거장으로 꼽힌다. 작품에『스페이스 오디세이』『라마와의 랑데부』『낙원의 샘』『유년기의 끝』등이 있다.

■ **키르케고르, 쇠렌** (Søren Aabye Kierkegaard) 1813~1855. 덴마크의 철학자. 실존주의의 선구자로 꼽히며, 철학과 신학, 심리학, 문학의 경계를 넘나들면서 현대 사상에 큰 영향을 미쳤다. 어떻게 살아야 하는지를 추상적 차원이 아니라 구체적 현실 속에서 탐구했으며 결정적 순간에 인간이 직면하는 감정과 감각, 그리고 개인적·실존적 선택에 주목했다. 신앙의 본질과 교회 제도, 기독교 윤리 등을 많이 다루었기 때문에

기독교 실존주의자로 분류되기도 한다. 저서에 『이것이냐 저것이냐』『죽음에 이르는 병』『불안의 개념』『사랑의 역사』 등이 있다.

- **킹, 마틴 루서** (Martin Luther King, Jr.) 1929~1968. 미국의 침례교 목사, 민권운동가. 1950년대부터 68년 암살당할 때까지 흑인들의 민권운동을 이끌었으며, 빈곤퇴치 운동과 베트남전 반대 운동에서도 큰 역할을 했다. 1964년 노벨 평화상을 수상했다. 1963년 8월 워싱턴 평화행진 때 링컨 기념관 앞에서 한 '나에게는 꿈이 있습니다'라는 연설은 역사상 가장 유명한 연설의 하나다.

- **터너, 데니스** (Denys Turner) 1942년생. 영국의 철학자이나 신학자. 저서로 『마르크스와 기독교』『신의 어둠』『신앙과 이성과 신의 존재』 등이 있다.

- **테일러, 찰스** (Charles Taylor) 1931년생. 캐나다의 철학자. 근대성에 대한 철학적 반성 작업으로 현대 도덕철학과 정치철학에 적잖은 영향을 미치고 있다. 『근대의 사회적 상상』『세속의 시대』『자아의 원천』 등 많은 저서를 냈다.

- **톰슨, E. P.** (Edward Palmer Thompson) 1924~1993. 영국의 역사학자·작가이며 사회주의자. 18~19세기 영국의 급진적 사회운동에 대한 연구와 반핵 평화운동으로 유명하다. 50년대 후반에 대두한 영국 신좌파(New Left)의 첫 세대 지도자 중 하나이기도 했다. 대표 저서는 『영국 노동계급의 형성』『이론의 빈곤』『공통의 관습』 등이다.

- **트로츠키, 레온** (Leon Trotsky, 본명은 Lev Davidovich Bronstein) 1879~1940. 러시아의 혁명가이자 마르크스주의 이론가. 시월혁명의 지도자 중 하나였으나 스탈린에 의해 추방되고 멕시코에서 암살됐다. 『배반당한 혁명』『러시아혁명사』『연속혁명』『나의 생애』 등의 저서가 있다.

- **틱낫한** (Thich Nhat Hanh) 1926년생. 베트남 출신 승려이며 시인이자 평화운동가. 참여 불교를 대표하는 스님으로, 패망 이전 남베트남 정부에 의해 요주의 인물로 지목되어 망명 생활을 시작한 후 주로 프랑스에서 활동해왔다. 상즉종(相卽宗, Order of Interbeing)을 창시했다. 'interbeing'은 틱낫한이 만든 단어로, '연기(緣起)'를 번역한 것이다. 『화』『마음에는 평화 얼굴에는 미소』『힘』『기도』『틱낫한의 평화로움』『거기서 그것과 하나 되시게』 등 숱한 저서가 있다.

- **파스칼, 블레즈** (Blaise Pascal) 1623~1662. 프랑스의 수학자·물리학자·저술가이자 가톨릭 철학자. 근대 확률이론을 창시하고 압력에 관한 원리를 체계화했으며 계산기를 발명했는가 하면, 신의 존재는 이성이 아니라 심성을 통해 체험할 수 있다는 종교적 독단론을 설파했다. 그의 사상은 후세의 철학자들에게 큰 영향을 끼쳤다. 수상록

『팡세』가 특히 유명하다.
- **펄루디, 수전** (Susan Faludi) 1959년생. 미국의 저널리스트. 1991년 퓰리처상을 받았다. 저서로 『반격』 『공포의 꿈』 등이 있다.
- **페이즐리, 이언** (Ian Paisley) 1926년생. 북아일랜드의 목사・정치인. 1960년대부터 북아일랜드를 갈라놓은 가톨릭과 개신교의 분쟁에서 개신교 측을 이끈 호전적인 목사 출신 정치인이다.
- **페이프, 로버트** (Robert Pape) 1960년생. 미국의 정치학자. 국제안보, 특히 공군력을 이용한 정책 수행과 자살폭탄테러의 논리에 관한 연구가 잘 알려졌다. 저서로 『폭격으로 이긴다』 『승리를 위한 죽음』 등이 있다.
- **포이어바흐, 루트비히** (Ludwig Feuerbach) 1804~1872. 독일의 철학자. 인본주의적 신학으로 유명하며 초기의 카를 마르크스에게 큰 영향을 미쳤다. 저서로 『기독교의 본질』 『철학과 기독교』 등이 있다.
- **폴 포트** (Pol Pot) 1925/28~1998. 캄보디아의 공산주의 정치 지도자. 살로트 사르라고도 한다. 공산당 조직인 크메르루주가 1975년 무력으로 집권한 후 76년부터 79년까지 '민주 캄푸치아 공화국'의 총리를 지내면서 농업 집단화, 도시에서의 강제 이주 등 극단적인 사회개조 정책을 시행했다. 집권 기간에 강제노역・기아・질병・처형 등으로 100만에서 200만 명 사이로 추정되는 국민이 희생돼 '킬링 필드'라는 말을 낳았다. 1979년 반대 세력을 후원하는 베트남의 침공으로 정권을 잃고 국경 지방에서 저항하다 동료들에 의해 가택 연금된 상태에서 사망했다.
- **푸코, 미셸** (Michel Foucault) 1926~1984. 프랑스의 철학자이자 사회학자・역사학자. 병원, 감옥, 성, 권력, 지식, 담론, 근대성 등 다양한 사회 제도와 주제들에 관한 새롭고 비판적인 연구로 유명하다. 인문학, 사회과학의 많은 영역에 걸쳐 지대한 영향을 주었다. 『감시와 처벌』 『광기의 역사』 『지식의 고고학』 『담론의 질서』 『성의 역사』 『임상의학의 탄생』 등의 저서가 있다.
- **풀먼, 필립** (Philip Pullman) 1946년생. 영국 작가. 반기독교적인 발언을 많이 하는 무신론자다. 『황금나침반』 연작이 유명하다.
- **프라이, 노스럽** (Northrop Frye) 1912~1991. 캐나다의 교육자・문학비평가. 비평이론서의 고전으로 꼽히는 『비평의 해부』로 유명하며, 그 밖의 저서로 『무서운 균형』 『구원의 신화』 등이 있다.
- **프로이트, 지그문트** (Sigmund Freud) 1856~1939. 오스트리아 출신으로 정신분석학파의 창시자. 무의식과 방어기제에 대한 이론, 정신분석 임상치료의 창안 등으로

특히 유명하다. 그의 이론과 개념들은 문화와 사회를 해석하는 중요한 시각을 제공한다. 『꿈의 해석』『정신분석학의 근본개념』『히스테리 연구』『문명 속의 불만』『종교의 기원』『토템과 터부』 등 많은 저서가 있다.

■ **플라톤** (Platon, 영어로는 Plato) BC 428/427~BC 348/347. 고대 그리스의 대철학자. 소크라테스의 제자로서 아카데미를 개설하여 생애를 교육에 바쳤다. 『국가』『시학』『향연』『소크라테스의 변명』 등 많은 저서가 있다.

■ **피시, 스탠리** (Stanley Eugene Fish) 1938년생. 미국의 문학이론가 · 법학자. 독자반응비평의 맥락에서 '해석공동체'라는 개념을 창안했다. 흔히 포스트모더니스트로 분류되나 스스로는 '반(反)정초주의자'라고 주장한다. 『문학 연구와 정치적 변화』『이 반에 텍스트가 있습니까?』 등의 저서가 있다.

■ **피어스, 파드릭** (Pádraig Pearse, 영어식으로는 Patrick Henry Pearse) 1879~1916. 아일랜드의 교사 · 법률가 · 시인이자 급진적 민족주의자. 1916년 더블린에서 일어난 부활절 봉기의 중심 인물 중 하나로 아일랜드 독립선언문을 낭독했다. 이후 체포되어 총살당했으며, 아일랜드 독립의 위대한 공헌자로 평가받는다.

■ **피히테, 요한 고틀리프** (Johann Gottlieb Fichte) 1762~1814. 독일의 철학자. 칸트 철학을 이어받아 관념론적 철학을 전개했으며, 정치철학에 관한 글도 많이 발표해 독일 민족주의의 아버지라고 불리기도 한다. 프랑스 점령하의 베를린에서 행한 '독일 국민에게 고함'이라는 강연이 유명하다. 저서에 『독일 국민에게 고함』『인간의 사명』『지식학의 기초』 등이 있다.

■ **하디, 토머스** (Thomas Hardy) 1840~1928. 영국의 소설가 · 시인. 대부분의 작품을 영국 남서부의 가공의 지역 웨섹스를 배경으로 썼다. 인간의 의지와 운명 사이의 갈등을 다룬 소설이 많다. 소설 『더버빌가의 테스』『귀향』『무명의 주드』 등이 유명하다.

■ **하버마스, 위르겐** (Jürgen Habermas) 1929년생. 독일의 철학자 · 사회학자. 프랑크푸르트 학파의 비판이론을 이어받았으며, '공론장'의 이론으로 특히 유명하다. 『현대성의 철학적 담론』『공론장의 구조변동』『의사소통행위이론』『진리와 정당화』 등의 저서가 있다.

■ **하이데거, 마르틴** (Martin Heidegger) 1889~1976. 독일 철학자. 인간의 존재 현상에 관한 실존주의적 이론을 전개했다. 저서로 『존재와 시간』『시간의 개념』『니체와 니힐리즘』『형이상학의 근본 개념들』『횔덜린의 송가』 등이 있다.

■ **하이젠베르크, 베르너** (Werner Heisenberg) 1901~1976. 독일의 물리학자 · 철

학자. 양자역학을 수립하는 데 공헌해 1932년 노벨 물리학상을 받았다. '불확정성의 원리'로 특히 유명하다.『부분과 전체』『물리학과 철학』등의 저서가 있다.

- **하인드, 댄** (Dan Hind) 영국의 저술가. 저서로『이성에 대한 위협』이 있다.
- **헌팅턴, 새뮤얼** (Samuel Phillips Huntington) 1927~2008. 미국의 정치학자. 미국 보수학계의 대표자 중 하나였다. 만년에 쓴 세계적 베스트셀러『문명의 충돌』에서 세계는 칠팔 개의 문명들로 나뉘어져 있으며 냉전 이후의 국가간 무력 충돌은 이념의 차이보다 문화와 종교적 차이 때문에 발생한다고 주장했다. 그 밖의 저서로『군과 국가』『변동사회의 정치질서』『문화가 중요하다』등이 있다.
- **해리슨, 프레더릭** (Frederic Harrison) 1831~1923. 영국의 법률가·역사학자. 영국의 초기 실증주의자 중 대표적 인물이며 오귀스트 콩트의 실증주의를 대중화했다.『실증주의: 그 입장과 목표 및 이상』『상식의 철학』등의 저서가 있다.
- **호르크하이머, 막스** (Max Horkheimer) 1895~1973. 독일의 철학자·사회학자. 프랑크푸르트학파 1세대의 주축이었다. 저서로『도구적 이성 비판』『전통이론과 비판이론』, 아도르노와 공저한『계몽의 변증법』등이 있다.
- **흄, 데이비드** (David Hume) 1711~1776. 스코틀랜드의 철학자·역사가. 철저한 경험론의 입장에서 종래의 형이상학을 적극 비판했다.『오성에 관하여』『정념에 관하여』『영국사』등의 저서가 있다.
- **히친스, 크리스토퍼** (Christopher Hitchens) 1949년생. 영국 출신의 미국 저널리스트이자 논쟁적인 저술가. 2007년에 출간한『신은 위대하지 않다』에서 인간은 전 역사를 통해 신과 함께 신의 섭리에 따라 서로를 죽이고 짓밟아 왔다고 주장했다. 다른 저서로『자비를 팔다: 우상파괴자 히친스의 마더 테레사 비판』『헨리 키신저 재판』등이 있다.

찾아보기

9·11 사태 184-85
  사태의 여파 86-90
CIA(Central Intelligence Agency) 81, 137, 143

ㄱ

가정생활 27
  예수의 태도 48
가톨릭 교회 117, 132-33
개인주의 98, 99, 120, 194
객관성 172-73, 176
갤러거, 캐서린 190-91
결정론 179, 181
결혼 40-41
계몽주의 95-97, 104-5
  계몽주의 가치의 왜곡 98-102, 127-28
골딩, 윌리엄 36
공산주의(무슬림 국가의) 137, 139-40
과학
  과학과 확실성 152
  과학과 믿음 164, 171-74, 176-77
  과학의 오류 164, 174-75
  과학과 근본주의 151-52
  과학과 포스트모더니즘 107, 172-73
  과학과 합리성 110-12
  과학과 종교 12, 17-18, 20-21, 23-25, 104-6
  과학적 전통 176-77
  ('합리성' 항목도 참조)
구원 33
국제주의 99-100
그레이, 존 31
그린, 그레이엄 36
근대성 61-62, 64-65, 96-97, 211
  근대와 종교 64-65, 125
근본주의 61-63, 77-78
  근본주의와 자본주의 186-87
  근본주의의 조건 192-93
  근본주의와 믿음 67, 151-52, 192-93
  근본주의와 정치 63, 100-1
  근본주의와 이성 127
  근본주의와 과학 151-52
  ('기독교 근본주의', '이슬람 근본주의' 항목도 참조)
기독교 56-57, 70-71
  기독교에 관한 견해들 72-75

기독교 비판 75-78, 132
  도킨스의 관점 16-17
  기독교 신앙에 대한 상이한 관점들
  82-83
  기독교와 계몽주의 95-96
  세계에 관한 설명과 기독교 17-18
  기독교의 은총 개념 180-81
  기독교의 현실주의와 낙관주의
  69-71
  소망이라는 미덕 148
  기독교에서 보는 하느님 18-19
  기독교와 사랑 48-49
  현실의 모습 78-83
  과학과의 경쟁 여부 17-18
  ('예수', '종교' 항목도 참조)
기독교 근본주의 62-63, 101, 186-87,
214

ㄴ

나세르, 가말 압델 139, 141
나치즘 117
낭만주의 22, 59-60
뉴에이지 58-61
뉴턴, 아이작 95
니체, 프리드리히 16, 28, 32, 58, 82,
168, 185

ㄷ

다문화주의 191, 194-95, 197, 198-99, 201 ('문화' 항목도 참조)
데닛, 대니얼 17, 57, 73
데리다, 자크 178
데카르트적 이원론 107, 108
도덕, 도덕성 25-27, 29, 81, 197
도덕적 가치 195-97
  도덕적 가치와 믿음 157-58,
  193-94
  도덕적 가치의 보편성 196-97
도킨스, 리처드 12-13, 16-17, 20-21,
48, 52, 54-55, 69, 77-78, 83, 90-
94, 97, 116-19, 127, 130, 132, 134,
145-46, 151, 153-54, 164, 169,
173-74, 181, 184, 202
  기독교의 믿음에 대하여 16-17, 77,
  78
  도킨스 자신의 믿음 145-46, 173
  복음서의 가족관에 대하여 48
  이라크 전쟁에 대하여 164
  진보에 대하여 115-17, 127-28
  종교에 대하여 90-92, 130, 145-46
  과학에 대하여 118-19, 173-75
  ('디치킨스' 항목도 참조)
독신 40-42, 47-48
들뢰즈, 질 189, 215
디치킨스 12, 20-21, 32-33, 39, 44,
49, 50-52, 54-56, 71, 73-76, 82,
85, 90-93, 95, 97, 102, 106-7, 110,
112-15, 120, 122, 127-28, 130-33,
146-47, 152-53, 157, 162, 164,
169, 175, 184, 197, 204, 208-9,

215-16
디치킨스와 믿음 55-56, 146-47,
162-63
자유주의적 가치 93-94
진보에 대하여 120, 128
디치킨스의 종교관 51-52, 71-72,
92, 131-32
신학에 대하여 76
('도킨스', '히친스' 항목도 참조)

ㄹ

라캉, 자크 35, 74, 91
럼즈펠드, 도널드 87
레녹스, 존 21
레닌, 블라디미르 159
레비스트로스, 클로드 105
로렌스, D. H. 30, 32
로열 소사이어티(왕립 자연과학학회)
176
로크, 존 31, 84, 110, 200
로티, 리처드 206
루슈디, 살만 52, 53, 134
루이스, G. H. 128
리비스, F. R. 114
리처드슨, 새뮤얼 190
리처즈, I. A. 114
린치, 제시카 89

ㅁ

마르크스, 카를 22, 32, 58-61, 74,
84, 95, 110, 112, 122, 211, 215
마르크스주의 14, 16, 32, 94, 96-97,
126, 140, 165, 192, 214-15
『마의 산』(만) 208-9
마카베오가(家) 76
마하 고사난다 133
만, 토마스 208
『만들어진 신』(리처드 도킨스) 13, 48,
69, 92, 133, 174-75, 184
매케이브, 허버트 16, 93, 152
매큐언, 이언 52, 134
멀홀, 스티븐 72
모사데크, 모하마드 139
모어, 토머스 170
무바라크, 호스니 138, 139
무슬림 국가들
  세속적 사회로서의 무슬림 국가들
  137, 140-41 ('이슬람', '이슬람 근
  본주의' 항목도 참조)
무슬림형제단 138
무신론 58
무신론자들
  하느님에 대하여 72-73
  종교에 대하여 73-75
무신론적 근본주의자 77-78
무자헤딘 136, 137
무질, 로베르트 17
문명

문명과 야만 129-30, 199-200
문명과 문화 199-207, 212-14
문명의 의미 200
문명으로서의 종교 202, 213
문학 113-14
문화
    문화와 문명 199-207, 212-14
    공통의 문화 198-99
    문화의 의미 200, 203-5
    문화와 정치 211-12
    문화로서의 종교 202, 213-14
    종교의 대체물로서의 문화 205
    문화와 가치 195-97, 206
    ('다문화주의' 항목도 참조)
문화주의 173, 211-12
문화적 우월주의 128-29
물질주의 33, 120, 185, 186, 199
미국
    쇠락하는 지위 185-86
    무분별한 정책 134-38
미덕과 사랑 160
미신 95-96, 100
민족주의 65, 139, 140, 202
믿음(신앙과 일반적 믿음 모두 포함) 35-36, 42-43
    믿음과 야만 207
    믿음의 정당화 162-63
    하느님에 대한 믿음 146-49, 150-51, 158-60, 180-81
    신앙과 확실성 148-49
    믿음과 기독교 180-81
    믿음과 커뮤니케이션 154-55
    근본주의 66-67, 151-52
    믿음과 지식 151-53, 159-60, 171
    믿음과 사랑 158-60
    믿음의 의미 55-56
    포스트모던한 세계와 믿음 64-66
    믿음과 이성 104-5, 122, 145-47, 193-94, 207
    믿음과 과학 164, 171-74, 176-77
    믿음과 진리 155-56
    믿음과 가치 157-58, 193-94
    ('기독교', '하느님', '종교' 항목도 참조)
밀턴, 존 169
밈 119

ㅂ

바디우, 알랭 47, 155-57, 215
바르트, 카를 92
바야트, 아세프 211-12
바우라, 모리스 177
바울 성자 35-36, 38, 41, 47, 77, 104
바티칸 공의회(제2차) 15-16
버마 133
버크, 에드먼드 121
베버, 막스 17
베이컨, 프랜시스 95, 96
베트남 전쟁 133
벤야민, 발터 94, 125, 162
복음서의 해석 82-84

볼테르 95, 178
볼트, 로버트 170
부녀 순결 무도회 46-47
부시, 조지 W. 21, 86, 130
불교 승려 133
블레어, 토니 167
블레이크, 윌리엄 31, 37
비트겐슈타인, 루트비히 76, 84, 109, 128, 149, 151, 163, 171

ㅅ

「사계절의 사나이」(볼트) 170
사랑
　　기독교적 관점 48-49
　　사랑과 죽음 209-10
　　사랑과 믿음 160-61
　　사랑과 진리 158-61
　　사랑과 미덕 160
사르트르, 장폴 74
사우디아라비아 100, 134, 140-41, 196
사탄 35
사회주의 15, 70, 83-84, 126, 133-34, 207-8
　　사회주의의 윤리적 토대 49
　　사회주의에 대한 믿음 161-62
　　사회주의와 이슬람 32
서구 문명과 무슬림 사회 136-37, 138-40, 141-42, 184-86, 199
　　('문명' 항목도 참조)

설명
　　과학과 신학의 차이 23-25
　　설명으로서의 종교 17-18
성 45-46
　　성과 죄 47-48
　　('독신' 항목도 참조)
세계화 91, 100, 134, 214
세속적 인본주의 131, 163-64
셰익스피어, 윌리엄 124, 160
소렐, 조르주 168
소방관 88
소설과 믿음 190-91
쇼펜하우어, 아르투르 70, 168
수카르노 137, 139
순교자 42-43
『순수이성비판』(칸트) 26
스노, C. P. 97
스위프트, 조너선 121, 170, 217
스타이너, 조지 114
스탈린주의 32, 78, 117, 178
스펜서, 허버트 104, 128
스피노자, 베네딕트 31
식민주의 120
신년 178-79
신보수주의 185-86, 193
신앙주의 76, 193
신약성경
　　신약성경의 하느님 18-19
　　신약성경의 예수 33-36
　　('기독교' 항목도 참조)
『신은 위대하지 않다』(크리스토퍼 히친

스) 13, 17, 57, 76-77, 131, 133, 163, 166
신학
    비판적 사고의 초점이 된 신학 183-84, 215-16
    신학에 대한 무지 71-73, 74-78, 146-48
    신학과 과학 21, 23-25
    ('종교' 항목도 참조)
신화 100
    신화와 과학 104-6
    세속의 신화 44, 118-19
실존주의 14-15
실증주의 119
십계명 92-93
십자가 처형 38-39

ㅇ

아나빔 38, 79
아널드, 매슈 114
아도르노, 테오도어 94, 107, 126-127
아랍·이스라엘 전쟁 140
아렌트, 한나 95
아마드, 아이자즈 135-142, 203
아브라함 91, 116, 148
아슈카르, 질베르 63
아우구스티누스 성자 29, 110, 121, 159,
아이젠하워, 드와이트 187
아인슈타인, 알베르트 24

아일랜드 공화군(IRA) 142-43
아퀴나스, 토마스 17, 21, 30, 47, 69, 107-10, 159-60, 162, 169
    하느님의 존재 159, 163
    하느님에 대하여 17, 30
    우리의 존재와 세상에 대하여 107-10
    성에 대하여 47
아프가니스탄 79, 87, 136-41
안셀무스 성자 110, 158
알제리 137, 140
알카에다 63, 135
야만과 문명 129-30, 199-200
에우리피데스 122
에이미스, 마틴 52-53, 129, 134, 141
엘리엇, 조지 119
엘리엇, T. S. 81
여성(탈레반 치하의) 136
영생 36, 44
예수 7, 22, 26-28, 33-35, 37-40, 42-46, 48, 76-79, 81, 91, 150, 153, 155, 157, 168, 173, 203, 208
    십자가 처형 38-39
    지옥으로 떨어짐 39-40
    가족에 대하여 48
    신약성경에 그려진 예수 33-36
    부활 155-56, 157
오스틴, J. L. 121
와일드, 오스카 21
와하브 근본주의자 141
요한 성자 83

우드하우스, P. G. 16
우주와 그 우연성 19-20, 24-25, 112-13
우파 종교인들 187
워덤 칼리지, 옥스퍼드 176-77
원시주의 121
원죄 40
웰스, H. G. 97
윌리엄스, 레이먼드 197
윌킨스, 존 176
유대-기독교 31, 82, 95, 126, 221(주 9) ('기독교', '믿음', '종교' 항목도 참조)
유물론 169, 170
율법 35-37
은총 180-81
의지 179-80
이글턴, 마크 133
이글턴, 존 133
이글턴, 테리(배경과 지난 이야기) 12-16
이기심 52-54
    합리적 이기주의 99
이라크 57, 61, 79, 116, 140, 164
이란 137, 139, 140
이성 110-11, 120-24
    이성의 옹호 167-68, 170-71
    이성과 믿음 104-5, 122, 145-47, 192-94, 207-8
    이성과 신앙주의 192-94
    이성과 근본주의 127

이성과 하느님 158-59
이성과 사랑 209-10
이성의 본질 167-71
『마의 산』에서의 이성 208-211 ('합리성' 항목도 참조)
이스라엘 138-141, 194
이슬람 51-53, 132
    에이미스의 견해 128-29
    이슬람과 사회주의 32, 140
이슬람 근본주의 52-53, 61-62, 63, 100-1, 127, 132, 189
    동기 134-41, 146, 185-86, 211-12
    근본주의와 무슬림 문명 201, 211-12
    서구 문명과의 관계 136-37, 138-40, 141-42, 184-85
이신론 104
이집트 138-140
인과관계 20-21
인도네시아 134, 137, 139, 140
인본주의(휴머니즘) 28-29
    자유주의적 인본주의와 비극적 인본주의 216-17
    세속적 인본주의 131, 163-64
인종주의, 인종차별 53, 128-29, 203
입센, 헨리크 168

ㅈ

자기부정 40-42

자본주의 58, 62, 66-67, 121, 185
  자본주의의 해악 101-2, 134
  자본주의와 근본주의 186-89
자살 42
자살폭탄테러범 138, 146
「자에는 자로」(셰익스피어) 124, 160
자연 105, 204-5
  자연에 대한 지배 99
자유
  표현의 자유 52-53, 98-99, 101
  자유와 하느님 28, 30-31
자유주의 97-98, 126-27, 166-67
  경제적 자유주의 187-89, 194-95
  자유주의와 종교 31-32
  자유주의와 서구 제국주의 85-86
자유주의적 합리주의 16, 56, 71, 75, 92, 94, 128
자코뱅 당원 169
정의 48, 124-25
  정의와 종교적 테러 81-82, 142
정체성의 정치 63
정치
  정치와 근본주의 63, 101
  정치와 정체성 63
  정치와 종교 33-34, 56-57, 101, 186-87
  정치와 이기심 52-54
정치적 좌파와 종교 94
  ('자유주의' 항목도 참조)
제국주의
  서구의 제국주의 85-86, 134-35

제국주의와 급진적 이슬람 138-42, 211-12
조화(자아와 타자 간의) 109-10
종교
  무신론자들이 보는 종교 73-74
  종교 비판자들 50-51, 90-92
  문화와 문명으로서의 종교 202, 213
  도킨스의 관점 90-92, 130, 146
  디치킨스의 관점 51-52, 71-72, 90-91, 102-3, 131-32, 184
  종교와 계몽주의 95-96
  종교와 일상의 삶 67
  설명으로서 종교 17-18, 73
  프로이트의 관점 38
  히친스의 관점 103-4, 131, 192
  종교의 기여 131-34
  종교와 자유주의 32
  마르크스의 관점 59-61, 122
  종교와 정치 33-34, 56-57, 101, 186-87
  포스트모더니즘의 관점 65-66
  종교에 대한 존중 50-51
  종교와 과학 12, 17-18, 20-21, 23-25, 104-6
  정치적 좌파의 관점 94
  ('기독교', '믿음', '근본주의', '하느님', '예수' 항목도 참조)
죄 36
  원죄 39-40
  죄와 성 47-48
「주신 바코스의 여신도들」(에우리피데

스) 122-23
주체와 객체의 관계 107, 109-10
죽음, 죽음과 사랑 35-36, 209-10
죽음 충동 36
지식과 믿음 151-53, 159-60, 171
('과학', '진리' 항목도 참조)
지옥의 개념 35-37, 40
지젝, 슬라보예 151-52
진리, 진실 160-61, 167-68, 178
  진리와 믿음 155-56
  진리와 사랑 158-61
  진리와 합리성 149-50
진보
  진보의 이데올로기 69-70, 114-19, 120-22, 209-11
  진보 개념의 종교적 여운 124-26
진화 54-55

ㅊ

창조 19-20, 107-8
  하느님의 역할 18-20
창조성
  창조성과 종교 18
  창조성과 과학 18
초월성 113
칠레 134

ㅋ

칸트, 임마누엘 26, 100, 112

커모드, 프랭크 77
콘래드, 조지프 168
콩트, 오귀스트 104
쿤데라, 밀란 179
크롬웰, 올리버 176
크룩, 앨러스테어 120
크리스테바, 쥘리아 91
클라크, 아서 C. 150
키르케고르, 쇠렌 82, 158
킹, 마틴 루서 133

ㅌ

타락의 신화 29
탈레반 87, 136
터너, 데니스 72, 169
테러리즘 81-82, 85-86, 129-30, 187-88
  테러리즘의 원인 85-86, 123, 134-36 ('이슬람 근본주의', '테러와의 전쟁' 항목도 참조)
테러와의 전쟁 98-99, 123
  테러와의 전쟁과 시민적 자유 100-1 ('이슬람 근본주의', '테러리즘' 항목도 참조)
테일러, 찰스 104-6, 110-12, 114, 124, 173, 175
텔레비전 전도사 74, 101
톰슨, E. P. 197
티베트 133, 192
틱낫한 133

ㅍ

파스칼, 블레즈 159
파시즘 207-8
『파우스트 박사』(만) 208
팔레스타인 영토 138, 139, 141
팔복 27
필루디, 수전 86-88
페이즐리, 이언 74
페이프, 로버트 146
평등 100
포스트모더니즘 95, 211
    포스트모더니즘과 확신 178-79
    포스트모더니즘과 문화 204-5
    포스트모더니즘과 이성 171
    포스트모더니즘과 종교 65-66, 125, 144
    포스트모더니즘과 과학 107, 172-73
    포스트모더니즘과 보편적 가치 196-97
포이어바흐, 루트비히 104
폴 포트 136
푸코, 미셸 16, 174, 215
풀먼, 필립 31
프라이, 노스럽 114
프로이트, 지그문트 36, 38, 60
프로이트주의 70
피시, 스탠리 181, 206
피어스, 파드릭 202
피히테, 요한 고틀리프 171

ㅎ

하느님
    아퀴나스의 관점 30
    하느님의 존재에 대한 믿음 110-11, 146-51, 158-59, 180-81
    하느님과 자본주의 58
    창조자로서의 하느님 18-20
    신약성경과 하느님 18-19
    하느님에 관한 생각들 16-19, 30-31, 32-33, 34-37, 72-74
    하느님과 이성 158-59
    하느님에 대한 새로운 관심 183-84
하디, 토머스 150-51
하마스 138
하버마스, 위르겐 111
하이데거, 마르틴 25, 74, 108-9, 171, 215
하인드, 댄 98, 168
합리성 23-24, 103, 106-7, 121-12
    합리성의 본질 168-69
    합리성과 진리 149-50
    ('자유주의적 합리주의' 항목도 참조)
해리슨, 프레더릭 177
해방신학 49-50, 56-57, 63, 212
헌팅턴, 새뮤얼 212
현실주의
    현실주의와 믿음 42-43
    현실주의와 사랑 160-61
호르크하이머, 막스 127

확실성과 확신 148-49, 152, 178-79
후기구조주의 15
흄, 데이비드 95
희망(소망) 71, 148
히친스, 크리스토퍼 12, 13, 17-18, 20, 27, 52-54, 57, 73, 76-78, 93-94, 103-4, 113, 115-118, 131, 133-34, 163-67, 170, 192

    믿음에 대하여 163-64, 165-67

    하느님에 대하여 73

    해방신학에 대하여 57

    이전의 마르크스주의적 견해 165

    진보에 대하여 115-16

    히친스의 종교관 103-4, 131, 192

    히친스의 신학적 오류 76-78, 103-4

    ('디치킨스' 항목도 참조)

히틀러, 아돌프 117

신을 옹호하다
– 마르크스주의자의 무신론 비판

초판 1쇄 발행 : 2010년 8월 10일
초판 5쇄 발행 : 2022년 1월 10일

지은이 : 테리 이글턴
옮긴이 : 강주헌

펴낸이 : 박경애
펴낸곳 : 모멘토
등록일자 : 2002년 5월 23일
등록번호 : 제1-3053호
주 소 : 서울시 마포구 만리재옛4길 11, 나루빌 501호
전 화 : 711-7024, 711-7043
팩 스 : 711-7036
E-mail : momentobook@hanmail.net
ISBN 978-89-91136-22-9 03300

잘못된 책은 구입하신 곳에서 바꿔 드립니다.